역사 화해를 위한 한일 대화 – 정치 편

역사 화해를 위한 한일포럼

역사 화해를 위한 한일 대화

정치 편

양기호 · 기미야 다다시 편

동북아역사재단
NORTHEAST ASIAN HISTORY FOUNDATION

책머리에

한국과 일본은 1965년 국교를 정상화한 이후 우여곡절을 겪으면서도 서로에게 이익이 되는 윈윈(win-win)의 길을 걸어왔다. 나를 위해 상대를 어떻게 활용할 것인가, 상대에게 나의 필요를 어떻게 인식시킬 것인가 등등의 냉철한 계산을 바탕에 둔 상호 대응 덕분에 가능한 일이었다. 그런데 최근 10년 가까이 한일관계는 매년 최악을 경신해오고 있다. 2020년 말 현재 한국 대법원의 강제동원 피해자 손해배상 청구 소송 판결을 집행하는 현금화 조치가 초읽기에 들어갔고, 2021년 1월에는 일본 정부를 상대로 한 일본군'위안부' 피해자 손해배상 청구 소송 1심 판결이 내려질 것이다. 벌써부터 여기저기에서 한일관계가 가늠하기 어려운 나락으로 추락할지도 모른다는 우려의 목소리가 들린다. 역사 문제에서 시작된 한일의 갈등이 경제와 안보는 물론 민간교류 등 모든 영역으로 확산하는 추세다.

돌이켜보면 역사 문제를 둘러싼 한일 간의 갈등은 어제오늘의 일이 아니다. 한일 국교정상화 회담 때부터 분출되었다. 그럼에도 국교정상화 이후 양국은 한일협정의 틀을 지키면서 때때로 불거진 역사 문제를 대화와 협력을 통해 곧잘 극복해왔다. 1982년 일본 역사교과서 기술이 문제가 된 후에는 민간 차원에서 교류를 통해 역사 인식의 차이를 메우기 위해 노력했다. 2001년 이후에는 양국 정부 차원에서 한일역사공동연구위원회나 한일신시대위원회를 운영하기도 했다. 그러나 지난 10여 년 동안에는 이러한 노력조차 자취를 감추었다.

현재 한일 사이의 긴장은 단순히 2018년 한국 대법원의 판결이나 아베 전 정권의 역사수정주의에서 비롯된 것이 아니다. 2000년대에 접어들어 한일관계가 '비대칭적 상호보완적 관계'에서 '대칭적 상호경쟁적 관계'로 바뀌었다. 한일 양국이 상하에서 서로 보완하는 관계에서 수평에서 서로 우위를 다투며 경쟁하는 관계가 된 것이다. 그런데 양국 정부는 이러한 변화에 맞게끔 한일관계를 제대로 관리하지 못했다. 게다가 최근에는 역사 문제를 국내 지지 세력을 결집하는 재료로써 활용하는 모습조차 연출했다. 이른바 '역사전(戰)'이 벌어지고 있는 셈이다.

역사 화해를 위한 한일포럼은 이런 답답한 상황을 조금이라도 타개하기 위해 출범했다. 2018년 봄 동북아역사재단은 한일 양국의 연구자들이 함께 모여 한일 역사 갈등과 역사 화해에 대해 허심탄회하게 논의해볼 것을 제안했다. 재단은 지원만할 뿐 포럼의 운영에는 일체 관여하지 않기로 했다. 이 제안에 따라 서울시립대학의 정재정과 성공회대학의 양기호, 도쿄대학의 기미야 다다시와 도노무라 마사루가 중심이 되어 포럼을 발족했다. 한일 갈등 구조를 정확히 구명(究明)하고 화해 방안을 모색하는 것이 목적이었다. 2018년 7월에 일본 도쿄에서 첫 모임을 가진 이후 2019년까지 네 차례에 걸쳐 포럼을 개최했다. 포럼은 역사분과와 정치분과로 나누어 운영했는데, 오전에는 함께 모여 공통 주제를 논의했다. 이것이 기존의 포럼이나 공동연구와는 다른 점이었다. 덕분에 논의가 좀 더 풍성해졌다. 역사분과는 서로를 이해하기 위해서 어떤 지식을 공유하는 게 필요한지에 중점을 두고 논의를 했다. 정치분과는 현상을 진단하고 갈등의 구조와 해결 방안을 찾는 데 중점을 두었다.

2018년 한국 대법원 판결 이후 한일관계가 악화일로를 걷는 상황에서 양국의 연구자들이 모여 한일의 역사 화해 문제를 논의했다는 것은 그 자체로도 커다란 의미가 있었다. 포럼 참석자들끼리 한일 역사 갈등의 현상과 구조, 역사 화해의 의미와 방법 등에 대한 이해도 깊어졌다. 이 책은 2년에 걸친 포럼의 성과를 담은 것이다. 코로나바이러스감염증-19 확산과 예산 문제로 포럼이 계속되지 못하게 된 것은 매우 유감이다.

한일 양국은 지금 상황을 버려둘 만큼 여유가 없다. 포스트 코로나 국면에서 격화될 미중 대립 속에서 한일이 협력하지 못하면 한일 모두 쇠퇴의 길을 걸을 수 있다. 한일은 역사 문제가 가시처럼 박혀 있어서인지 국가 생존 문제에 대한 의사소통이 충분하지 않다. 이해를 상당 부분 공유하는 보통 이웃나라로서 어떤 관계를 구축해야 국익에 보탬이 될지, 어떻게 하면 상대로부터 존중을 받을지를 고민해야 한다. 바이든 정부 출범을 계기로 서로 대립을 멈추고 혐오보다는 이해에 눈을 돌려 협력해나갈 동력을 만들어야 한다. 갈등에만 집착하다가 협력이 가져다줄 공공적 이익을 지나쳐버리는 것은 한국과 일본뿐 아니라 세계적으로도 중대한 손실이다. 한일은 국제사회가 직면한 곤란한 여러 과제에 협력·경쟁하면서 극복·해결하는 훌륭한 파트너가 될 수 있다는 점을 자각해야 한다. 이러한 관점에 선다면 한일 사이의 현안은 절대 풀지 못할 난제(難題)가 아니다.

좀 한가로운 이야기로 들릴지 모르겠지만, 역사 문제를 단칼에 해결하려는 조급증을 버려야 한다. 그렇지 않으면 오히려 상호 불신과 갈등을 증폭시키는 결과를 불러오게 된다. 역지사지(易地思之)의 자세를 견지하면서 서로의 체면을 세워주는 여유와 아량을 가지고 역사 문제에 접근해야 한다. 한일 국교정상화 60주년이 되는 2025년을 목표로 삼아 역사 화해 프로세스를 추진하는 것도 하나의 방안일 것이다.

이 책이 한일이 역사 문제를 극복하고 서로 협력해나가는 데 조금이나마 도움이 되기를 기대한다. 포럼에서 적극적으로 의견을 개진하고 귀중한 원고를 보내주신 참가자와 포럼을 지원해주신 동북아역사재단에 감사드린다.

2020년 12월

역사화해를 위한 한일포럼을 대표하여

정재정, 기미야 다다시 씀

차례

제2부 한일 역사 화해와 갈등의 정치학

제1부

한일 역사 화해 가능성 모색

1장

한일 국제·국내 정치구조의 공진(共振)과 대화의 토대
: 화해학의 관점에서

아사노 토요미(浅野豊美)

I. 머리말: 동아시아에서 악화하는 국민감정
II. 한일 양국의 국민적 기억과 보편적 가치를 둘러싼 단층
III. 국민적 기억과 보편적 가치의 단층이 초래하는 인식의 왜곡
IV. 분쟁의 구조: 국내정치와 국제정치의 공진
V. 대화를 위한 지적 인프라: 화해학의 기본 수법

I. 머리말: 동아시아에서 악화하는 국민감정

1. 전례 없는 한일관계 악화의 원인 – 국민 형성의 단층

현재 한일관계가 지금까지와는 차원이 다른 악화 상태에 있다는 것은 전 세계 저널리즘의 일반적인 담론이 되고 있다. 하지만 과거를 돌이켜보면, 외교 차원에서는 두 번의 악화 국면이 존재했다. 1953년의 소위 구보타(久保田) 발언 이후 교섭 단절 상태가 이어진 4년간과 문세광 사건, 김대중 사건에 기인하는 1973년부터 이듬해에 걸친 국교 단절 위기였다. 그럼에도 이번의 정세 악화가 특이하면서도 차원이 다르다고 이야기되는 까닭은 한국이 경제 발전과 민주화를 이룩하여 일본과 제도적으로 같은 사회를 형성했다는 전제 위에 한일 양국의 국민감정이 소통하지 못하고 있다는 점 때문일 것이다. 경제 발전, 민주화 그리고 글로벌화로 상징되는 사회적 변화를 수용하고, 거의 동등한 발전 수준에서 민주 사회를 형성했음에도, 한일관계가 정부 차원에 그치지 않고 국민감정에 이르기까지 악화하고 있다는 점에서 지금까지와는 차원이 다른 악화가 발생하고 있는 셈이다.

이 글은 한국이 민주화와 경제 발전을 이룩했음에도 불구하고 그 후의 한일관계가 왜 악화하고 말았는가라는 문제를 설정한다. 그리고 동아시아라는 지역적 역사 공간에서 진행된 민주화와 국민 형성 방식에 근본적인 문제가 있었다고 지적하는 것이 목적이다. 나아가 그러한 근본 문제를 함께 인지하는 것이야말로 역설적이게도 화해의 첫걸음이라고 주장하려 한다. 결론을 미리 밝히자면 민주주의적 '국민 형성 방식'의 단층이야말로 차원이 다른 악화 상태의 근본 원인이다.

2. 국민을 떠받치는 기억·감정·보편적 가치와 그 표상으로서의 법적 구제

이 글은 분석 재료로 '인권'이나 '문명'으로 상징되는 보편적 가치의 수용을 둘러싼 국민의 기억과 감정 그리고 그것을 지탱하는 법적 논리(보편적 가치가 체현된 것)에 주목함으로써, 그 '단층'을 함께 인식하는 수단으로 삼겠다. 또 그 연장선에서 동아시아의 국제관계를 논하는 개념으로 국익, 파워, 국제법이라는 주권국가를 전제로 하는 세 논리만으로는 부족하다는 점을 지적해두고 싶다. 즉 세 논리에 필적하는 축으로 어떻게 국민이 구축되어왔는지를 분석하기 위한 개념이 필요하다. 분석 개념으로서 '정의', '기억', '감정'을 사용할 때의 유효성을 제시해 나가겠다.

이러한 문제의식과 접근법의 근저에는 구성주의적 국제관계론이 자리 잡고 있다. 통상적으로 그것은 국제관계를 설명하는 하나의 이론으로 평가되며, 전적으로 인권이나 현대의 규범을 전제로 하고 있다. 그러나 동아시아에 응용하는 때에는 '민주주의'나 '인권'만이 아니라 '문명'이나 '근대'라는 보편적 가치가 어떻게 각국의 국민 형성에서 선택적으로 수용되어 국내외 정치 구조를 떠받치고 있는가의 문제가 중요하다. 대내외 정치의 구조적 관계의 핵심은 다음 두 문제가 어떻게 공진하면서 전개되는가에 있다고 생각한다. 하나는 보편적 가치가 국내 정치에 어떻게 정통성을 공급하는가 하는 문제이다. 그리고 또 하나는 보편적 가치가 국제적 규범으로 간주되는 상황에서 그것이 어떻게 국민적 기억과 감정을 정통화함으로써 일종의 도의적 파워를 확대하는 기능을 국제정치에서 발휘하고 있는가 하는 문제이다.

이론적 정리는 이쯤에서 마무리하지만 중요한 점은 '보편적 가치' 자체가 아니다. 그 가치가 해석되는 과정에서 각국의 국민적 기억과 결합하고 그 결과 국민감정이 탄생하며, 그것이 국민국가 안팎의 정치를 연결하는 구조이다. 예를 들면, 현재 평화학 일반에서 분기한 분쟁해결학(Conflict Resolution study)은 중동이나 아프리카 등 민족분쟁과 내전으로 국가가 파탄한 지역을 대상으로 구미에서 활발하게 전개되고 있다. 반면 이 학문은 국민감정의 격렬한 대립을 동아시아에 환기하는 하나의 요인으로서 구조적으로 수용되고 있는 듯하다. 분쟁해결학이란 역사에서 되풀이되어 온 내전이나 전쟁, 그에 수반한 인권유린이라는 사태 속에서 분쟁 당사자 간에 분쟁 종식을 향한 합의를 낳는 동시에 다양한 형태로 존재하는 희생자인 당사자에게 마음의 치유를 맡겨온 학문이다. 또한[1] 이 피해자 구제라는 문제의식을 민주화 이전의 희생자에게까지 확대하고, 체제 이행 과정 이전에 고통을 받은 피해자에게까지 시간을 소급, 확대해 그 피해자의 구제를 호소한 것이 '이행기정의'(한국에서는 '과거청산론'. 모두 'transitional justice theory'의 번역)라 말할 수 있다.

이 글의 관심사는 그 핵심 주장이라고도 할 수 있는 '피해자중심주의'

---

1 내란 종식 후 국가 내부의 공동체 간의 분쟁 조정이나, 난민이 유입되는 국가에서 다문화주의적 태도를 배양하는 때도 분쟁해결학은 힘을 발휘하고 있다. 민주화를 완료한 라틴아메리카나 남아메리카를 기원으로, 오랜 세월 개발독재체제에 신음하던 인권 피해자를 대상으로 민주주의로 이행하는 과정에서 '인권'을 기초로 하는 '정의'를 회복하는 데에 필요한 절차나 제도를 분쟁해결학은 논해왔다. 또 분쟁의 해결보다 인권이라는 정의의 구체적 회복 즉 피해자 구제에 비중을 둔 것이 이행기정의론이라 할 수 있다. 그것은 분쟁해결학에서 트라우마의 치유인 '정의'를 시간을 소급해 정치체제의 변동에 수반해 석출된 과거의 '부정'한 체제가 낳은 피해자의 구제로 소급하고자 한 것이라고 규정할 수 있다. 이행기정의론으로 모습을 바꾼 분쟁해결학은 민주화로 체제 이행을 완료한 한국이나 타이완에서 과거의 인권 피해자를 구제하고, 정의를 회복하는 지침이 되고 있다. 입문서로는 이하를 참조. 上杉勇司·長谷川晋 편, 2016, 『紛争解決學入門－理論と実践をつなぐ分析視角と思考法(ASシリーズ)』, 大學教育出版.

라는 정의가 내셔널한(그러나 주장하는 측에게는 보편적) 정의인 '병합무효론'과 결합함으로써, 해결이 어려운 분쟁이 한일 간에 발생하고 있는 현 상황이다. 거기에는 다양한 이유가 있을 것이다. 피해자 자체의 기억이 긴 세월을 거치면서 내셔널한 기억과 융합하고 말았을지도 모른다. 또 피해자를 구제할 때 중요한 시민의 공감이 알기 쉽게 국민에게 공유되는 역사의 인식틀로 지지됨으로써 사회적으로 조성되었을지도 모른다.

하지만 가장 큰 이유는 이러한 구도를 자각하지 못한 채 보편적 가치나 정의가 논의의 기준점으로 동원되어 갑자기 외교 교섭의 화두로 부상하고 말았다는 것이다. 더욱이 외교 교섭의 내용이 유출되어 언론을 통해 국민에게 보도되면서 국민감정의 이반은 갈수록 커지고 있다. 1990년대 초엽에는 분명 일본 시민들 사이에서도 한국의 일본군'위안부' 피해자에 대한 시민적 공감이 존재하고 있었다고 생각된다. 그러나 오늘날, 2015년 말 '위안부' 합의, 강제징용에 관한 조약, 한국 대법원 판결을 둘러싸고 외교적으로는 서로의 국민에 대해 감정과 보편적 정의에 대한 배려가 이루어지지 않고 있다. 따라서 인간으로서의 시민적 공감 확산은 오히려 외교적 타협으로 보이는 결과로 인해 저해되고, 내셔널로 지목된 부분에 대한 국민의 감정적 반발이 심해져서 국민감정은 악순환을 일으키고 있다. 이러한 악순환을 끊기 위해 외교적 냉각 기간이 마련되나, 국내 정국으로 인해 문제가 다시금 불거질 때마다 도리어 이러한 구조는 견고해져 국민감정의 경직화는 가속화하고 있다.

이 상황에서 중요한 점은 특정의 보편적 가치 자체보다 왜 '자신이' 그것을 중시하는지 또는 왜 '세계가' 그것을 중시해야 한다고 생각하는지에 대한 감정이나 기억과 관련한 문제의 존재를 우선 의식하는 것이다. 이어서 주체의 감정이나 기억이라는 주관적 존재를 타자와의 논의 주제로 올리기 위한 방법이다. 사회심리적 구조를 이해할 때야말로 '피해자중심주의'나 '여성 존엄' 또는 '국제법의 준수'와 같은 '보편적 가치'로 신봉되는 것을 둘러싼 분쟁이 타자와의 관계 속에서 새로운 해결로 향하는 길도 열릴 것이다.

그것을 위해서는 인권이나 여성 존엄이라는 규범 또는 문명이나 근대라는 가치가 국민적 기억과 결합하는 계기와 구조를 국민사의 기본적 담론을 열쇠로 분석하고 논하기 위한 수단이 필요하다. 그러한 담론과 일체화된 인식 구조 안에서야말로 보편적 가치가 국민적 기억을 떠받치고, 가치와 기억이 결합해 탄생하는 국민감정이 국민으로서의 모럴을 생산하고 규범을 떠받친다고 생각된다. 그러한 구조를 상호 인식할 때, 내셔널리즘의 상호 대립이나 국내 시민사회의 분열이 커지는 딜레마의 확대 구조를 우리는 함께 논의할 수 있을 것이다. 이 글은 이러한 출발점에 서 있다.

II. 한일 양국의 국민적 기억과 보편적 가치를 둘러싼 단층

국민을 구성하고 있는 기억·감정과 보편적 가치는 어떻게 결합되어 있을까. 여권을 소지해야 하는 해외여행이나 스포츠 관람 때에 싫든 좋든 의식되는 국민이라는 집단은 분명 주권의 주체임에도 불구하고 인간 한 명 한 명의 머릿속 상상에서만 존재한다. 그래서 그것을 상상하기 위한 도구로 특정 기억이나 감정이 공유되며('국민적 기억', '국민감정'이라 불린다), 그러한 기억이나 감정을 매개로 함으로써 집단이 마치 존재하는 양 다양한 의식이나 축전이 거행된다.

우선 한일 양국을 살펴보면서 어떠한 보편적 가치가 각각의 기억을 떠받치고 있는지 가설을 제시해보겠다.

1. 일본의 국민적 기억과 감정 – 그를 떠받치는 보편적 가치

근대 일본에 대한 역사 연구와 일반에 퍼져 있는 국민적 기억이나 그것을 떠받치는 보편적 가치는 구별해서 고찰해야 한다. 그러나 역사 연구의 동향은 일반적인 국민적 기억에도 큰 영향을 받고 있다. 따라서 우선 일본사 특히 식민지 연구에 관한 연구 동향을 정리하여 국민적 기억과 감정을 고찰하는 단초로 삼겠다.

근래 일본에서는 '제국사'라는 분야가 큰 인기를 끌고 있다. 관심 대상은 이전 대이론인 마르크스 레닌주의적 입장에 선 제국주의 이론에 기초한 식민지 연구를 선호해온 민족운동의 기원이나 전개, 사회경제사와의 관련성과 같은 관심 대상과는 다르다. 도리어 일본사의 연장선에 있는 관심 대상이거나 혹은 글로벌 히스토리(global history)적 관점에서 역병, 위생, 도시 교통이나 무역을 대상으로 한다. 가령 조선이나 타이완의 총독부라는 존재가 메이지헌법체제 속에서 법적으로 어떠한 존재였는가. 몇 가지 예를 들어보자. 육삼법(六三法, 법률 제63호의 약칭으로 타이완에 시행해야 할 법령에 관한 법률)이라는 타이완 총독에게 부여된 위임입법권을 제국의회가 인정한 법률의 기원이나 계승이 연구되고 있다. 또 국민이 주권을 행사하는 때에 필수불가결한 중의원의원선거법(衆議院議員選擧法), 국민을 정의하는 호적법과 국적법에 관해서도 상당한 연구가 진전되어[2], 식민지 통치 이념으로 '구습온존(舊習溫存)'주의, '내지연장'주의, '동화주의' 등의 형성 프로세스도 논해지고 있다.[3] 또한 복합민족국가 담론이 제국적 제도를 정신 면에서 떠받쳤다는 점도 규명되고 있다.[4] 일본사적 관점의 연장선에서 제국사적 정치사 연구도 이루어지고 있다. 예컨대 제국으로서의 국가와 내부 사회의 다양한 주체에 주목하여 총독부와 본국 정부의 권한을 둘러싼 알력, 군 파벌, 정당의 외지 사회로의 진출과 이권 쟁탈전, 재외 일본인 사회와 총독부의 관계 등, 국가기구 내부의 다원적 기관과 제국사회 내부의 다원적 주체가 만들어내는 경계 횡단적 활동에 초점을 맞춘 실증 연구가 진행 중이다.[5]

하지만 문제는 제국적 지배나 식민지 지배 전체에 대해 새로운 틀이 충분히 모색되지 않은 채로 개별 실증 연구만이 전개되고 있다는 점이

2 예를 들면 이하를 달 수 있다. 遠藤正敬, 2010,『近代日本の植民地統治における國籍と戸籍-満洲・朝鮮・台湾-』, 明石書店.

3 春山明哲, 1980,「近代日本の植民地統治と原敬」若林正丈・春山明哲,『日本植民地主義の政治的展開』アジア政経學会; 酒井哲哉, 1999. 11,「帝國日本の形成」,『アジアとヨ＿ロッパ』(岩波講座世界歴史二三), 岩波書店.

4 예를 들면 이하를 들 수 있다. 小熊英二, 1998,『〈日本人〉の境界』新曜社; 駒込武, 1996,『植民地帝國日本の文化統合』, 岩波書店.

5 Young은 만주국 건국에 관해 일본제국의 국가적 활동보다 사회 측의 활동에 초점을 맞춰 언론, 실업가, 개척 농민의 언동을 논하고 있다(ルイーズ・ヤング 著, 加藤陽子 외 번역, 2001,『総動員帝國』, 岩波書店). 이러한 시점은 만몽으로의 개척 이민을 "제국의 대리인으로 보고, 중국 동북부인들에 대한 박해자로 간주할 것인지 아니면 도리어 희생자로 간주할 것인지"(같은 책, 5~6쪽)라는 상반되는 두 해석 모두 "개척민이 국가가 시키는 대로 행동했다는 전제를 공유하고 있는 점"에서 같다는 지적에 근거하고 있다. 그 위에 식민지의 조직과 개인이 제국 건설에 어떻게 관여했는지를 논하고 있는 점은 흥미롭다. 이와 같이 사회 측의 제국 건설 관여를 주제로 한 연구 조류는 岡本真希子, 2000. 10,「総督政治と政党政治—二大政党期の総督人事と総督府官制・予算」,『朝鮮史研究会論文集』38호; 駒込武, 2000. 4,「コメント,『帝國史』研究の射程」,『日本史研究』452호 등에서도 엿볼 수 있다.

다. 앞서 언급한 새로운 실증 연구로 제국 내부의 국가와 사회의 복잡한 관계나 일본을 포함한 '민족'이나 '국민'의 기초가 의외로 취약하다는 사실이 개개 사례를 중심으로 규명되고 있음에도 불구하고 말이다. 도리어 무의식 상태에서 큰 틀에는 물음을 던지지 않은 채로 개별 실증 연구가 과거의 옛 틀을 강화하고 국민적 감정이나 기억과 결합한 정통적 지위를 주장하고 있다고까지 말할 수 있을지도 모르겠다.

최근 들어 마침내 그러한 경향에 변화가 나타나고 있다. '식민지 근대'라는 개념을 통해 식민지 통치의 '공'과 '과' 그리고 '차별'과 '동화'라는 두 측면이 어떻게 그와 같이 출현했는가라는 현상 자체를 문제시하고, 설명하려는 작업은 그 몇 안 되는 시도에 해당한다.[6] 또 사상사 분야에서 '제국주의' 대 '민족'이라는 틀 그 자체가 전제로 하는 '근대' 그 자체, 즉 민족이나 국민이란 존재 그 자체를 근대적인 구축물이라고 보고 문제삼아야 한다는 지적이 식민지를 둘러싼 근대성 그 자체의 검증 움직임과 호응하고 있다.[7] 그리고 최근의 홋카이도나 오키나와·류큐사에 대한 주목도 이러한 근대가 낳은 국민국가 중심의 역사를 재검증하려는 움직임과, 근대성 자체의 검증이 맞물린 움직임이라고 설명할 수 있다. 하지만 그것은 미디어라는 매체와 정치·외교 그리고 학문 자체에 내재하는 이유까지 더해지면서 좀처럼 일반에 확대되지 못하고 있다(그 이유

6 宮嶋博史·李成市·尹海東·林志弦, 2004, 『植民地近代の視座—朝鮮と日本』, 岩波書店.

7 '제국주의' 대 '민족'이라는 패러다임이 제2차 세계대전 초기 일본의 국제관계론 연구의 '주요 동기'가 되었으며, 그 배후에서는 다이쇼시대의 '사회의 발견'이 국제정치학 연구에 영향을 미쳐 국가가 없는 민족이나 기업 단체 등의 비국가적 집단으로 구성되는 국제질서 연구가 식민지 연구나 국제행정 연구로 전개되었다고 근래 지적되고 있다. 酒井哲哉, 2003. 1, 「國際関係論と, 『忘れられた社会主義』—大正期日本における社会概念の析出状況とその遺産」, 『思想』 945호.

를 검증하면서 있음직한 화해의 개념을 고안하고, 상상하면서 현실화하는 작업에 이바지하는 것이야말로 현재 화해학이라는 학문에 기대되고 있다).

전문 사학자의 연구와는 별개로 교과서에서 역사 서술의 중심은 어디까지나 줄곧 국가와 그 주인공인 국민이었다. 메이지유신의 '사민평등(四民平等) 정책과 천부인권사상으로 인해 개인이 대등하게 이어지는 국민이라는 사회가 탄생해 그것이 문명 개화라는 외국 문화의 접종으로 '부국'과 '강병'을 실현해나가는 스토리가 주류를 이루고 있다. 그 실현 과정에서 '조약 개정'과 '청일전쟁 · 러일전쟁의 승리'를 통해 열강으로서 평등(平等)한 지위를 획득했으나, 제1차 세계대전 후에 군국주의가 대두하면서 긴 전쟁이 찾아왔고 그러한 '탈선' 기간을 거쳐 패전 이후에는 평화 · 국제협조주의 · 민주주의와 같은 가치를 동반한 국가로 재건되었다는 스토리이다.

그곳에는 공통적으로 민주주의 '발전'과 경제적 '윤택함'이 공명하며 흐르고 있다. 민주주의는 사민평등을 기원으로 하면서 부현회(府縣會) 설치나 국회 개설에 의한 지주(地主) 의원의 정치 참여와 조세 부담 그리고 지방 개발의 본격화를 매개로 '윤택함'이라는 가치와 결합해간다.

또 이러한 윤택함은 외국과의 기술 이전 · 외국 자본 · 무역, 그것을 둘러싼 조약 개정과 국제적인 '불평등'한 지위의 개선이라는 매개나 그 안티테제인 제국주의나 전쟁의 극복을 거쳐, 패전 후 '평화'라는 가치와 일체화된 국제협조주의를 떠받치는 국민사의 거대 스토리를 구성하고 있다. 곧 국민의 기억이나 감정이 결합되는 지점의 보편적 가치는 '발전'='윤택함'과 결합되는 문명이나 근대이며, 그 전제가 되는 국민으로서의 '평등'이라고 말할 수 있다. 다시 말해 조약 개정에 의해 문명국을 실현하고 문명국으로서 국제사회에서 '평등'한 대우를 받기 위해 국제법을 준수하는 것은 당연한 전제였다. 더욱이 그로부터 탈선함으로써 초래된 전쟁의 시대를 반성하는 형태로 '평화'라는 보편적 가치 또한 '발전' 논리에 편입되었고, 그것이 '문명'과 근대의 알맹이를 구성하면서 평등이라는 가치는 그곳에 실재하는 것으로 민주주의와 국제협조주의에 접목된다고 할 수 있다(인권의 보장이야말로 문명이며, 평등의 기초라는 생각과는 대척점에 있다).

이러한 교과서의 역사 서술에서 제국주의와 식민지 지배는 탈선 기간 중 지극히 짧게 기술되어 있을 뿐이며, 또 국민, 그 자체의 근대적 성격도 다뤄지고 있지 않다. 제국사에서 보신전쟁(戊辰戰争)에 패한 도호쿠(東北) 번들의 사제[師弟, 고토 신페이(後藤新平), 사이토 마코토(斎藤實), 니토베 이나조(新渡戸稲造), 마쓰에 하루지(松江春次)는 그 전형이라 말할 수 있다] 등이 청일전쟁 후에 타이완과 조선의 식민지 지배를 관료 또는 학자·문화인으로서 지탱했다. 이윽고 한국이나 중화민국의 구성원들 사이에 공유되는 국민적 감정을 육성한 선구자들이 근대화한 일본에 유학, 체류하면서 민족이라는 존재를 발견하고 박정희·박열·쑨원·왕징웨이로 상징되는 인물로 변화해가는 과정은 적어도 교과서의 거대 스토리에서 극히 사소한 사건에 머물고 있다. 물론 후술하듯이 식민지라는 존재에 대한 관심도 나타나 있지 않다.

2. 한국의 국민적 기억과 감정 — 그것을 떠받치는 보편적 가치

한국사의 스토리는 이러한 일본사 교과서의 스토리와는 사뭇 다른 가치와 결합하여 구성되어 있는 듯 보인다. 한국 역사의 핵심은 제국의 지배나 권력의 억압에도 굴하지 않고 '주체성'을 줄곧 유지해온 늠름한

‘민중’이며 그 민중의 저항을 동력으로 해서 획득된 민족의 ‘자주’, ‘자유’, ‘독립’이다. 그러한 맥락에서 볼 때, 국민적 기억이나 감정과 결합하고 있는 것은 그러한 민중이 본디 갖고 있는 인간 존엄이나 인권이라는 보편적 가치이다. 민중이라는 개념의 매개를 통해 개개 민중의 인간으로서의 존엄은 민족이라는 집단의 ‘독립’을 중심으로 하는 존엄으로 승화되어 국민의 창조를 실현하고 있다고 말할 수 있다.

예를 들면 대한민국의 ‘법통’을 1919년의 3·1운동으로 각성한 민중에 의한 독립 선언과 그로 인해 건립된 상해임시정부에서 구함으로써 ‘저항’과 그 핵심인 ‘독립정신’은 민족자결주의라는 제1차 세계대전 후에 등장한 당시의 세계적 조류·보편적 가치와 연결된다. 저항이나 독립·자유의 주체인 ‘민중’은 인간 존엄이나 인권이라는 가치를 기초로 하고 있음은 자명하다. 한국인의 기억이 의거하는 민족의 ‘자주’, ‘자유’, ‘독립’이라는 가치는 일본인의 기억이 의거하는 ‘문명’이나 ‘윤택함’, ‘평등’이라는 가치와 대조적이다. 이항대립적 문화론은 언급하지 않겠으나, 국민으로서의 기억이나 감정을 떠받치는 가치는 어느 쪽의 가치를 중시하고 있는가를 보면, 명확히 대척점에 있다고 생각된다. 과거를 역사적 사실로 선택해가는 때의 기준인 가치의 상이야말로 앞으로 논하려는 역사 인식의 간극이나 마찰의 원인이라고도 할 수 있으나, 그 가치 자체가 현실의 역사 속에서 선택된 것임에 주의할 필요가 있다. 그 전에 공통 요소를 우선 확인하고 넘어가겠다.

3. 연속체로서의 국민과 그 허구성

국민적 기억과 결합하는 보편적 가치가 한일의 국민 형성 시에 설사 극히 대조적이었다 하더라도 완전히 공통된 현상이 존재한다. 그것은 국민이라는 존재가 왕조 시대부터 근대에 이르기까지 계속해서 존재했다는 의식, 즉 고대 이래의 연속체라는 국민의 이미지이다. 근대 이전, 종교적·도덕적 가치가 지배하던 계급사회에서 사람들이 영역 내 모든 인간을 같은 집단으로 의식하는 때는 임진왜란이나 조선통신사 등과 같이 비일상적 사건에 부수한 극히 짧은 시간에 불과했을 터이다. 다만, 19세기 초엽 이래 서양열강의 기독교 선교나 통상 요구가 커지면서 조선에서나 일본에서나 왕권을 강화해 '서양'에 대항하려는 움직임이 등장한 것은 주목된다[일본에서는 라크스만(Kirill Gustavovich Laksman)이 내항하자 간인노미야(閑院宮) 가문 출신의 천황이 미토학(水戸學)을 수용하고 고대 의식을 부활해 조정의 권위를 강화했고, 또 조선에서도 인조로부터 갈라져 8대 내려온 방계에서 대원군이 등장해 서양 배척에 나선다].

그러나 저항은 서양에서 탄생한 국민을 모방하지 않고는 성공할 수 없었다. 곧 사쿠마 쇼잔(佐久間象山)이 막부 말기 정국에서 주창했듯이 '적의 무기를 빼앗아 우리 무기로 삼'아 그때까지 가장 신봉하던 신분이나 가문이라는 사회 제도를 극적으로 바꾸지 않고서는 효과적으로 저항할 수 없었다. 또한 이전 사회에서 국민이라는 존재가 얼마나 이질적인 존재였는가에 대해서는 일본에서나 한국에서나 거의 의식되지 않았다. 일본에서는 쇼군과 천황이 질서의 요체이던 신분이라는 엄격한 질서를 '봉건적'이라는 미명 아래 버렸으며, 또 한국에서는 왕권이 의거하던 '예'나 '충효'라는 덕이 질서의 중심이던 세계에서 왕권을 분리했다. 그에 더해서 국민이 정통성의 기원이 되는 국가가 서양의 논리인 '인권'과 국민주권원리에 의해서 건설된 것이다. 그것은 전근대에서 보면 매우 이질적인 것이었다.

그리하여 국민국가건설과 일체의 논리로서 국민은 마치 공통의 조상을 가진 집단으로서 전근대 시대부터 변함없이 존재했던 것처럼 이미지화하기에 이르렀다. 그 결과 윤리와 도덕과 이전에 일부였던 엄격한 신분이 소거되고 모든 계층의 기억이 국민의 기억 속에 동화되어버리는 현상이 오랜 식민지 시대의 갈등을 거쳐 현대에는 한일 공통의 것이 되고 있다. 따라서 이러한 이질적인 국민 사회가 인공적으로 만들어진 프로세스의 차이를 역사학으로서 설명할 수 있게 되고 그를 일반인들에게 알기 쉽게 전달할 수 있을 때에 비로소 미래에 국민이라는 정치 주체가 서로의 관계 속에서 무의식 중에 양쪽 모두 다시금 변화할 가능성이 움트지 않을까.

III. 국민적 기억과 보편적 가치의 단층이 초래하는 인식의 왜곡

1. 일본의 '식민지 책임' 인식의 어려움

물론 국민이라는 집단이 가지는 공통된 특성은 있다. 그러나 국민이 의거하는 보편적 가치에 비추어 그에 걸맞은 국민적 기억이 선택되어 상응의 국민감정이 형성되는 역동적인 과정은 상호 감정에 입각한 심도 있는 '대화'를 현저하게 저해하고 있다고 보인다.

우선 일본의 근대사가 의거하는 문명이나 발전이라는 가치나 그 민주주의 발전의 탈선·복귀를 떠받치는 '평화'라는 가치로는 이해될 수 없는 것이야말로 식민지 책임이라는 점을 지적하고 싶다. 문명이라는 가치와 결합한 국민적 기억, 즉 열강으로의 성장과 발전이라는 공적 기억으로는 아이누나 류큐·조선의 왕조 아래에서 호적 작성이나 토지 등기 더 나아가 징병, 납세, 교육을 수반하는 국가적 생활과는 단절되어 생활하던 사람들이 어느 날 갑자기 국가적 생활에 편입되어 '국민'화된 때의 '고통'을 상상하기란 '인권'이라는 다른 가치에 비추어보지 않는 한 어렵다. 즉 문명화에 유래하는 국민 제국이라는 발전 담론에서는 근대 일본이 '식민지'를 형성한 책임이나 그 속의 민중이라는 존재가 보이지 않는다.

2. 한국에서 인권 논리와 발전 논리의 극복 수단인 '일제'

다른 한편, 한국의 국민 통합에서는 '민족'의 '저항'이라는 제국주의사의 틀이 민주화를 직접 떠받친 인권이라는 가치를 기초로 하는 '민중'과 결합함으로써 '발전'이나 '윤택함'의 가치와 대화가 가능한 현상이 역사적 사실에서 소거되어 외부와의 대화가 원리적으로 차단되는 경향이 있는 듯 보인다.

1980년대 한국의 민주화는 후술하듯이 새로운 규범인 '인권'에 의거해 민중을 주체로 하는 저항에 초점을 맞춘 새로운 역사 해석과 일체화되어 진행되었다. 과거 박정희 정권의 권위주의체제에서 근대나 문명을 표준으로 일본을 '추종'하듯 국민을 형성하려고 했던 역사 해석에서 변화한 것이다. 곧 한국의 민주화는 '민중'을 주체로 하는 역사를 기초로, 국민사의 해석권을 독재정권으로부터 탈환함으로써 진행된 것이다. 그렇게 민주화와 일체화된 저항 논리의 변화는 '식민지 근대성'을 묻는 형태로 근대라는 개념을 진화시켰을 뿐만 아니라, 인권 규범을 보다 고차원으로 끌어올리는 역사 해석을 동반함으로써 '근대'를 무조건적으로 긍정하는 게 아니라 인간의 관리가 강화되어 자유가 위협받은 시대로 비판적으로 수용하게 되었다고 말할 수 있다. 하지만 제국주의의 존재 자체는 충분히 검증되지 않은 채, 인권 개념이 주류로 부상한 새 시대에도 남고 마는데 이는 뒤에서 다루겠다.

이러한 역사해석권과 일체화된 민주화는 복수정당제와 언론의 자유라는 제도적 측면과는 별개로 지금도 진행 중이다. 근대 일본이 '서구'를 모방하면서 '발전'이나 개발이라는 문명적 논리를 내건 데에 반해, 한국의 민주화는 도리어 그러한 근대의 '윤택함'이나 '문명'이라는 논리 자체에 저항하는 형태로 진전되었고, 인권이라는 논리와 결합하여 근대나 문명이라는 다른 가치가 재검증되는 이질적인 민주화 논리로 지탱되는 민주국가가 탄생한다. 그리고 지금도 그 과정은 국제적 긴장을 야기하면서 진행 중이라고 상징적으로 표현할 수 있다.

한국의 민주화 과정에서 발생한 저항 논리의 이행은 과거의 독재정권이 '역사의 해석권'을 독점하고 반공이나 '한국적 민족주의'라는 기치를 내걸면서 언론의 자유와 정치 참여가 없는 독재를 역사적으로 정당화한 상태에서 시민이 자유롭게 '민족'의 존재 방식을 논의할 수 있는 상태로 이행하는 것을 뜻한다. 하지만 그것이 시민에게 널리 공유되는 '기억'이 인권이라는 가치와 융합하여 국민감정을 토대로 폭넓은 지지를 획득한 과정이라고 볼 때, 복잡한 '역사'보다 '기억' 혹은 '알기 쉬운 역사'의 중요성이 커졌다고도 말할 수 있다.

1987년을 정점으로 하는 한국의 민주화를 되돌아보면, 1980년부터

전 6권으로 출간된 『해방전후사의 인식』은 민중 해방과 자유 공간이 미국이나 냉전하에서 억압으로 전환된 역학관계의 규명을 중심으로, 권위주의적 독재정권의 기원이나 독재자가 정통성을 주장하는 근거에 편입되었던 민족 분단의 기원을 역사적으로 밝혀 정권이 주장해온 개발을 위한 독재의 필요성을 능가하는 역사적 해석을 제시했다고 평가할 수 있다.

한편 1986년에 출간된 『한국민중사』는 역사의 범위를 조선시대까지 넓힌 뒤, 근대화의 '맹아'가 존재했음에도 불구하고 제국주의에 의해 짓밟히고 말았다는 논리를 제공하고 있다. 그를 통해 문명이나 근대의 네거티브로서 민족이 '정체'되어 있었다는 논의를 깨부수는 효과를 올렸다고 보인다. 민중의 자주나 자유를 전면에 내세우고, 문명이나 근대의 논리가 미치지 않는 해석을 만들 수 있었던 셈이다.

민주화 과정에서 인권 규범과 융합하면서 변화하고 새로운 역사 해석틀이 민주화의 진전과 함께 등장한 것이다. 그것이야말로 역사해석권의 탈환을 동반한 동아시아에서 진행된 민주화의 특징이었다.

하지만 인권과 인간 존엄이라는 가치에 지지되는 민중의 역사를 축으로 한 역사 해석은 비록 여러 논쟁이 있다고는 하나 그 전까지의 옛 역사 해석에도 이용되던 '제국주의적 억압'이라는 계기를 결과적으로는 온존시켜 재편하는 효과가 있던 것은 아닐까. 즉 제국주의에 의한 근대적 맹아의 억압이라는 논리로 '문명'이나 근대라는 가치를 극복한 작업은 다른 한편에서 진행된 근대 자체의 재검토라는 시도를 어중간한 것으로 만들고 말았다. 다시 말해 민중 개념의 발견이라는 획기적인 성격에도 불구하고, 일본이란 처음부터 제국주의적 억압을 가하는 존재라는 전제하에 일본이란 지역의 근대성을 논의하지 못한 채 봉인함으로써 문명이나 근대라는 가치 자체에 정면으로 도전하지 않은 채, 자국 내에만 머무는 민중사가 한국 국민사의 핵심에 계속해서 위치하는 역학을 초래했다고 말할 수 있다.

바꾸어 말하면 동일한 제국주의에 대한 반대를 표방하는 것이었어도 무엇에 대해 어떻게 저항했는가라는 역사 기본 인식의 근본적 논리가 변화했음에도 불구하고, 그러한 논리의 변화는 민족이라는 경계를 넘지 못한 채 끝내 그 틀 내부의 근본적 변화에 머물렀다고 할 수 있다. 근대 전반을 서구중심주의만이 아닌 발전과 문명 논리 그리고 인간 존엄과 인권 논리 간의 상극이나 갈등에까지 접근하면서, 일본의 소위 근대화 자체도 재검토하는 지역적 확산성을 가지고 각지 민중의 지하수맥적 움직임까지 아우른 심오하고도 폭넓은 역사 해석의 변화에까지 이르지 못한 점은 지금도『반일 종족주의』로 상징되는 문명이나 근대의 논리에 의거한 낡은 한국사가 소생할 여지를 주고 있다.

3. 역사해석권을 수반한 민주화라는 개념으로 본 동아시아

일본사가 소거한 식민지 책임, 민주화 후의 한국사가 당연한 전제로서 민중사와 일체화해버린 근대화의 맹아를 억압한 제국주의 침략, 이 두 가지가 비극적으로 교차하는 역사의 함정에서 빠져나와 여성 인권을 중심으로 대두된 문제가 일본군'위안부' 문제라 할 수 있다. 한국의 민주화에 대응해 사회에서 줄곧 변두리에 위치해 있던 여성의 임파워먼트를 지향하고 여성 존엄이라는 보편적 인권에 호소하면서 '위안부' 피해자들은 애초에 '민족의 딸'로 자리매김하며, 여성의 억압된 인권을 상징하는 역사의 대표격으로 등장한다. 즉 한국에 있어 일본군'위안부' 문제는 '민족의 딸'이라는 슬로건이 상징하듯이 주변 국가들의 침략에 오랜 세월 신음해온 민족의 역사 속에서도 침략의 피해를 가장 많이 입은 존재야말로 '위안부' 피해자라고 규정하고, 종래의 민족주의사관을 이용했다. 또 정통성이 결여된 독재정권이 오랜 세월 방치해온 존재로서 독재정권을 규탄하는 논리에도 편입되었다. '위안부' 문제는 새로운 민주주의나 인권이라는 가치에 의거한 민주화로 이행하는 역학 속에 놓이면서도, 과거 민족을 억압한 제국주의의 가장 비참한 희생자라는 점에서 비록 남성중심주의일지라도 그 전까지의 민족주의자에게 이해하기 쉬운 존재로 등장했다. 그리고 사회적 인지도가 높아지고 체제가 이행할수록 '위안부' 피해자는 기피되는 존재가 아닌 오히려 새롭고도 진정한 민주적 한국 사회가 과거 경험한 제국주의의 '성폭력 피해자'를 방치한 '적폐'의 희생자로서 국내에서 자리매김되는 한편 한일관계까지 긴장시키는 존재가 되었다고 할 수 있다. 여성 존엄의 회복이라는 가치를 지향하는 인권 구제는 한국의 민주화와 함께 탄생해 지금도 그 여진은 이어지고 있다.

일본의 외교 당국자에게 '위안부' 피해자들이 요구한 사죄와 진상 규명은 새 가치인 여성 존엄과 얽힌 피해자 구제의 문제가 아닌 한일청구권협정이라는 국제 조약과의 정합성 문제로, 그리고 국제조약 준수의 잣대로 평가되었다. 또한 1990년대 초, 일본에서의 '위안부' 문제는 일본적십자사의 구호간호부나 일본인 '위안부'를 포함한 일본 민간인 여성에 대한 일본 정부의 보상을 둘러싸고 형평성 문제를 야기하기도 했다. 국민화와 제국화가 동시에 진행된 탓에 식민지 책임이 자각되지 않은 상황이 이러한 인식의 간극을 넓혔다고도 할 수 있다.

적어도 1990년대 중엽에 외교 당국이 시도한 법적 정합성을 유지하면서 추진된 관민 협력 기금의 설치와 국민으로부터 직접 모금해 건네는 방식은 일본 시민사회의 폭넓은 동의를 얻지 못하며 도리어 분열을 가중시켰다. 국민의 논리를 초월하는 의사나 주체성을 갖추고, 국가 간 틀에서 배제된 인권 피해자를 구제하기 위해 결집한 존재가 바로 시민이었음에도 불구하고, 그러한 시민은 과거의 독재정권 시절에 만들어진 틀에 입각해 법적 정합성을 전제로 하는 조치를 강구해야 할지 아니면 그러한 틀 자체를 부정하고 완전히 새로운 국가배상을 해야 할지의 갈림길에서 국민적 입장을 둘러싸고 분열하고 만다.[8] 또한 한국의 시민사회가 이러한 법적 정합성에 입각한 일본 측 조치가 '제국주의적 침략' 피해자에 대한 '국가 책임'을 모호하게 만드는 조치에 불과하다고 배척한 상황도 그야말로 일본 측 시민사회를 분열로 이끈 계기가 되었다.

IV. 분쟁의 구조: 국내정치와 국제정치의 공진

1. 역사 문제는 구축된 국민의 위상차에서 유래한다

민주주의와 인권이라는 동일한 보편적 가치를 신봉하고 있더라도 한일 각국의 국민이라는 집단을 구축하는 데에 필수 불가결한 기억의 선택은 각기 상이한 가치와 결합하여 진행되어왔다. 따라서 한일 간에는

8 和田春樹, 2016, 『アジア女性基金と慰安婦問題-回想と検証』, 明石書店; 大沼保昭, 2007, 『「慰安婦」問題とは何だったのか—メディア·NGO·政府の功罪』, 中公新書. 이러한 일본 정부에 협력하고자 했던 시민사회의 분열 후에 열린 심포지엄의 기록으로는 徐京植, 1998, 『ナショナリズムと, 「慰安婦」, 問題』, 青木書店이 있으며, 과거의 초당파적 연대가 끊긴 것을 상징하고 있다.

근대의 식민지 지배와 전쟁을 둘러싸고 역사 문제가 발생할 구조가 자리 잡고 있다. 국민국가를 형성하는 때에는 이민족 지배와 전쟁이 필수불가결한 만큼, 그 의미를 둘러싼 역사 문제는 피할 수 없다. 이것이야말로 무엇을 '역사'적 사실로 선택해야 하는가를 둘러싼 국민의 기억과 보편적 가치라는 두 가지를 건 분쟁이라 할 수 있다. 인권이나 인간 존엄이라는 가치는 사회 정의나 그 실현에 빼놓을 수 없는 '자유'라는 가치를 당연한 전제로 하는 데에 반해, 문명이나 근대라는 가치는 법적 안정성이나 질서를 당연한 전제로 한다.

일본군'위안부' 피해자들을 둘러싼 분쟁은 있어서는 안 될 독재체제만이 아니라 그것과 유사한 식민지 지배를 낳은 책임의 주체나 그 기원과 종식을 둘러싼 법적 성격이 피해자 구제의 실제 방식과 얽힘으로써 양국의 국민 사회를 떠받치는 기억이나 가치의 해석과 결합을 둘러싼 문제군, 곧 역사 문제를 구성할 수 있다. 따라서 이러한 분쟁에 대처하기 위해서는 국민이 어떻게 구축되어왔는지를 역사적 그리고 이론적으로 의식하고 주체로서의 자신의 감정을 자각하고 타자의 감정이 발생하는 역동성과 비교하면서 해결의 길을 탐색하는 수밖에 없다.

우선은 이러한 분쟁이 발생하고 있는 국내외 사회와 국가의 구조를 국내정치와 국제정치를 매개로 정리해보겠다.

2. 민주주의사회의 감정·기억 레짐–공진의 원인과 위상

한국 내 체제 이행의 최종 국면에 있는 민주체제를 둘러싸고는 이하와 같은 민주주의국가 내부의 기억을 둘러싼 구조가 보편적 가치의 단층을 매개로 함으로써 국민 간의 감정적 대립을 유발하는 대내외 정치의 공진 현상이 존재하고 있는 듯이 관찰된다.

우선 국내 구조를 살펴보겠다. 이 구조는 크게 다섯 가지 요소가 결합해 발생하고 있다고 할 수 있다. 민주주의라는 정치 이념, 그것이 전제로 하는 국민이라는 집단이 공유하고 있는 국민감정, 개인을 국민이라는 집단의 일원으로 승화하는 기능을 가진 역사적 기억(역사 교육의 핵심이 되는 기억), 한일에서 대조적인 소위 보편적 가치 그리고 그것을 담보하는 독립된 주권국가이다.

첫째, 민주주의와 국민감정을 묶는 것은 민주주의라는 제도나 이념 자체에 내재하고 있다. 누구를 그 구성원으로 할 것인가라는 문제는 민주주의적으로 결정할 수 없다. 기업이든 지자체든 또는 국민이든 상황에 맞게 담당자를 결정할 수밖에 없는 숙명을 민주주의는 지고 있다.[9] 또한 최종적으로 다수결에 의한 결정에 소수파가 따르는 것도 동일한 국민감정이라는 존재를 빼고는 생각할 수 없다. 일본이든 한국이든 그것이 민주주의를 전제로 하는 정치체제를 가지는 한, nation으로서 감정을 공유하는 국민을 전제로 할 때 비로소 국민 대표나 대표 간의 다수결에 의한 결정은 성립한다.[10] 언론의 자유에 의거한 대화와 설득 끝에 감정을 공유하는 집단 내에서 내셔널한 민주주의는 기능하고 있다고 할 것이다.

동아시아에서 이러한 국민감정을 급속히 육성시킨 것은 그야말로 알

---

9 川崎修·杉田敦, 2006,『現代政治理論』, 有斐閣アルマ.

10 국민이라는 집단은 교육을 통해 재생산된다. 숙의와 다수결의 원칙에 의거한 민주주의는 동일 집단의식을 전제로 할 때 비로소 기능한다. 같은 집단에 속하고, 그 일원이라는 도덕이나 감정을 공유하고 있다는 전제에 섰을 때에 다수파는 소수파를 최대한 배려하며 소수파도 종국에는 폭력에 호소하지 않고 침묵한다. 그리고 민주주의는 이러한 형태로 효과적으로 기능하게 된다.

기 쉬운 내러티브로 개인에게 삶의 의미를 공급한 이른바 국민의 '역사'였다. 국민이라는 것이 귀중하며 의미가 있다는 의식에 의해 지지됨으로써 개인은 국민감정을 공유하고 그러한 감정을 동반할 때에 개인을 규율하는 도덕을 사회적으로 공유하는 국민이 된다. 자유의 창출을 국민감정의 핵심으로 하는 미국 등의 이념형 국민에서조차 워싱턴이나 링컨으로 상징되는 역사적 기억은 대통령 취임 선서식의 언어나 의례를 생각할 때 빼놓을 수 없는 것이다.[11]

그리고 국민적 기억과 그것을 알기 쉽게 구성한 내러티브로서의 역사의 핵심에는 그야말로 한일 간에 대조적 양상을 보이는 보편적 가치가 자리 잡고 있다. 일본에서 보자면 '평등'·'근대화'·'평화'라는 가치, 한국에서 보자면 '인권'·'존엄'·'자유'('억압'의 전복)임은 전술한 바와 같다. 즉 일본에서는 심각한 '불평등' 조약 아래 국민이 차별적 대우를 받았음에도 불구하고 종내에는 조약 개정을 쟁취하고 청일·러일 두 전쟁에서 승리해 열강의 반열에 올라섰다는 스토리가 만들어지는 한편, 한국에서는 학살이나 인권유린에 의한 억압에도 불구하고 러일전쟁 이후의 '강점'하에서도 민족은 주체성을 잃지 않고 저항했으며, 종국에는 독립을 쟁취했다는 스토리가 국민사의 핵심에 자리 잡게 된다. 그 국민이 세계에서 인정을 받고 각 개인에게도 귀중한 존재라는 것을 추구하는 점에서 국민의 기억은 '근대화'이든 '인권'이든 필연적으로 어떠한 보편주의적 가치에 의거한다.

이렇게 보편적 가치와 결합한 국민적 기억은 '용서할 수 없는' 처참하

11 アンソニー・スミス, 1999, 『ネイションとエスニシティ-歴史社会學的考察-』, 名古屋大學出版会.

고 위태로운 과거와 현재의 '자랑스러운' 근대를 잇는 것으로, 국민의 정치 활동이나 특정 정치세력에 역사적 정통성을 공급하면서 눈앞의 정치 현안과 함께 의의가 더해져 논해진다. 따라서 이러한 인권이나 근대라는 보편적 가치가 역사 속 기억과 결합하여 국내에서 정치적으로 회자될 때에 독립된 주권국가라는 존재는 필수 불가결하다. 국가가 독립해 주권을 유지할 때 비로소 국민은 발전할 수 있으며, 그 인권은 보장된다. 독립된 강력한 주권국가가 존재할 때야말로 인권은 개인의 자립성과 독립성을 떠받치는 것으로 명실상부하게 더욱 굳건하게 보장된다고 신봉되는 까닭에 보편적 인권은 아이러니하게도 국가적 정책의 필요성을 높이고 만다. 인권 피해자가 국가가 일으킨 전쟁의 희생자로 규정되는 경우, 그것은 더한층 커진다.

이로써 각각의 고리는 연결되어 민주주의 ← 국민 ← 국민감정 ← 역사적 기억 ← 인권 ← 국가 ← 민주주의라는 개별 요소를 포함한 구조가 탄생한다. 이 구조 속에서 개개인은 국민이라는 집단의 일원으로 승화되며, 역사 교육은 국민감정을 형성하기 위한 수단이 되고, 인권은 국민의 기억과 결합해 국가 간 분쟁을 유발한다.

가치와 기억을 둘러싼 동일한 국내 구조가 존재함에도 기준이 되는 가치가 다른 탓에 국제정치의 장에서 국민감정의 대립은 부각되고, 그것은 역사 문제라 불리게 된다. 관련된 다섯 요소는 국내에 봉인되어 민주주의를 떠받치고, 외교는 그 국내의 정치 구조와는 다른 지점에서 전개되어야 함에도 국민감정이나 기억은 보편적 가치와 결합함으로써 국제정치의 장에 등장해 큰 분쟁의 원인이 된다. 또한 그렇게 감정적 차원에서 격화한 국제 분쟁이 국내 정치로 역류하여 더 강경한, 다시 말해 국내적 논리에서 볼 때는 '정의로운' 지도자에게 정통성을 부여하면서 그러한 지도자의 선출을 낳는다.

이러한 두 가지 차원에 걸친 공진 현상을 수반한 국내외 정치 문제야말로 이른바 '역사 인식 문제'로 정의할 수 있다. 이러한 상황에서 분쟁해결학이나 국제법 전체도 국내의 정치적·문화적 구조에 편입되어 분쟁을 해결하기보다 도리어 대립관계를 낳는 한쪽 국민의 모럴을 강화하고 떠받치는 한편, 다른 쪽이 다른 논리로 경도되는 것을 조장한다. 한국이 분쟁해결학으로 기울면, 일본은 평등한 주체 상호의 국제법 논리나 '발전' 논리로 경도되며, 양자가 각자 신봉하는 보편성에 의거하면서 대치하는 형태로 새로운 국민 간의 분쟁이 야기된다.

3. 공진에 의한 국민감정의 충돌 구조

국민감정이나 기억을 무의식적으로 떠받치는 보편적 가치가 한일 간에 사뭇 다른 단층이, 국내정치사회 구조에서 흘러넘쳐 국제정치 무대에서 대립을 야기하는 원인은 무엇일까.

첫 번째 이유는 앞서 서술한 바와 같이 주권을 가진 '국민' 집단이 동아시아에서는 고작 약 150년 전까지만 해도 결코 자명한 집단이 아니었으며, 세계적·지역적 지배와 대립에서 탈피하는 과정에서 그에 걸맞은 기억이 선택되어 보편적 가치로 보강되면서 국민이 형성되었기 때문이다. 국민이 역사 속에서 구축되었기에 그야말로 그 구축 과정에서 발생한 기억과 감정의 구조가 이웃 나라의 국민 이미지를 깊이 규정하는 것은 명백하다. 반복해서 말하는 것이지만 일본 국민이 이웃 나라를 지배하고 그 사람들을 국민화하고자 했던 식민지 책임을 인식하기 어려운 이유나, 한국 국민이 보편적 가치와 국민감정을 준별하고 제국주의 논리에 의한 근대 논리의 극복을 자각하기 어려운 이유는 이러한 구조가 만들어낸 것에 다름없다.

두 번째 이유는 국제사회에서 전개된 인권 규범의 확대와 침투라는 현상을 들 수 있다. 냉전시대 종반부터 전 세계로 퍼진 제3의 물결인 민주화가 세계에 파급되는 현상은 남미와 남아프리카에 그치지 않고 아시아에도 1980년대 후반부터 밀어닥친다. 그 민주화가 동북아시아에서 진전되면서 발생한 현상이야말로 새로운 민중 개념에 의거한 역사 해석의 등장과 그러한 기억이 보편적 가치인 인권이나 민주주의·자유와 결합한 현상이라고 말할 수 있다.

굳이 세 번째 이유를 들면, 이러한 아시아의 민주화가 일본에는 닿지 않았기 때문이다. 일본에서도 평화적 정권 교체가 크게 1994년과 2009년의 두 번에 걸쳐 분명 실현되기는 했으나, 그것은 역사 해석의 대대적 변경을 수반한 것이 아니었다. 인권과 결합한 식민지 책임을 인지하지 못하는 이유 중 하나에는 민주화의 기점인 '5개조 서문(五箇条の御誓文)'을 발표하고 또 '성단(聖斷)'으로 평화를 회복하는 주체가 된 천황의 존재가 있으며, 그것이 국민의 '발전'이나 '평화'의 상징으로 충분히 기능하고 있는 점이 인권이라는 가치의 인식을 저해하는 의도치 않은 효과를 낳고 있다고도 지적할 수 있다.

일본의 이 모습은 마치 제국주의의 억압 논리에 의거한 '근대'의 맹아 개념을 사용해 발전이나 문명 논리를 민중의 자유나 인권 논리에 종속시킴으로써 제국주의의 억압 개념과 인권이라는 가치를 결합시킨 한국과 닮은꼴을 이루고 있다. 서로가 상대방이 의거하는 가치에 눈을 감는 현상 속에서 국내정치와 국제정치는 공진하면서 국민감정의 악순환을 유발하고 있다.

위와 같은 까닭에 글로벌화 시대에는 보편적 가치가 강조되면 강조될수록 한일 간 국민감정의 악순환은 심화할 수 있다. 본디 국내정치에서 민주주의를 떠받치는 기능을 수행할 터인 보편적 가치는 상호 국민사가 첨예하게 충돌하는 부분을 중심으로 역사 인식 차원의 마찰로 편입될 수 있다. 근대 문명이나 인권이라는 보편적 가치와 무의식적으로 결합하여 국내의 민주적 제도 속에서 자국민용으로 의미 부여된 기억과 그에 대응하는 국민사는, 그것에 기반을 둔 구체적 외교 조치나 '결착'으로 상대 국민이 거세게 반발할수록 역사 문제의 격화로 이어져서 국제정치의 안전보장이나 무역 문제에까지 전이되어 국민감정을 악화시킨다.

실제 어떠한 현상이 일어나고 있는가에 대해서도 잠깐 묘사하고 넘어가겠다. 역사교과서는 역사 자체보다 국민으로서 어떠한 기억과 감정을 유지해야 하는가를 아이들에게 그리고 교육관계자에게 지시하는 기능을 가진다.[12] 그런 까닭에 교과서의 기술이 정치 현안으로 부상하는 것도 그러한 감정과 관련되어 있기 때문이다. 충돌의 악순환 속에서 가령 역사교과서는 제반 사실의 정합성보다 도리어 국민감정을 환기하고 전달하거나 또는 그에 기여하는 사실이 우선적으로 선택되도록 기능한다. 그러므로 '침략'과 '진출', 주권의 '박탈'과 '접수', 황위의 '양위'와 '강제적 퇴위', 민중의 '전쟁 동원'과 '강제 연행' 등과 같은 감정을 동반하는 언어를 역사 서술 속에 담는 방식이 감정적 충돌의 주된 초점이 된다.

역사적 현상을 보여주는 이러한 감정적인 언어 사용은 다음과 같은 호칭이나 사건에서 기억의 깊은 균열을 구성한다. 예를 들면 '대일본제

12 キャロル·グラック, 2009,『戦争の記憶 コロンビア大學特別講義 學生との対話』, 講談社現代新書.

국'과 '대한제국'이라는 호칭, 황제·천황을 포함하는 제국 상호 간의 관계, 후자의 외교권을 전자에 위탁하면서 시작된 보호관계, 그 실패의 결과인 병합과 그에 반발하면서 일어난 민중의 독립운동, 그리고 제국이라는 국가하에서 민중을 동원해 수행된 전쟁의 해석 등이다. 특히 마지막의 전쟁 해석의 경우, '대일본제국'이라는 국가하에서 수행되었으나 서로 다른 민족 감정이 이미 발생한 시대의 노동자나 여성의 동원 실태가 불명확했던 탓에, 그 의미(국민 동원인지 이민족 동원인지)의 단층 자체에 분석의 메스를 가하기가 장기간 어려웠다. 그렇기에 민주화 시대에 피해자가 등장한 당시 그 충격은 더한층 컸다고 말할 수 있다.

4. 기억의 단층인 식민지 책임과 식민지 근대성

그렇다면 어떻게 하면 이러한 구조에서 탈피할 수 있을까. 그것이야말로 화해의 기초 작업이라 할 수 있으나, 더 중요한 것은 화해를 저해하고 있는 구조 자체를 함께 논의하고 공유하면서 인식하는 것이라고 생각한다. 서로의 감정이나 기억에서 일치하는 부분이 없다 한들, 그 차이가 어디에서 유래하고 어떤 과정을 거쳐 역사 문제를 만들어내는지, 그 구조 자체에 대해 어느 정도는 공통인식을 형성할 수 있지 않을까.

그 전에 사회적 감정인 국민감정이 각자의 역사적 기억에서 자유로워지기 위한 방책이나 식민지 지배와는 다른 기억을 양자간 관계를 떠받치는 것으로 키워가기 위한 방책, 식민지 시절의 기억을 도리어 상대적으로 최소화하는 회로를 확보하기 위한 수단, 더 나아가 두 민주적 국민사회의 구조가 악순환을 일으켜 충돌하지 않고 도리어 서로의 차이를 인정하고 공존하는 방책을 발견할 수 있지 않을까.

현 세계에 존재하지 않는 것을 굳이 언어로 개념화했는데, 그 모델 중 하나가 될 수 있는 것은 캐나다인 또는 영국인과 미국인이 서로의 역사나 그것과 일체화된 '국민성'을 야유하면서 농담을 주고받는 행위이다. 국민감정은 개인 간의 관계를 원활하게 하기 위해 동원될 뿐이며, 정치적으로 국내를 결속하기 위한 내셔널리즘 발동의 도구가 되지 않으며, 모든 분쟁은 정치적·외교적 교섭이 아닌 사법적 해결에 맡겨진다.[13] 실제로 와세다대학·고려대학·칭화대학이 2019년도에 진행한 캠퍼스 아시아 프로그램에서는 학생들이 서로의 편견이 재생산되는 구조를 유머러스한 연극으로 상연한 사례가 이미 보고되고 있다.

그러나 이러한 방향성을 저해하는 것이 이른바 '알기 쉬운 역사'이다. 예를 들면 식민지 제국의 건설과 확장, 세계 전쟁과의 연환 속에서 발발한 중일전쟁 그리고 '대동아공영권' 건설을 위한 전쟁 동원의 실태와는 다른 차원에서, 그 과정 속에 위치하는 '인권유린'과 관련된 역사를 각자의 국민적 담론에만 호소해 '알기 쉽게' 설명하면 할수록 기억의 깊은 균열에 빠져 도리어 국민적 대립을 환기하고 만다. 즉 일본인에게 민간인 징용('모집'이나 '알선'과는 구별된다. 外村大, 2015, 『朝鮮人強制連行』, 岩波新書.)은 국민의 노고·고난을 뜻하는 것으로, 피해자로서 국민적 기억의 일부분에 포섭되어 미국에 대한 저항의식이나 내셔널리즘을 결코 환기하지 않는 데에 반해, 한국인에게 일본제국하의 민간인 징용이나 관 알선에 의한 동원은 누가 이러한 유의 인권유린을 벌였는가라는 형태로 기실 개개 여성에게 자행된 범죄를 업자나 경찰관, 기업 담당자나 정치

13 Karl Wolfgang Deutsch, 1988, *The Analysis of International Relations: Foundations of Modern Political Science*, Pearson College.

인에게 물어야 할 터임에도 한국인 피해자에 대한 일본국 전체의 책임을 현대 일본의 정치인에게 묻는 프레임에 끼워 넣음으로써, 국민감정의 대항을 결과적으로 부추기고 있다. 그 과정에서 감정적으로 즉각적인지 혹은 숙고를 동반하는지는 차치하고, 식민지 책임과 마주할 수 있는 일본 시민 이외는 알기 쉬운 역사가 만들어내는 감정에 포섭되어 영합하거나,[14] 악순환을 방치 또는 거리를 두면서 터부시하게 된다.

분명 환기되는 국민감정이 정치적 자원으로서 얼마나 유효한지는 일의적으로 결정되지 않으나, 피해자가 지원자의 도움을 받으면서 자신의 체험을 전쟁이나 식민지 지배라는 역사와 얽혀 있는 피해자의 체험으로 의식하려면 '알기 쉬움'이 필수 불가결하다. 당사자의 치유 곧 피해자가 마음속에 품고 있는 자신의 삶의 의미를 재구성하고, 자신의 삶에서 가치를 도출해내는 피해자 구제의 문제는 국민적 담론에서 보더라도 그리고 피해자의 인생에 있어서도 '알기 쉬울' 필요가 있다. 따라서 구체적인 피해자가 존재하는 역사 분쟁은 이미 당사자가 없는 역사 분쟁과 비교해 보다 강력하게 국민감정을 흔들고 역사 분쟁을 야기할 수 있다.

또한 피해자뿐만 아니라 국제사회에서도 '알기 쉬움'은 요구된다. 충돌하는 국민적 기억 중 어느 쪽이 국제사회에서 승인되어야 하는지를 둘러싼 치열한 다툼이 유네스코세계문화유산 등재 당시 전개된 것은 기억에 새롭다.

---

14 일본 국내를 대상으로 하는 일본사에서는 '성폭력'이라는 개념과 결합하지 않은 채로 그 피해를 당한 여성은 '위안부'에 머물고 있다고 말할 수 있다. 더더구나 여성사도 없었고, 조선 통치에 대해 식민지 지배라는 인식조차 일반적이지 않던 1980년까지의 일본사에서 그 여성들은 여전히 '창부'라는 개념에서 벗어나지 못하고 있었다. 그렇게 간주하고 부끄러워하지 않는 담론은 인터넷이라는 가상 담론 공간에서 여전히 살아남아 있다.

그리고 역사의 '알기 쉬움'의 필요성은 국내의 역사가와 시민 간의 관계에도 영향을 미치고 있다. 즉 역사적 사건을 단순한 '국익', '파워' 그리고 '국민' 의사에 환원해 알기 쉽게 서술한 시민적 역사 담론은 인터넷의 힘까지 더해지며 상대국 국민에게도 전달된다. 그리고 국제적으로도 발신력이 높아진다. 그에 일본의 보수적 국민층은 그와는 다른 의미로 알기 쉬운 역사를 재생산하며 그 결과, 국민감정 차원의 대립은 고조된다.

5. 역사 문제의 출현과 그 악순환 구조–공진의 결과

이상과 같은 역학 속에서 피해자의 심적 구제 문제는 분명 국제사회 전체가 관심을 기울여야 할 인권 문제이면서도 국민에게 공유되어야 할 '알기 쉬운' 역사 간의 분쟁을 야기하고 악순환을 가속화해간다. 그리고 종내에는 아래와 같은 상황을 낳고 있다.

첫째는 인권 피해자임에도 불구하고 그 피해의 기원이 개개인의 국민적 기억의 맥락 속에 위치하면서 개개인의 다른 국민적 기억 이미지에 피해자가 다른 형태로 투영되며 이로써 역사가 단순화되어 개개인 간의 심도 있는 대화나 상호 관계를 저해하는 상황이다. 그것은 국민의 공명을 압박하는 일종의 공적인 국민 기억이 동아시아 지역 간에 괴리됨으로써 역사 자체를 터부시하는 일본 사회의 경향까지 동반하고 있다.

민주화 과정에서 한국에서는 국민의 기억 핵심에 '인권 피해자'나 '여성 존엄'이라는 보편적 가치와 함께 한국인 '위안부'가 기억되는 한편, 일본 측의 국민적 기억에서는 '식민지 책임'과 관련된 사건이나 인물이 누락된 상황이 이어졌다. 보편적 가치의 대항이 왜 발생하는지를 의식하지 못할 경우, 내셔널한 감정적 반발 상태로 역사는 터부시되고 국제법의 논리만이 외교에 남을 수 있다. 다른 한편 쉽게 개입하기 어려운 분야인 교육이 정치화한다.

둘째는 교육 문제로 상징되듯이, 국내정치체제에 역사가 편입되는 경향이 농후해지는 상황이다. 앞서 한국의 민주화는 역사해석권의 독립을 토대로 전개되었다고 설명하였는데, 역설적이게도 민주화 이후 한국에서는 문재인 정권이 제시하는 새로운 역사관이 '적폐청산' 정책과 함께 사회에 문제를 제기하고 있다. 대조적으로 중국에서는 공산당의 경제 지도 체제를 정당화하기 위해 역사나 기억이 국가 기념일 때마다 동원되고 있다. 이러한 국내정치와의 관계로 서술되는 국민적 기억은 일본 또한 예외일 수 없다. 한중일의 사회적 접촉이 증대될수록 역사는 정치화하는 경향을 띠는 동시에 일본에서는 터부시되어간다.

다른 한편, 한국에서는 경제 발전에 성공해 중간층을 기반으로 한 개인이 주체인 민주주의 정치가 뿌리내리는 과정에서, 인권이나 반식민지적 국민감정은 소멸하기는커녕 오히려 개인의 주체성과 결합해 내면화되어 정치의 새로운 기반이 되고 말았다. 애당초 한국의 민주화 자체가 '역사해석권'의 장악에 성공한 세력에 의해 추진되었다면, 중국에서는 도리어 정부가 줄곧 역사해석권을 독점함으로써 공산당이 중국 근대의 항일 투쟁을 주도했다는 역사 해석이 공산당의 현행 독재체제를 떠받치는 구조를 만들어내고 있다.

이렇게 국내정치와 결합한 '알기 쉬운' 역사나 그것과의 관계로 서술되는 국민적 기억은 중국의 경우 국내에 갇혀 일본에 영향을 주지 않는 반면, 민주화된 한국에서는 제1권역인 '선진국' 중심의 보편적 가치를 매개로 함으로써 일본 국내에서 국민의 반발을 사고 있다.

V. 대화를 위한 지적 인프라: 화해학의 기본 수법

이러한 동아시아의 상황에서 우리에게 필요한 것은 국민사 속에 포섭된 알기 쉬운 역사를 서로 강요하는 것도, 국제사회에서 어느 쪽의 내러티브가 더 승인되어야 하는가를 다투는 것도 아닐 것이다. 도리어 대화의 출발점을 찾아내기 위해 필요한 것은 다음과 같은 작업이 아닐까. 역사인식 문제가 미완의 탈식민지화의 최종 과제이며, 물질세계에서 분리된 '마음' 차원의 협력 관계의 정립과 관련되어 있다는 의식을 가지고 현대를 역사의 연장선상에서 파악하는 것이 필요하다. 또한 그에 더해서 그 '마음'이 기억화되는 과정에서 그 기억을 지탱하는 '보편적 가치'나 '정의'를, 상호 감정과는 분리하여 논의할 수 있도록 하고, 또 이 가치와 일체가 되어 국민교육에도 사용되고 있는 '알기 쉬운' 역사와도 의식적으로 분리해야 한다. 더 나아가 그러한 의식을 토대로 민주주의, 국민감정, 역사 기억, 인권, 그리고 주권국가를 둘러싼 연환(連環)과 그 악순환 구조를 의식하고 바로잡기 위한 방책을 함께 고민하기 위해서, 끈질긴 대화의 장을 구축하는 것이 필요하지 않을까.

즉 건설적 논의의 토대 구축이라는 대화를 위한 첫걸음은 중층적 사회가 복잡하게 얽혀 만들어내는 세계 속에서 국민적 기억이나 피해자의 마음 속 의미가 국내정치와 국제정치가 공진하는 어떠한 구조와 맥락에 놓여 있는지를 공통 화두로 삼아 논의를 시작하는 것이다. 그것이야말로 한 사람 한 사람이 나고 자란 각자의 국민감정에서 자유로워질 수 있는 회로를 함께 모색하는 작업의 제일보가 될 것이다.

논의의 출발점에서는 상대 측 사회 전반이 아무리 '부정의'로 느껴지고 자신 안에 '혐오'에 가까운 감정을 품고 있어도, 사회라는 존재가 있는 곳에는 늘 독자적 규범이나 정의가 존재한다는 자세-그것은 일종의 문화인류학적 자세라고도 말할 수 있다-로 대화를 시작할 필요가 있다. 상대 측 사회 내부에 고립된 소수파가 있어 그들이 설사 속 시원한 지지를 표명해준다 해도, 우선은 그 사회를 국민 전체적으로 통합하고 있는 논리에 눈을 돌리는 수밖에 없다. 상대국의 정권 교체나 일방적인 변화만을 기대하고 의존하는 것은 위험하다. 사회의 독자적인 논리나 규범이 내재하기에 사회는 구성원에게 무엇이 정의인지를 보여줄 수 있으며, 구성원을 통합할 수 있다. 글자 그대로 사회가 있는 곳에 그 사회의 '정의'가 있으며, 그것이 선택된 공적 기억과 결합하여 국민감정의 핵심을 형성한다는 것은 본문에서 구체적으로 설명했다. 우선 현대를 역사의 연장선에서 파악하면서 그러한 역사의 사회적 기능을 논의하는 것이 바로 대화의 첫걸음이다.

보편적 가치와 감정이 결합하여 모럴과 규범이 생산되고 있는 동아시아 지역의 현 상황을 논하면서 외교의 논리나 타협이 아닌 '마음'과 '마음'의 대화 과정을 심화시켜나갈 수 있게 되면, 국민감정에 닿을 수 있는 공통된 역사적 의례나, 인권을 함께 구제할 수 있는 재단을 현실적인 해법 후보로서 함께 협력하여 구축해나가는 일이 머지않아 실현될 것이다. 여기서 그것을 자세히 논할 여유는 없으나, 그것들은 국민사회의 감정이나 기억을 좌우할 뿐 아니라 각각의 내정과도 쉽게 연동되는 것으로 매우 민감한 문제이며, 외교 당국 홀로 다룰 수 있는 차원을 넘어선다. 과거 경제 분야의 구조 협의가 미일관계에서 실행되었듯이, 문화 분야의 구조 협의 같은 장을 마련해 자신의 감정을 의식화하면서 보편적 가치와 분리해 통제할 수 있는 인적 네트워크를 확대해 상이한 국민적 기억의 공존에 기여하는 제도의 유지·발전에 힘쓸 필요가 있다. 내정이나 문화를 담당하는 정부 기구와 영향력 있는 시민, 언론까지 참여한 문화 분야의 구조 협의체가 본격 시동되기를 바라마지 않는다.

참고문헌

일본어

宮嶋博史・李成市・尹海東・林志弦, 2004,『植民地近代の視座—朝鮮と日本』, 岩波書店.

酒井哲哉, 1999. 11,「帝國日本の形成」,『アジアとヨ_ロッパ』(岩波講座世界歴史二三), 岩波書店.

________, 2003. 1,「國際関係論と,『忘れられた社会主義』—大正期日本における社会概念の析出状況とその遺産」,『思想』945號.

徐京植, 1998,『ナショナリズムと,「慰安婦」, 問題』, 青木書店.

アンソニー・スミス, 1999,『ネイションとエスニシティ-歴史社会學的考察-』, 名古屋大學出版会.

小熊英二, 1998,『〈日本人〉の境界』, 新曜社.

大沼保昭, 2007,『「慰安婦」問題とは何だったのか—メディア・NGO・政府の功罪』, 中公新書.

岡本真希子, 2000. 10,「総督政治と政党政治—二大政党期の総督人事と総督府官制・予\算」,『朝鮮史研究会論文集』38號.

和田春樹, 2016,『アジア女性基金と慰安婦問題-回想と検証』, 明石書店.

上杉勇司・長谷川晋 編, 2016,『紛争解決學入門-理論と実践をつなぐ分析視角と思考法(ASシリ-ズ)』, 大學教育出版.

川崎修・杉田敦, 2006,『現代政治理論』, 有斐閣アルマ.

駒込武, 1996,『植民地帝國日本の文化統合』, 岩波書店.

______, 2000. 4,「コメント,『帝國史』, 研究の射程」,『日本史研究』452號.

キャロル・グラック, 2009,『戦争の記憶 コロンビア大學特別講義 學生との対話』, 講談社現代新書.

春山明哲, 1980,「近代日本の植民地統治と原敬」若林正丈・春山明哲,『日本植民地主義の政治的展開』アジア政経學会.

영어

Karl Wolfgang Deutsch, 1988, *The Analysis of International Relations: Foundations of Modern Political Science*, Pearson College.

2장

한일 화해를 위한 글로벌 거버넌스의 가능성 모색

천자현

I. 문제의식

국제정치에서 국가 간 화해(international reconciliation)의 주요 행위자에 대한 연구는 주로 최고정책결정자에 집중되어 있다. 대부분의 국가에서 화해 정책을 결정하는 주요 행위자가 리더－대통령, 총리－에 위임되어 있기 때문이다. 이는 정책 결정 및 집행의 효율성 및 비밀성 때문인데, 특히 안보 이슈를 다루는 데 그 영향력이 크다고 할 수 있다.

그러나 국가 간 화해를 다루기 위해서는 이러한 기존의 정책 결정 방식이 적용되어서는 안 된다는 것이 본 연구의 핵심 문제의식이다. 화해는 한 국가의 국익을 반영한 외교정책으로 발현되기도 하지만, 그 근원에는 감정적이고 인식적인 문제가 자리 잡고 있기 때문이다. 과거의 아픈 역사에서 비롯되는 정신적 트라우마, 감정적 불협화음은 민감한 사안이고 이는 국가 이익이나 외교정책 차원에서 다뤄지기에는 그 한계가 노정되는 것이 사실이다. 즉, 화해는 가해자와 피해자, 그리고 한 국가와 사회의 구성원이 최대한 많이 참여하는 형태로 추구되어야 하는 정치적 과정인 것이다.

화해의 위와 같은 특성을 이유로 본 연구는 한일화해를 위한 글로벌 거버넌스(Global Governance) 구성의 필요성에 대해 논의하려고 한다. 글로벌 거버넌스란 '개인들과 기구들이 공동의 문제를 공적 또는 사적으로 해결하는 다양한 방식들을 집약한 것'을 의미한다.[1] 다시 말해, 많

1 Commission on Global Governance, 1995, *Our Global Neighborhood: Report of the Commission on Global Governance*, Oxford: Oxford University Press, p. 2.

은 관련 행위자가 여러 방식으로 문제에 접근하여 다자적이고 창의적인 해결책을 고안해내는 형태를 의미하는 것이다. 이를 위해서는 행위자의 관점에서는 한국과 일본의 정책 결정 집단, 양국의 시민사회, 그리고 피해자까지 포함하는 형태가 되어야 할 것이다. 그리고 의사결정 구조에서는 지금까지 존재했던 정부 주도가 아닌 정부와 민간의 협의체 형태가 되어야 할 것이다. 이런 구조가 효율성에서는 부족함이 있을 수 있으나, 도출될 결과물—화해 정책, 화해 제도—에 대해서는 보다 많은 사회 구성원의 지지를 받을 수 있기 때문이다. 그리고 장기적인 관점에서는 화해가 내재화되기 위해 반드시 필요한 절차이자 과정인 것이다.

II. 이론적 접근

1. 과거사에 대한 국제 인권의 시각

1948년 발표된 세계인권선언의 핵심은 일차적으로 시민적 및 정치적 권리 즉 정치공동체 내에 개인이 활동할 수 있는 데 필요한 자유를 밝히는 데 있다. 이 선언은 노예, 고문으로부터의 자유, 법 앞에 인간으로서의 인정과 동등할 권리, 자의적인 테러로부터의 자유, 공정한 형사절차를 밟고, 표현의 자유의 존중과 같은 시민적 자유를 공언하고 있다.[2]

1948년 세계인권선언을 비롯해 많은 국제 인권 조약들이 체결되고 그

2 David J. Bederman, 2010, "Individuals in International Law," David J. Bederman (ed.), *International Law Frameworks*, Foundation Press, pp. 99~100.

에 따라 자유권위원회와 같은 조약 기구들이 만들어졌다. 각국 정부 대표들로 구성된 유엔 자체도 인권위원회(Commission on Human Rights)를 두었고, 현재는 스위스 제네바의 인권이사회(Human Rights Council)와 인권최고대표사무소(Office of the High Commissioner for Human Rights, OHCHR)가 인권 활동의 중심이 되고 있다. 유엔 인권이사회는 그 아래 특별 부문을 만들어 특별보고관이나 실무 그룹들이 개별적인 인권 문제들에 대응하도록 하고 있다.

이 중 과거사와 직접적인 관련이 있는 것은 2005년 유엔 총회 결의 제60/147호에서 채택된 '국제인권법의 중대한 침해와 국제인도주의법의 중대한 위반행위의 피해자를 위한 구제와 배상에 대한 권리에 관한 기본원칙과 지침'이다. 피해자의 인권장전 또는 과거사 기본원칙이라고도 불리는 이 선언은 지금까지 발전한 관련 국제인권기준과 라틴아메리카와 남아프리카 등 각국의 실행을 집대성한 것이다. 과거사에 대한 유엔 인권 기준은 무엇보다 국제법상 국가의 인권보장의무를 확인하는 바탕 위에서 피해자들이 갖는 인권 목록을 제시하고 있다. 진실을 알 권리, 정의를 실현할 권리(사법에의 접근 또는 형사처벌을 포함한 올바른 재판을 받을 권리), 배상 또는 피해 구제를 받을 권리[3], 그리고 이를 보완하는 '불처벌과 싸우는 행동을 통한 인권 보호와 촉진을 위한 원칙들'도 중요하다. 여기에는 무엇보다 피해자들의 진실을 알 권리와 국가의 기억의무가 강조되고 진상조사위원회의 활동과 인권침해 관련 국가기록의 보존과 접근에 관한 원칙들이 구체화되어 있으며, 이들 권리는 상호 연계되어

3 원상회복, 금전배상, 재활/사회복귀, 만족, 재발방지의 보증을 포함한다.

있다.[4]

이 특별보고관의 임무는 다음 〈표 1〉[5]과 같다.

〈표 1〉

- 실무적 지원과 자문 - 관련 정보 수집, 동향, 전개 상황과 과제 연구 - 좋은 사례(good practice) 발굴 - 관련 정부, 유엔 등 국제기구, 국가인권기구, NGO 등과 대화와 협력 - 과거 인권침해에 대한 전략, 정책과 조치의 기획과 이행에 관한 사법적 및 비사법적 조치에 관한 권고 - 이 문제에 대한 방법과 수단에 관한 연구 - 국가 방문 - 관련 국제회의 참가와 기여 - 이 문제에 대한 체계적이고 일관된 접근 방법에 관한 인식의 고양 - 활동에 있어 젠더 관점의 통합 - 피해자 중심 접근의 통합 - 유엔 최고대표사무소, 정부 간 및 비정부 간 기구, 다른 인권이사회 특별절차와 관련 활동가 등과의 조율

4 「국제 인권 기준에서 본 한국의 과거사 청산」, 유엔 진실, 정의, 배상, 재발방지 특별보고관 초청 국제 심포지엄 발표 자료(2019년 3월 19일, 제주시 KAL 호텔)를 토대로 작성.

5 A/HRC/RES/36/7 Special Rapporteur on the promotion of truth, justice, reparation and guarantees of non-recurrence. Resolution adopted by the Human Rights Council on 28 September 20.

2011년 8월 30일 일본군'위안부' 배상에 관한 헌법재판소의 결정과 2012년 5월 24일 일제강제징용배상에 관한 대법원 판결 역시 전술한 세계인권선언의 정신을 되살리고, 인간의 자유와 평등을 확대해나가며, 21세기 국제사회의 현안인 소수자 보호의 국가의무를 강조하고 있다. 무엇보다도 지금까지 오랫동안 유지해왔던 국가 중심적 사고가 아닌 개인 기본권 중심의 사고의 전환점을 마련하고 현 국제규범보다 한 발짝 더 나아가 발전되고 확대된 해석을 적용하였다는 데에 큰 의의가 있다.[6]

"국가가 중요한 것이 아니라 개인이 중요하다"[7]는 전 UN 사무총장의 발언처럼, 이제는 국가 중심의 사고와 형식에 그치는 인권 논의는 더 이상 지양해야 할 요소이다. 국제 인권규범을 통한 개인의 기본권을 보장하고 자유와 평등을 확대해나가는 방향으로 일관된 법리가 전개되어야 할 필요가 있는 것이다.

특히, 피해자 권리의 관점에서 접근할 필요가 있는데, 유엔 피해자권리결의는 다음과 같이 규정하고 있다. "각국은 국내법과 국제법에 따라서 원상회복(restitution), 배상(compensation), 복귀(rehabilitation), 만족(satisfaction), 재발방지보증(guarantees of non-repetition)과 같은 조치를 해야 한다"고 규정한다.[8] 첫째, 원상회복은 가능한 한 피해자가 자유의 회복, 인권과 시민권, 거주지 귀환, 일자리 회복이나 재산의 반환 등과 같이 피해를 입기 이전의 원래의 상태로 되돌아가도록 하는 조치를 취하는 것을 의미한다. 둘째, 배상은 육체적, 정신적 피해에 대해 그리고

---

6 장복희, 2013, 「국가의 자국민 보호의 권한과 의무」, 『국제사법연구』 19(1), 20쪽.

7 "States are not important, human beings are," 코피 아난 전 UN 사무총장의 발언에서.

8 Resolution, A/RES/60/147, 19-23.

취업, 교육 및 사회적 혜택 등에서 잃어버린 기회에 대해 비용을 지불하는 것을 의미한다. 여기에는 정신적 손해, 법적 · 전문적 조력, 의료 등을 위해 지불한 비용도 포함된다고 명시하고 있다. 셋째, 복귀란 의료적이고 심리적인 치료와 법적, 사회적 서비스를 포함하며, 넷째, 만족은 지속적인 침해를 멈추고 진실을 완전히 공적으로 공개하는 것, 명예회복을 위한 사법적 결정이라는 공적 선언을 하는 것, 사실과 책임 인정을 포함한 공적 사과, 희생자에 대한 기념(commemoration)과 위령(tribute) 사업, 교육 자료에 정확한 사실을 기술하는 것 등을 포함한다. 끝으로, 재발방지보증은 군대와 안보에 대한 민간인들의 효과적 통제, 사법부의 독립 확보, 법과 의료 전문가, 미디어와 인권 옹호자들에 대한 보호, 사법공무원을 포함한 공무원, 교정, 미디어, 의료, 심리, 사회 서비스와 군 관계자, 그리고 기업인들의 국제 기준과 윤리 규범 및 행위 규범의 준수 증진, 인권 유린을 허용하거나 그에 기여할 수 있는 법을 개정하는 것 등을 포함하고 있다.

2. 과거사 극복을 위한 이행기 정의[9]

이러한 논의는 최근 국제사회에서 이행기 정의(transitional justice)가 중요하게 부각되는 흐름과 맞물려 발전하였다. 이행기 정의는 과거와 미래를 동시에 고려하는 현재의 과정이다. 이렇듯 과거-현재-미래의 연속선상에서 역사를 바라볼 때, 한 시대의 끝과 새로운 시대의 열림은 단

9 이 부분은 천자현, 2018, 「이행기정의와 중일 간 전후보상 문제」, 『담론 201』의 이론적 논의를 바탕으로 수정하였다.

절된 단층적 구조로 이해될 수 없다. 이행기 정의는 과거와 단절하는 것이 아닌, 새로운 미래를 제안하기 위해 과거를 이해하기 위한 역사적인 과정이며, "이행적"이라는 것의 의미는 바로 여기에 있다. 다시 말해 이행기 정의는 과거회귀적임과 동시에 미래지향적이라고 할 수 있다.[10] 언젠가는 일상적 정의에 자리를 내줘야 하기 때문에 과거에만 초점을 맞출 수 없으며, 새로운 제도의 바탕이 될 수 있는 규범을 공고히 하고, 시민들을 준비시켜야 한다. 미래와 연결하는 중요한 개념으로 화해, 평화, 정의, 치유, 용서, 진실 등, 이행기 정의에 대한 접근은 징벌적 정의와 회복적 정의로 나누어 논의되어왔다. 우선, 징벌적 정의는 정당한 응보적 정의에 찬성하면서 사회적 조화를 위해 응보적 정의를 희생시킬 수 있다는 사람들의 신념에 반대한다. 징벌적 정의는 가해자가 마땅히 치러야 할 대가를 치러 사태를 바로잡고 관계를 회복시킬 수 있다는 점에서 화해의 효과까지 기대할 수 있다는 것이다.[11] 공정한 재판과 이를 통한 정당한 징벌은 가해자에게 대가를 치르게 할 수 있다는 장점을 갖는다. 또한 죄를 짓고도 벌을 받지 않고 넘어갈 수 있는 문화의 형성을 부정할 수 있다는 점에서 의미를 갖는다. 특히 정당한 징벌의 실행 이후, 가해자가 더 이상 가해자가 아닌 공존할 수 있는 주체가 되어 다시 관계를 회복할 수 있다는 점을 강조한다. 물론 징벌적 정의를 실현하는 일련의 과정에서 부당한 재판과 불공정한 판결, 그리고 과도한 징벌의 위험을 간

---

10 정채연, 2012, 「다원주의적 사법을 통한 이행기 정의와 초국가적 인권의 실현-르완다의 제노사이드와 가챠챠(Gacaca) 법원에 대한 논의를 중심으로」, 『고려법학』 제65권, 159쪽.

11 David Crocker, 1999, "Reckoning with Past Wrongs: A Normative Framework," *Ethics and International Affairs*, Vol. 13, Issue. 1, p. 545.

과해서는 안 될 것이다.

이와 유사하게 오페(Offe)는 화해가 가능한 환경을 위해서는 공정한 처벌과 적절한 보상이 선행되어야만 한다고 주장한다. 가해자와 희생자, 선과 악, 정의와 불의가 구별되어야만 이들의 관계도 동등한 것으로 회복될 수 있다는 역설이다(Offe, 2005). 그의 주장에 따르면, 화해와 용서는 가해자가 공정하게 처벌을 받고 응징적인 정의가 확립될 수 있는 기본 규범을 요구한다는 것이다. 이렇게 가해자가 과거에 저지른 죄를 응징하고 희생자에 대해서는 과거 그들이 겪었던 고통과 사실에 대해 적절한 보상을 해줄 때 정의가 실현 가능하다고 할 수 있는 것이다.

정의에 입각한 과거사 극복이란, 감추어진 진실을 파헤쳐서 드러내어 가해자에게는 적당한 법적 처벌과 함께 공개적 사과, 피해자에 대한 적절한 보상 그리고 과거를 기억하고 교육하는 활동들을 실행하는 것을 말한다. 가해자와 피해자를 명확하게 구분하는 이런 방식은 곧 가해자들이 과거에 저지른 일을 회개하고 용서를 구하게 하는 강경한 방식이라고 할 수 있다. 그러나 오페의 방식에서 용서와 화해가 갖는 특별한 역할은 없다. 다만 가해자가 적절한 처벌을 받고 이들이 과거에 저지른 과오를 반성하면 그에 따라 용서와 화해가 뒤따를 것이라고 가정하고 있을 뿐이다(한상진, 2008: 799~800).

발린트(Balint) 역시 법과 정의의 메커니즘이 화해의 증진에 중요한 역할을 수행함을 인정하지만 화해의 심리적 측면에 대해서는 절충주의적 입장을 견지한다. 지속가능한 화해는 악행을 공적·제도적으로, 다시 말해 법적으로 인정하는 것을 전제 조건으로 하기 때문이다. 이 과정에 틀을 만들어주고 그 과정을 촉발시키는 역할을 하는 법과 정치적, 법적 행위가 갖는 권위 없이는 어떤 화해도 지속적인 것이 될 수 없다고 강조한다(Balint, 2001). 그러나 그 과정에 연료를 공급하고 제도적 틀 속으로 침투해 들어가는 화해의 실체는 법적으로 논의될 수 없고, 법적 담론의 형태를 띨 수도 없다는 것이 그의 논리이다. 그보다는 사람들의 삶과 두려움과 희망이라는 현실에 토대를 둔 다른 경로를 취해야만 하는 것이다. 그러나 이는 불확실하고 장기적인 과정이며, 여기에서 법은 다만 멀리서 도움을 제공하는 역할을 할 뿐이라는 것이 발린트의 입장이다.

한편, 회복적 정의는 가해국, 피해국이라는 단순한 이분법을 넘어서 피해자 개인을 중심으로 이들의 트라우마를 치유하고 권리를 복원하는 것에 보다 초점을 맞추고 있다. 회복적 정의의 개념적 정의는 학자마다 조금씩 다른 점을 강조하고 있기 때문에 단순한 개념으로 표현하기는 쉽지 않다. 회복적 정의를 사법적 관점에서 발전시키며 기본체계를 만드는 데 기여한 제어(Zehr)는 "회복적 사법정의는 범죄사건에 관련되는 가능한 많은 사람들이 관여하는 과정이며, 범죄로 인한 손상이 무엇인지 공동적으로 찾아내어 채워져야 할 욕구와 수행되어야 할 의무를 밝힘으로써 잘못된 것들을 최대한 바로잡고 치유하는 과정"이라고 정의한다(Zehr, 2002:37). 또한 회복적 정의는 범죄행위로 발생한 손상을 치유하는(repairing) 것에 역점을 두는 이론이다. 이는 발생된 범죄와 관련된 모든 이들-가해자뿐만 아니라 희생자도 포함-이 참여하는 협력 과정을 통하여 최상으로 성취된다(Van Ness and Strong, 2010).

이것은 피해자의 용서가 회복적 정의의 중요한 측면이라는 것을 의미한다(Minow, 1998:91).[12] 회복적 정의는 피해자가 받은 상처를 회복하도

12 많은 학자들은 남아공 진실화해위원회가 형사법정의 응보적 정의와 구분되는 회복적 정의의 모델이라고 평가한다(Minow, 1998:91).

록 돕는 것과 가해자이 자신의 행위로 파괴된 상태를 개선하도록 하는 규정 사이에 균형을 유지하려고 한다(Wright, 1992). 또한 회복적 정의는 피해자와 가해자 간의 관계회복을 강조한다. 제어와 마이카는 회복적 사법의 구체적 기준을 다음과 같이 제시하고 있다. 첫째, 회복적 사법은 침해된 규범보다 범죄의 피해에 초점을 맞춘다. 둘째, 피해자와 가해자에게 동등한 관심을 보여주며, 정의의 실현 과정에 양측을 관여시킨다. 셋째, 피해자의 회복을 위해서 일하고, 피해자의 권한을 강화시키고, 피해자의 필요에 대응한다. 넷째, 가해자들이 그들의 의무를 이행하고, 수용하고, 이행하도록 격려하면서 가해자를 지원한다. 다섯째, 부과된 의무가 가해자들에게 어려울지라도 그것이 이행할 만한 것이라는 점을 인식시킨다. 여섯째, 필요한 경우 피해자와 가해자 간의 직접 또는 간접적인 대화의 기회를 제공한다. 일곱째, 강제와 고립보다는 협력과 재통합을 장려한다. 여덟째, 피해자, 가해자, 처벌 담당자를 포함하여 모든 당사자들에 대한 존중을 나타내도록 노력한다(Umbreit, 2005:258).

회복적 정의론을 연구하는 학자들은 처벌이 오히려 한 사회와 국가를 범죄화하는 단초가 될 수 있다고 지적한다. 그러나 극단적인 회복적 정의론자가 아닌, 실용주의자들의 경우 회복적 정의가 범죄 처벌의 대안으로 이해되어서는 안 된다고 주장한다. 불의에 대한 처벌은 불가피한 것이며, 다만 치유라는 형태의 건설적인 방법과 결합할 수 있도록 제도적인 고안이 필요하다고 설명한다(Stokkom, 2008).

세 가지 측면의 노력을 통해 회복적 정의를 구축할 수 있다. 인권을 침해당한 피해자들의 존엄성을 회복시키고 확인시켜주는 것, 가해자들에게 책임을 묻는 것, 인권이 존중될 수 있는 사회적 조건을 형성하는 것이다. 그러나 이 노력들은 형법적 정의에도 해당되는 내용이다. 가해

자에 대한 법적 처벌을 통해 피해자가 존엄성을 확인받을 수 있기 때문이다.[13]

특히, 더프(Duff)의 'two way communication' 이론은 회복적 정의론이 불의 이후 정의를 회복하는 데 어떠한 역할을 할 수 있는지 잘 드러내고 있다. 그는 처벌은 과거의 범죄를 처벌함으로써 뒤를 돌아보는 것이고, 회복은 화해를 위해 미래를 내다보는 것이라고 주장한다(Duff, 2001). 정리하자면, 과거를 짚고 넘어가는 처벌과 함께 건설적인 미래를 위해 관계의 회복도 병행되어야 한다는 것이다.

Ⅲ. 갈등 해결 방법론의 관점에서 진실위원회 분석

1. 진실위원회에 대한 이론적 논의

지금까지 진실위원회는 국내 차원에서 이행기 정의를 실현하기 위해 수립 및 구성되어온 것이 일반적이었다. 국내 문제의 해결을 위한 진실위원회는 앞 장에서 설명한 바와 같이 인권을 우선시하고 회복적 정의에 보다 초점을 맞춰 접근하는 방법론을 사용하고 있어 그 의미를 평가받고 있다.

이행기 정의와 과거청산을 위한 공통적 과제는 해당 인권침해에 대한

13 Elizabeth Kiss, 2000, "Moral Ambition within an beyond political constraints: Reflections on Restorative Justice," Robert I. Rotberg and Dennis Thomson, *Truth vs. Justice: the Morality of Truth Commissions*, Princeton, N.J: Princeton University Press, p. 79.

면밀한 조사, 책임 있는 자에 대한 적정한 제재, 피해자들에 대한 적절한 보상 및 배상, 인권침해의 재발 방지, 기념비화 등을 포함한다.[14] 과거에 왜, 어떻게, 무엇이 일어났는가에 대한 진실, 가해자의 사과와 피해자의 용서, 그리고 이를 통한 화해는 역사적 트라우마에 대한 치유를 궁극적인 목적으로 한다. 이때의 치유는 개인적 차원뿐만 아니라 공동체적 차원까지도 포함한다. 진실위원회는 국가(민족)적 치유의 수단으로서도 가능한 것이다.[15]

이 중, 진실을 말하고(truth-telling), 이를 위한 진실을 모으는(truth-gathering) 과정은 가장 핵심적인 작업이다.[16] 이를 위해 증언의 수집과 기록, 과거의 폭력이나 억압으로 인해 망각된 주체들의 스토리텔링 혹은 구술사가 중요한 역할을 한다.[17] 진실 말하기는 말하는 사람들이 과거와 교류함을 통해 자신의 정체성을 재확인하고 재구성해나가는 적극적인 과정이며, 이러한 점에서 진실위원회는 "주체 구성의 장소"가 된다. 다시 말해, 치유를 위한 강력한 도구로서 공개적인 진실 말하기는 말하는 자가 수동적인 수혜자로서의 지위에 머무르지 않고, 적극적이고 능동적인 참여자로서 자리매김하도록 한다. 또한 이러한 절차에의 참여를 통해 구성원들은 민주주의를 실질적으로 경험할 수 있는 기회를 가지게 된다.[18]

---

14 최철영, 「한일 과거사 청산과 이행기정의 개념의 적용」, 『성균관법학』 제23권, 239쪽.

15 정채연, 2012, 162쪽.

16 김무용, 2011, 「과거청산 작업에서 진실말하기와 대항 내러티브 주체의 형성」, 『한국사연구』 제153권, 191쪽.

17 정채연, 2012, 159쪽.

18 정채연, 2012, 169쪽.

결국 치유로서 말하기, 곧 스토리텔링을 통한 공감의 형성은 피해자의 아픔을 이해하는 과정이며, 가해자에게는 자신의 행위가 가지는 의미를 깨닫게 되는 과정이고, 이를 통해 피해자와 가해자의 상호교류가 이루어지게 되며, 이것이 곧 치유의 가능성이 극대화되는 지점이라고 할 수 있다.

2. 국제적 차원의 진실위원회 수립 가능성[19]

이러한 장점을 살려 국가 간 문제에도 진실위원회를 수립하여 과거의 진실을 밝히는 과정에 당사자가 직접 참여할 수 있는 프로세스를 제공할 수 있을 것으로 생각된다. 또한 국제적 차원의 진실위원회는 UN 헌장에서 명시하고 있는 갈등과 분쟁의 해결 방법론에 의해서도 뒷받침되고 있다.

UN 헌장은 제33조 1항에서 국제사회의 평화와 안정을 위협하는 갈등과 분쟁의 해결을 위해 우선적으로 다음의 7가지 방법을 쓸 것을 적고 있다. 협상(negotiation), 조사(enquiry), 중개(mediation), 조정(conciliation), 중재(arbitration), 사법적 해결(judicial settlement), 지역 기구의 협력(resort to regional agencies or arrangement)이 그것이다. 특히, 제33조 2항에서는 필요할 경우, 안전보장이사회가 당사자들에게 갈등의 관리를 위해 앞서 말한 7가지 방법을 사용하도록 촉구해야 한다고 밝히고 있다.[20] 갈등 관리를 위한 7가지 전략은 모두 무력을 사용하지 않는 평화

---

19 이 부분은 천자현, 2016, 「국제정치에서 갈등관리 연구-한반도 문제에의 적용 가능성과 한계」, 『아세아연구』 제56권 제4호의 일부를 바탕으로 수정하였다.

20 United Nations, *Charter of the United Nations*, Article 33. http://www.

적인 해결이라는 공통점을 갖는다. 갈등을 관리 및 해결하기 위해 한쪽 당사자의 압도적인 무력 행사와 이를 이용한 위협도 힘의 불균형한 배분을 전제로 하고 있는 국제 사회에서 배제할 수 없는 방법이다. 또는 비슷한 힘을 가진 두 국가의 무력 대결도 세계 곳곳에서 어렵지 않게 찾아볼 수 있다. 그러나 갈등의 평화적 관리라는 관점에서 본 연구는 UN이 정의하고 있는 갈등 관리와 해결을 위한 평화적인 7가지 방법에 초점을 맞춰 분석할 것이다.

앞서 말한 평화적인 갈등 관리의 기법을 좀 더 구체적으로 살펴보자. 첫째, 협상은 국제관계에서 가장 흔히 사용되는 기법의 하나로 갈등 당사자들이 직접적으로 참여하여 합의(agreement)에 이르는 것을 의미한다. 중재나 사법적 해결 없이, 그리고 다른 행위자나 기구의 관여 없이 양자 간에 이루어지는 합의이다. 합의에 이르는 정책 결정 과정에서 양자의 직접적인 개입을 협상의 핵심으로 볼 수 있다.

둘째, 조사는 상황을 파악하고 보고서를 작성하기 위해 공정한 위원회를 구성하는 것을 의미한다. 그리고 이러한 과정을 통해 갈등 유발 요인에 대한 불일치와 오해를 줄이는 것이 조사의 목적이다. 조사위원회는 법과 정책의 해석, 사실 조사를 임무로 하고 있으며, 이 과정 자체를 조사라고 부를 수 있다. 사실 대부분의 국제 분쟁이 사실을 밝히는 조사의 과정을 원하기 때문에 조사는 중재, 화해, 국제기구의 개입, 그리고 이 외 제3자의 개입과 관련된 많은 방법의 하위 요소로 간주될 수 있다. 그러나 조사의 역할은 사실관계 확인, 정보 수집, 보고서의 발간 등으로 한정되어 있다. 다시 말해, 조사라는 방법이 해결책을 제시함에 있어서

un.org/aboutun/charter/(검색일: 2015년 9월 2일).

권위나 강제력을 갖지 못한다는 것이다. 조사가 진행되고 그 결과에 따라 갈등 해결을 위한 방법이 제시되어도 당사국이 거부할 경우 조사의 의미가 퇴색될 수 있는 가능성이 크다고 할 수 있다.

셋째, 중개는 가장 많이 사용되고 가장 오래된 제3자(third-party) 개입의 방법으로 제3자가 당사국의 타협을 유도하고, 문제해결을 위한 방법을 직접 제안하는 등 협상을 적극적으로 돕는 것을 말한다. 중개는 당사국 간의 합의에 의하거나 제3자의 신청이 당사국에 의해 접수되어야 비로소 시작된다. 특이한 점은 중개의 신청이 비우호적 행위나 간섭이라고 보지 않는 것으로 되어 있어서 첨예한 정치적인 분쟁이나 전쟁 직전의 상황, 전쟁이나 무력항쟁이 한창일 때에도 유효한 수단으로 사용될 수 있다는 것이다(Bercovitch and Jackson, 2001; Bercovitch ed., 1996:11~38).

중개의 절차나 중개자 선정에 대한 입장 등이 다양하게 존재하지만, 중개는 지역과 문화를 초월하여 광범위하게 사용되고 있다. 국제분쟁의 평화적 처리협약(1889년, 1907년)을 시작으로 국제연합헌장(33조 1항), 아랍국가연맹규약, 미주기구헌장, 평화적 해결에 관한 미주조약(보고타 규약), 중개·조정·중재위원회에 관한 아프리카 통일기구헌장의정서, 남극조약 등 몇 개의 다자간 조약에서 언급되고 있다. 미국, 아랍, 그리고 아프리카에 이르기까지 다양한 문화권에서 중개의 방법을 사용하고 있는 것이다(정치학대사전편찬위원회, 2002). 그러나 중개 역시, 강제력과 구속력의 측면에서는 조사와 크게 다르지 않다. 중개자가 제시한 제안은 어디까지나 권고이며, 당사국을 구속하지 않는다.

넷째, 조정 역시 제3자의 개입이 이루어지는 방법으로 조사(inquiry)와 마찬가지로 위원회를 구성하여 갈등과 관련된 사실과 정보를 조사하는 것을 기본으로 하고 있다. 국제법상 '국제조정위원회'는 양 당사국으로부터 신뢰를 얻은 구성원으로 이루어지고, 위원회는 법률문제뿐만 아니라 갈등의 비법률적 국면–갈등의 본질과 역사 등–도 고려하는 것을 목적으로 한다. 이를 통해 문제를 명확하게 하여, 갈등 당사국들 간 의견 차이를 해소하기 위해 노력하고, 조정보고서를 제시한다. 위원회는 공정한 해결을 위해, 갈등 당사국 국적의 위원 각 1명과 3명의 중립위원 등 총 5명으로 구성할 것으로 권고되고 있다. 조정보고서 역시 강제력이 없는 권고적 성격을 갖지만, 보고서에 제시된 조정 조건을 당사국이 수락하는 경우가 적지 않다(정치학대사전편찬위원회, 2002).

다섯 번째 방법은 중재(arbitration)로, 이 역시 제3자 개입으로 이루어진다는 점에서는 위의 조사, 중개, 조정과 다르지 않지만 그 결과가 법적 영향력을 갖는다는 점에서 큰 차이를 찾을 수 있다. 조정에서는 갈등 당사국이 제3자의 조정안을 승낙함으로써 당사국 스스로를 구속하는 것이다. 그러나 중재는 법원에 의뢰하는 것이 아니라는 점에서 사법적 해결(소송, judicial settlement)과는 대비된다. 양 당사국이 소송에 소요되는 과다한 비용과 시간을 절약하기 위해 중재를 선택하는 경우가 많은데, 이 경우 중재로 해결할 것을 합의했으면 이후에는 소송으로 갈 수 없다. 뉴욕협약에 기반하면, 중재 판정의 집행에 관한 국제협약에 가입된 나라들 사이에 발생하는 갈등에서 중재를 합의할 경우, 중재 결과는 판결과 동일한 강제력을 갖는다(Bercovitch and Oishi, 2010:24).

그러나 중재가 이루어지기 위해서는 반드시 당사국 모두의 동의가 있어야 한다. 그리고 중재위원회는 판사가 아닌, 관련 분야의 전문가들–당사국이 선택하고 서로 동의한 전문가–이 판사로 참여한다. 그리고 이들의 판단이 법적 구속력을 갖기 때문에 갈등 당사국은 중재 결과에 따라야 한다. 따라서 중재위원의 재량이 무척 중요한데, 중재 위원의 재량에 따라서 불만족스러운 중재 결과를 따르게 유도하거나 영향력을 행사하기도 한다.

여섯 번째 갈등 관리 방법은 사법적 해결 또는 소송(judicial settlement)이다. 소송 역시 중재와 마찬가지로 국제 법, 조약, 국제 협약 등에 기반하여 이루어지며, 그 결과가 구속력을 갖는다. 그러나 재판소가 상설되어 있다는 점에서 중재와 차이가 있으며, 가장 큰 차이점은 소송을 관장하고 결과를 도출하는 판사가 국제 사법부의 일원이어야 한다는 점이다. 즉, 국제사법재판소(International Court of Justice), 유럽사법재판소(European Court of Justice), 국제형사재판소(International Criminal Court)의 구성원만이 판사의 자격이 있으며, 갈등 당사국은 판사를 선택할 수 없다. 또한 앞서 설명한 협상, 조사, 조정 등과 달리 국제사법재판소에서의 재판은 많은 비용과 긴 시간이 소요된다는 점에서 제로섬(zero-sum)이라고 볼 수 있다. 특히 사법적 해결은 갈등 당사국 간 관계를 우호적인 것으로 변화시키는 것보다는 갈등을 법적으로 해결하는 것에 초점을 맞추고 있어서 사법적 해결로 인해 특정 분쟁이 중지되었다고 해도 당사국 간 감정의 회복이나 본질이 해결되었다고 보기는 어렵다(Jeong, 2008:177).

마지막으로 지역 기구의 협력(resort to regional agencies or agreement)은 국제기구로의 이관, 다자회담 등을 포함하는 포괄적인 방법이다. 이 역시 조사, 중개, 조정 등과 같이 강제력이 없다는 한계가 있으나, 좀 더 국제사회와 조응하는 방법이며, 다자 개입이라는 형태로 이루어지는 것으로 이해할 수 있다.

이 연구에서 구상하는 진실위원회는 앞서 설명한 조사, 중개, 조정의 결합체 형태라고 이해할 수 있다. 우선, 한일 갈등의 해결을 위해서는 역사적 배경과 사건에 대한 이해가 필수적이다. 따라서 객관적이고 공정한 조사를 통해 역사적 사실을 밝히고, 이에 대한 공유 및 공감을 바탕으로 해결방안을 찾는 형태의 글로벌 진실위원회의 구성을 예상해볼 수 있다.

Ⅳ. 한일관계 현안 해결을 위한 진실위원회의 역할 및 가능성 검토

2015년 한일 합의의 결과로 설립된 '화해·치유재단'은 일본이 '위로금' 명목으로 지급한 10억엔 전달을 목적으로 하였다. 그러나 2016년 7월 28일 설립된 재단은 2019년 6월 17일 해산 등기를 완료함으로써 해산되었다. 이로써 아시아 여성기금에 이어 '화해·치유 재단' 역시 그 목적을 달성하지 못하고, 오히려 한일 화해를 요원하게 만드는 것으로 마무리되었다. 그 경과는 〈표 2〉와 같다.

'화해·치유재단'의 해산에 대해 '일본군성노예제 문제해결을 위한 정의기억연대'는 다음과 같은 성명을 발표하며 이를 환영하였다.

> 한국 정부가 피해자들과 약속했던 2015 한일합의 후속조치 중 하나였던 '화해·치유재단'의 완전한 해산을 적극 환영하며, 일본 정부가 일본군'위안부'피해자들의 인권과 명예가 회복될 수 있도록 범죄 사실을 인정하고, 공식 사죄를 포함한 법적 책임을 조속히 이행할 것을 다시 한 번 촉구한다. (중략) 일본 정부는 유엔인권이사회 이사국으로서 또 제2차 세계대전 중 가해자로서 일본군'위안부'피해자들의 명예와 인권회복이라는 응당 이행해야 할 자국의 의무와 책임을 경제성책과

연관 짓는 치졸한 행태를 보이며 국제사회에 대한 책무를 위반하고 있다.

국가권력에 의해 또는 그 어떤 부당한 세력에 의해 인권을 침해당한

〈표 2〉 '화해 · 치유재단' 해산 경과[20]

날짜	경과
2015. 12. 28	한일 '위안부' 합의 발표
2015. 12. 30	외교부, 소관부처와 협의 없이 '재단설립계획(안)' 제시
2016. 1. 6	박근혜 대통령, '조용하고 신속하게 설립 추진하라' 여가부로 지시사항 전달
2016. 1. 29	재단설립을 위한 「민관 태스크포스(TF)」 발족, 2016. 3.~4. 설립을 목표로 한 필요한 절차 진행
2016. 5. 31	재단설립준비위원회 출범 (11명으로 구성)
2016. 7. 25	여성가족부 산하 재단 설립인허가 (출연금 400만원)
2016. 7. 28	화해 · 치유재단 공식 출범 (10명으로 구성)
2016. 7월~9. 30	이사회 통해 사업계획 (한일합의 발표 당시 기준 생존자 1억원, 사망자 유족들 2000만원, 기념사업 2억엔 편성), 사무처 구성계획 확정, 사무처장 임명 등 진행
2016. 8. 30	일본군'위안부'피해자 기념사업 예산의 일부를 재단의 인건비, 관리비 등 운영비 명목으로 지원
2016. 8. 31	일본 정부 10억엔 화해 · 치유재단으로 송금
2016. 10월~2017. 7월	이사회 통해 개별 피해자에 대한 현금지급 결정안 의결
2017. 12. 27	여성가족부, 화해 · 치유재단 점검결과 발표
2018. 1. 9	외교부, 화해치유재단 및 10억 엔을 포함한 2015한일합의 후속조치 계획 발표
2019. 11. 21	여성가족부, 화해 · 치유재단 해산결정 발표
2019. 1. 21	여성가족부, 화해 · 치유재단 설립허가 취소
2019. 5. 27	서울중앙지방법원 2019비합88 청산인 선임결정
2019. 6. 17	해산등기 완료

21 일본군성노예문제해결을 위한 정의기억연대 홈페이지 참고

피해자들의 권리인 피해사실 인정, 배상을 포함한 가해자의 법적 책임 이행을 통한 원상회복조치의 실현은 국가 간의 정치·경제적 협상이나 거래의 대상이 될 수 없음을, 또 그러한 협상이나 거래로 해결될 수 없음을 일본 정부는 알아야 한다.

이는 1965년 한일청구권 협정, 1995년 아시아여성기금, 2015년 한일합의로 일본군'위안부' 문제는 해결되었다고 앵무새처럼 읊어대는 일본 정부의 주장에도 불구하고 유엔인권기구들이 지난 30여 년간 일본 정부가 이해할 것을 요구하는 권고에서, 또 한국 정부가 진행한 2015한일합의 검증 결과에서도 드러나고 있지 않은가!

일본 정부는 한국 정부의 '화해·치유재단' 해산 결정의 수용 여부를 판단할 자격이 없다. 일본 정부는 2015한일합의가 국제사회에서 높이 평가받았다는 자의적인 해석에 근거한 합의 이행강요를 즉각 중단해야 한다. 일본 정부가 지금 해야 할 것은 국제인권기준인 피해자중심주의 접근 원칙에 따라 일본군'위안부' 문제가 해결될 수 있도록 범죄사실 인정과 그에 따른 법적 책임을 이행하는 것이다.

정의연은 일본군'위안부' 생존자들의 시간에 한참 더디지만 피해자중심주의 접근원칙에 따라 2015한일합의를 비롯한 일본군'위안부' 문제의 해결을 이끌어내겠다고 약속했던 한국 정부의 이번 화해·치유재단의 완전한 해산은 피해자들과 국민들과의 약속을 지키겠다는 의지의 표명이라 생각한다.

이에 정의연은 일본군'위안부' 피해자들의 인권과 명예회복을 위한 후속조치로서 한국 정부가 화해·치유재단 잔여기금의 국고귀속과 함께 작년 7월 성평등 기금에 책정된 일본 정부의 위로금 10억엔에 상응하

는 103억을 피해자들의 요구에 부합하도록 처리할 것을 요구한다.[22]

결국 이 재단은 양국 간 정치적 합의의 결과라는 한계를 노정했을 뿐이며, 과거 1990년대의 아시아 여성 기금과 유사한 논란과 논쟁의 중심에 서게 되었을 뿐이었다. '위안부' 문제가 한국과 일본 양국에서 가장 민감한 과거사 문제의 하나인 만큼, 이 문제를 두 당사국에만 전적으로 맡겨두는 것에는 무리가 있다는 것이 지난 수십 년간의 과정에서 배운 교훈인 것이다. 이러한 이유로 본 연구는 글로벌 거버넌스 차원에서 진실위원회를 구성하여 한일 양국은 물론, 피해 당사자들, 공정한 제3국이 참여할 수 있는 교두보 마련이 하나의 대안으로 작용할 수 있음을 제안하는 바이다.

V. 맺음말

국가적 차원의 이행기 정의와 과거청산은 곧 "법을 통한 역사의 복구" 또는 "법을 통한 과거청산은 기존에 권위를 갖던 공식 기억의 흠결을 드러내고 새로운 형태의 기억들을 공식 기억으로 자리매김하는 공적 과정이다."[23] 특정한 기억을 공식적으로 결정한다는 점에서 어떤 특정한 기

22 2019년 7월 7일, 일본군성노예제 문제해결을 위한 정의기억연대 성명. 정의기억연대 홈페이지 http://womenandwar.net/kr/notice/?pageid=13&mod=document&uid=376.

23 이소영, 2011, 「기억의 정치와 '법을 통한 과거청산'담론 비판」, 『외법논집』, 제35권 2호.

억이 부각되고 반면 다른 특정한 기억이 망각 또는 은폐될 가능성을 내재하고 있으며, 이로 인해 갈등의 다양한 의미를 포착해낼 수 없도록 한다. 이는 기억하기의 과정이 진실/거짓의 이분법적 구조에 기초하고, 단 하나의 진실을 공식화 또는 기념비화하기 위한 노력일 때 특히 그러하다.[24] 이러한 정부 주도의 과거청산은 인권침해 문제를 실질적으로 해결하기보다는 현재의 불만적 상황을 모면하기 위한 보여주기 식의 정치적 선전이 되기 쉬우며, 결국 역사 복원의 공식적 절차를 통해 또 다른 억압이 재생될 수도 있다.[25]

국가의 역사적 아젠다에 따라 정치적 영향을 받을 때, 진실위원회 또한 진실의 취사선택을 가져올 수밖에 없다. 특정한 진실은 합법성을 부여받는 공적인 진실로 승인되지만, 다른 진실은 공적 담론에서 배제되는 것이다. 진실위원회와 같은 대체적 사법 모델이 국가 주도의 과거청산으로부터 거리를 두고 국가와 시민사회 사이에 위치해 있을 필요성을 여기서 발견할 수 있다.[26] 다시 말해, 국가 주도의 이행기 정의는 다양한 목소리와 경험들의 상호 대화를 중지시키고, 특정한 역사적 해석에 권위를 부여하며, 이를 국가가 독점적으로 통제하도록 하는 역할을 수행할 수도 있는 것이다.[27]

이러한 한계는 국가 간 과거사 청산 과정에서도 비슷한 논리로 적용될 수 있다는 위험성을 내포한다. 특히 국가 간 화해 문제는 외교정책과

---

24 최정기, 2006, 「과거청산에서의 기억 전쟁과 이행기 정의의 난점들-광주민주화운동 관련 보상과 피해자의 트라우마를 중심으로」, 『지역사회연구』 제14권 2호.

25 정채연, 2012, 160쪽.

26 정채연, 2012, 161쪽.

27 정채연, 2012, 161쪽.

국익이라는 측면도 고려해야 하기에 그 길이 더욱 어려울 수밖에 없는 것이다. 따라서 과거사 청산의 문제를 피해자 중심 접근에 바탕하여 비정치적 영역에서 다루기 위한 하나의 대안이 글로벌 거버넌스-글로벌 진실위원회인 것이다. 수십 년간 한일관계에서 과거사 문제를 해결하기 위해 해왔던 여러 시도들—특히 국가 주도의 시도들—이 한계를 보여왔고, 비판의 대상이 되어온 것을 고려한다면 이제는 피해자와 공정한 3자를 포함한 글로벌 진실위원회의 구성에 대한 가능성을 열어둘 필요가 있는 것이다.

참고문헌

한국어

김무용, 2011, 「과거청산 작업에서 진실말하기와 대항 내러티브 주체의 형성」, 『한국사연구』 제153권.

장복희, 2013, 「국가의 자국민 보호의 권한과 의무」, 『국제사법연구』 19권 1호.

정치학대사전편찬위원회엮음, 2002, 21세기정치학대사전, 아카데미아리서치.

정채연, 2012, 「다원주의적 사법을 통한 이행기 정의와 초국가적 인권의 실현-르완다의 제노사이드와 가챠챠(Gacaca) 법원에 대한 논의를 중심으로」, 『고려법학』 제65권.

천자현, 2016, 「국제정치에서 갈등관리 연구-한반도 문제에의 적용 가능성과 한계」, 『아세아연구』 제56권 제4호.

______, 2018, 「이행기정의와 중일 간 전후보상 문제」, 『담론 201』 제21권 제3호.

최철영, 2011, 「한일 과거사 청산과 이행기정의(transitional justice) 개념의 적용」, 『성균관법학』 제23권.

한상진, 2008, 「동아시아에서 본 응징의 정의, 용서 그리고 딜레마: 화해를 위한 최소 주의자의 상호접근방식」, 한국학중앙연구원 편, 2006 문명과 평화, 한국학중앙연구원.

「국제 인권 기준에서 본 한국의 과거사 청산」, 유엔 진실, 정의, 배상, 재발방지 특별보고관초청 국제 심포지엄 발표 자료(2019년 3월 19일, 제주시 KAL 호텔).

영어

Bederman, David J., 2010, "Individuals in International Law." David J.Bederman (ed.), *International Law Frameworks*, Foundation Press, 2010.

Bercovitch, Jacob ed., 1996, *Resolving International Conflicts: The Theory and Practice of Mediation. Boulder*, CO: Lynne Reinner, Publications; Bercovitch, Jacob and Richard Jackson, January 2001, "Negotiation or Mediation? An Exploration of Factors Affecting the Choice of Conflict Management in International Conflict", *Negotiation Journal* 17-1.

Bercovitch, Jacob and Mikio Oishi, 2010, *International Conflict in the Asia-Pacific-Patterns, consequences and management*, New York: Routledge.

Commission on Global Governance. *Our Global Neighborhood: Report of the*

Commission on Global Governance, Oxford: Oxford University Press, 1995, p. 2.

Crocker, David. 1999, "Reckoning with Past Wrongs: A Normative Framework." *Ethics and International Affairs*. Vol. 13, Issue. 1.

Duff, Antony, 2001, *Punishment, Communication and Community*, Oxford, UK: Oxford University Press.

Jeong, H, 2008, *Understanding Conflict and Conflict Resolution*, California: Sage Publications.

Kiss, Elizabeth. 2000, "Moral Ambition within an beyond politicalconstraints: Reflections on Restorative Justice," in *Truth vs. Justice: the Morality of Truth Commissions*, ed. RobertI. Rotberg and Dennis Thomson. Princeton, N.J: PrincetonUniversity Press.

Minow, Martha. 1998, "Between Vengeance and Forgiveness: SouthAfrica's Truth and Reconciliation Commission." *Negotiation Journal* Vol. 14, Issue 4.

Offe, Claus. 2005, "Transition Justice after Democratization: Options, Patterns, Objectives, Dillemmas, and the Role of International Politics." Paper presented on the Occasion of the Centennial of Korea University, Seoul, Korea.

Stokkom, B.A.M.van 2008, "Disorder policing and community needs. 'Revising' broken windown theory." In *Reflections on Reassurance Policing in the Low Countries*, eds. Marlin Easton, et al., Boom Legal Publishers, pp. 53~72.

Umbreit, Mark S., Vos, Betty, Coates, Robert B., and Lightfoot, Elizabeth. 2005, "Restorative Justice in the Twenty-First Century: A Social Movement Full of Opportunities and Pitfalls." *Marquette Law Review* 89:251-304.

Van Ness, Daniel W. and Karen Heetderks Strong, 2010, *Restoring Justice: An Introduction to Restorative Justice*, 4th ed. New Province, NJ: Matthew Bender & Co., Inc.

Zehr, Howard, 2002, *The Littlebook of Restorative Justice*, New York, NY: UNICEF.

인터넷 자료

2019년 7월 7일, 일본군성노예제 문제해결을 위한 정의기억연대 성명. 정의기억연대 홈페이지 http://womenandwar.net/kr/notice/?pageid=13&mod=document&uid=376

제2부

한일 역사 화해와 갈등의 정치학

3장

한일 역사 화해를 둘러싼 정치학
: 역사 갈등의 억제 메커니즘과 그 기능부전

기미야 다다시(木宮正史)

I. 머리말
II. 이 글의 과제와 범위
III. 한일 역사 마찰과 그 억제 메커니즘
IV. 냉전기·한일 비대칭기의 억제 메커니즘
V. 억제 메커니즘의 조건: 비대칭성
VI. 역사 마찰의 억제 사례
VII. 탈냉전기·한일 대칭기의 마찰 증대 메커니즘
VIII. 대칭관계하에서의 한일 협력의 가능성: 한일파트너십선언
IX. 한일 경쟁으로서의 역사 인식 문제의 부상
X. 역사 문제의 상대화: 역사 문제의 절대화를 어떻게 자제할 것인가
XI. 한일을 둘러싼 국제관계와 한일의 경쟁 및 협력
XII. 맺음말

I. 머리말

역사 화해를 둘러싼 대화나 공동 연구는 한일 간에 많이 수행되어왔다. 그럼에도 불구하고, 활발하면 활발해질수록 역사 갈등은 더한층 격화하는 듯 보인다. 왜 역사 화해는 어려울까. 교섭이 없다면 각자가 마음대로 독자적인 역사 해석을 주장한들 어떠한 마찰도 발생하지 않을 것이다. 그러나 상호 교류가 깊어질수록 더욱이 상호 관계가 비대칭에서 대칭으로 변화할수록 상대방의 주장에 대한 감수성은 높아진다. 그것이 실로 갈등으로 가득 찬 현재의 한일관계를 여실히 보여주고 있지 않을까.

그럼 왜 교섭이 활발해질수록, 그리고 관계가 대칭적으로 변화할수록 역사 마찰이 표면화되는 것일까. 본고의 관심은 그 점에 있다. 상호 대칭적 관계로 발전해, 상호 교류가 깊어질수록 상호 이해가 촉진되니 당연히 관계는 양호해질 것으로 기대된다. 분명 그도 현실의 한 측면으로 그 자체를 부정할 생각은 없다. 그러나 현실의 또 다른 측면은 그를 넘어서는 마찰과 갈등을 낳을 수도 있다는 것이다. 그러한 현실에 직면하는 것도 각오해둘 필요가 있다.

II. 이 글의 과제와 범위

국민국가에 국사(national history)가 있고 역사에 대한 견해가 다른 것은 어쩌면 당연하다. 다만, 한일과 같이 식민지 지배에서 지배·피지배라는 관계가 존재하거나 혹은 중일과 같이 장기간 전쟁 상태였던 경우, 역사는 공유된다. 주로 역사학자들이 담당하는 역사 공동연구에서는 상이

한 역사관에서 공유 가능한 부분을 찾아내 역사 인식을 상대적으로 접근시키는 작업을 수행할 것이다. 그러한 의미에서 중일, 한일 간에 정부 주도로 혹은 민간 주도로 다양한 역사 공동연구가 시도되어왔다고 말할 수 있으며, 그 평가는 다양하다.

그렇다면 정치학자의 역할은 무엇일까. 정치사 연구자로서 역사학자와 같은 임무를 담당하는 경우도 있을 것이다. 필자도 한국 및 한반도의 현대사 정치 연구자로서, 가령 1965년의 한일 국교 정상화에 이르는 한일관계사에 관해 한일 공동연구를 통해 위와 같은 지적 작업에 참여한 경험이 있다. 특히 일본의 정치학은 정치사 연구 비중이 상대적으로 커서 정치학자의 공동연구에서는 정치사에 초점을 맞춘 연구가 주로 진행되는데, 한국의 정치학은 일본과 비교해 정치사 연구의 비중이 작다. 따라서 한일 간 정치학자의 공동연구가 차지하는 위상에 관해서는 한일 간에 괴리가 존재한다.

그것을 유보한 다음, 그 밖에도 다음과 같은 과제를 짊어져야 하지 않을까 생각한다. 바로 역사 갈등이 발생하는 메커니즘을 규명하는 작업이다. 갈등은 늘 존재한다고도 말할 수 있으나, 때로는 수그러들기도 과열되기도 한다. 왜 수그러들고 왜 가열되는 것일까. 이러한 물음을 설정할 수 있다. 그러한 문제를 푸는 것이 정치학자에게 주어진 과제라고 말할 수 있을지도 모르겠다.

첫째, 갈등 자체는 늘 존재하기는 하나, 그것은 때로 정치화, 쟁점화되기도 하고, 때로 잠재화, 비정치화되기도 한다. 따라서 잠재화한 역사 갈등이 어느 시기에 왜 어떻게 표면화, 정치화, 쟁점화되는지 그 메커니즘

을 탐색하는 문제 설정이 가능할 것이다.[1]

그러나 다른 한편, 다른 시각을 제시하는 것도 가능하다. 역사 마찰은 상시 존재하며, 통상적으로는 그를 억제하는 메커니즘이 기능하고 있으나, 어느 시기, 어떠한 이유로 억제 메커니즘이 작동하지 않거나 혹은 작동하지 못하게 됨으로써 역사 마찰이 표면화, 정치화된다는 점이다. 그렇다면 그 억제 메커니즘은 무엇이며, 그것이 언제 어떠한 이유로 듣지 않는지를 규명하는 것이 중요해진다.

전자의 역사 마찰의 정치화, 쟁점화와 후자의 억제 메커니즘의 기능부전은 어떤 의미에서 동전의 양면과 같은 관계이나, 굳이 말하자면 전자가 단기적 시점에 근거하는 데에 반해 후자는 장기적인 구조적 시점을 중시한다는 점에서 다르다.

이 글의 과제는 그 억제 메커니즘이 무엇이며, 그것이 어떠한 조건에서 작동하고, 역으로 그러한 조건이 사라졌을 때 왜 작동하지 않는지 그 메커니즘을 규명하는 것이다. 그리고 가능하다면 일단 작동을 멈춘 메커니즘을 어떻게 하면 되살릴 수 있을지 그 가능성을 모색하는 지적 작업도 병행해나가겠다.

---

1 이러한 문제에 천착해온 대표적 연구자로는 일본의 경우 기무라간(木村幹) 등을 들 수 있다. 기무라는 한일 각각의 국내 정치 과정의 귀결로 역사 인식 문제가 표면화하고 있음을 밝히고 있다. 木村幹, 2014,『日韓歴史認識問題とは何か: 歴史教科書·「慰安婦」·ポピュリズム』, ミネルヴァ書房.

III. 한일 역사 마찰과 그 억제 메커니즘

역사 마찰이 늘 존재한다고 해서, 한일 간에 역사 문제를 둘러싼 첨예한 긴장 상태가 언제나 지속되는 것은 아니다. 역시 그것이 표면화하고 더 나아가 정치화, 쟁점화하기 위한 메커니즘이 존재한다. 그러나 그것은 뒤집어 말하면, 역사 마찰이 표면화되지 않고, 정치화되지 않고, 쟁점화되지 않게 하는 억제 메커니즘이 어떤 의미에서 지속적으로 기능하고 있다고도 말할 수 있다. 그러한 지속적인 메커니즘이 조건이 변화했을 때에 기능하기 어려워지는 것이다. ① 표면화, 정치화 메커니즘의 발생, ② 억제 메커니즘의 기능부전이라는 두 가지 변수로 구성된 함수에 따라 역사 마찰이 표면화, 정치화될지 아니면 잠재화, 비정치화될지가 결정된다. 이 글은 주로 ②의 억제 메커니즘에 관해 그 기능과 기능부전을 논한다.

역사 문제를 둘러싸고 국가 간 대립이 표면화되는 현상 자체가 양국 정부에 꼭 불이익을 초래하지만은 않는다. 각각의 정부는 그러한 대립을 표면화함으로써 각종 문제에 관한 국론 분열을 억제하고, 단결의 필요성을 국민에 호소함으로써 정부에 대한 보다 견고한 지지를 동원할 수도 있기 때문이다. 또 대부분의 경우에 역사 문제의 주체가 되는 것은 여론이므로, 정부는 역사 문제를 여론 차원에서 억제하고 투 트랙의 논리를 적용함으로써 역사 마찰의 격화를 막을 수 있을지도 모른다.

그러나 역사 인식을 둘러싼 국가 간 대립을 정부가 통제력을 가지고 국내 정치에서 정부 중심의 결속을 강화하기 위해 이용하거나, 그것을 타 영역까지 파급되지 않도록 억제할 수 있다는 보장은 없다. 정부 간에 긴밀한 의사소통이 어려워지면, 정부의 통제도 듣지 않아 갈등은 역사 문제를 둘러싼 대립에 머물지 않고 타 영역 즉 경제, 안보 영역에까지 확대, 파급될 수 있다. 한일관계의 경우, 1980년대까지는 동아시아에서 냉전체제가 지속되고 있었고, 한일관계는 비대칭적이었다. 특히 한국이 권위주의체제 국가라는 조건은 역사 문제를 둘러싼 대립의 표면화를 상당 부분 억제했다. 왜냐하면 대립의 표면화를 억제하는 메커니즘이 기능하고 있었기 때문이다. 우선 그 억제 메커니즘이 어떠한 것이었는지, 구체적으로 어떠한 조건하에서 어떻게 기능했는지를 분석한다.

IV. 냉전기 · 한일 비대칭기의 억제 메커니즘

1945년의 탈식민지화 이후, 북한과의 탈식민지화를 둘러싼 경쟁을 의식해 철저한 탈식민지화를 국가 목표로 내건 이승만 정권은 한국전쟁이라는 국가 존망의 위기에 직면하자, 동아시아 반공진영의 결속 강화의 필요성을 절감한 미국의 중개로 1951년에 한일국교정상화 교섭 개시를 선택했다. 그러나 이승만 정권은 '반공을 위해서는 반일을 억제'하는 게 아니라, '반공과 반일을 양립시킨다'는 기본 방침을 고집했다.[2] 그리고 이승만 정권은 한일 협력에 적극적인 미국의 의도를 '미국의 한국 이탈'을 촉진하는 것으로 받아들인 탓에 한일 협력에 소극적일 수밖에

2 이승만 정권의 외교정책에 관해서는 李鍾元, 1996, 『東アジア冷戦と韓日米関係』, 東京大學出版会를 참조. 또 이승만 정권의 대일정책에 관해서는 박진희, 2008, 『한일회담 제1공화국의 대일정책과 한일회담 전개 과정』, 선인 참조.

없었다.[3] 일본은 원래 "이승만 라인" 문제나 재일 코리안의 법적 지위 문제 등과 같은 현안 해결에 우선순위를 두고 있었으며, 그를 위해서는 국교정상화 교섭이 필요하다고 생각하고 있었다. 그래서 국교정상화 자체의 우선순위는 별로 높지 않았다.[4] 미국도 그러한 한일 간의 대립 상황에 대해서 막대한 비용을 들이면서까지 국교정상화를 실현할 만큼 의욕이 강한 것도 아니었다. 1950년대의 한일 교섭이 지지부진했던 까닭은 이러한 한미일 각자의 생각이 반영되었기 때문이다.

그러나 한국에서는 4·19혁명과 5·16 군사정변이라는 정치 변동으로 인해 이승만 자유당정권에서 1년도 채우지 못한 장면 민주당정권을 거쳐 박정희 민주공화당정권으로 정권이 교체되면서, 한국 정부의 자세는 '반공을 위해서는 반일을 억제'하는 방향으로 변화했고, 그 결과 한일국교정상화가 실현된다.[5] 그리고 국교정상화 이후, 한국은 일본과의 경제 협력을 통해 경제 발전을 이룩해 북한과의 체제 경쟁에서 승리하는 것을 목표로 내걸었다.[6] 그 성과는 오늘날의 북한에 대한 한국의 압도적 우위 상황이 여실히 보여주고 있듯이 훌륭히 성공했다.

그렇다면 왜 이러한 한일의 경제 협력이 실현된 것일까. 한일 간에는 여전히 공유하는 역사 인식을 둘러싼 대립이 존재했다. 이는 한일국교정

---

3 李鍾元, 1994, 「韓日会談とアメリカ -「不介入政策」の成立を中心に-」, 『國際政治』 105號.

4 한일국교정상화 교섭에 관해서는 李鍾元·木宮正史·浅野豊美 編, 2011, 『歴史としての日韓國交正常化 (1) 東アジア冷戦編 2 脱植民地化編』, 法政大學出版局 참조.

5 기미야 다다시, 2008, 『박정희정부의 선택: 1960년대 수출지향형 공업화와 냉전체제』, 후마니타스, 270~294쪽.

6 한일국교정상화 교섭에 대한 박정희 정권의 목적에 관해서는 김종필, 2016, 『김종필 증언록 1』, 와이즈베리, 210~253쪽 참조.

상화 교섭 과정에서도 표면화되었고, 국교정상화에 수반한 한일 간의 합의문서의 해석 차에도 반영되었다. 구체적으로는 1910년의 한일 '병합'에 이르는 과정을 어떻게 볼 것인가가 문제였다. 한국은 이 과정이 일본의 강요로 인한 '불법적'인 것이므로, 그 결과는 원래 '무효'였다고 주장했다. 바꾸어 말하면 일본의 지배는 법적 근거가 결여된 불법적인 것이니 불법점거에 불과하다는 주장이다. 그에 반해 일본은 적어도 조약에 의해 합법적으로 성립한 것이라는 기본 입장을 고수했다. 이러한 대립은 결국 1965년 한일기본조약의 제2조에서 "1910年8月22日以前に大日本帝國と大韓帝國との間で締結されたすべての条約及び協定は、もはや無効であることが確認される."(일본어), "1910년 8월 22일 및 그 이전에 대한제국과 대일본제국간에 체결된 모든 조약 및 협정이 이미 무효임을 확인한다."(한국어), "It is confirmed that all treaties or agreements concluded between the Empire of Japan and the Empire of Korea on or before August 22, 1910 are already null and void."(영어)[7]라고 규정되었다. 이 조문을 일본 정부는 1910년에 일단 성립한 것이 1945년에 무효화되었다고 해석한 데 반해, 한국 정부는 애당초 1910년에도 무효였으며, 그것을 확인한 것일 뿐이라고 해석했다.[8]

그리고 이는 일본의 식민지 지배가 한반도에 무엇을 초래했는가에 관

---

7 http://worldjpn.grips.ac.jp/documents/indices/JPKR/index.htmlデータベース「世界と日本」(代表:田中明彦)日本と朝鮮半島関係資料集(최종 열람일, 2020년 4월 10일)

8 吉澤文寿, 2011, 「日韓國交正常化交渉における基本関係交渉」, 李鍾元 · 木宮正史 · 浅野豊美 編, 『歴史としての日韓國交正常化 II 脱植民地化編』, 法政大學出版局.

한 평가의 차이와도 연관된 문제였다. 식민지 지배 자체가 일본은 가해자, 한국은 피해자로 그러한 손해에 대해 일본이 일정한 보상을 지불하는 것은 당연하다는 것이 한국 사회의 통념이었다. 그에 반해 일본에서는 식민지 지배에 관한 관심이 거의 사라진 상태였지만, 그럼에도 한반도에 일정한 혜택, 공헌을 베풀었다는 자의식을 갖고 있었다.[9] 바꾸어 말하면 식민지 지배에 대한 속죄 의식은 거의 공유되지 않았던 셈이다. 따라서 국교정상화에 수반한 일련의 합의문서에 일본의 사죄 등은 일절 언급되지 않았다. 대신에 사죄의 의미를 담은 일본 정치인의 표명 등이 담겼으나,[10] 이 또한 불명확한 것투성이어서 한국은 일본이 전혀 사죄하지 않았다고 받아들였다.

이러한 역사 인식을 둘러싼 크나큰 괴리가 존재했음에도 불구하고, 한일은 국교를 수립했다. 한국 국내에는 이러한 역사 인식을 둘러싼 일본의 반성 없는 태도에 대한 비판이 적지 않았다. 그것은 한일국교정상화에 대한 반대운동, 비판운동으로 표출되었고, 한일국교정상화를 추진한 박정희 정권을 궁지로 몰아넣었다. 이에 박정희 정권은 1964년 6월 3일, 계엄령을 선포하여 위기를 타파할 수밖에 없었다. 그리고 국교정상

---

9 1953년의 한일회담에서 "일본의 식민지 지배가 조선에 인프라 정비 등으로 공헌했다"고 한 구보타 간이치로(久保田貫一郎, 한일회담 수석대표)의 발언이나, 1965년 1월 국교정상화 직전에 "일본은 조선을 지배했다고 하나, 우리나라는 좋은 일을 하려 했다. (중략) 일본은 조선에 공장과 가옥, 산림 등을 전부 두고 왔다. 창씨개명만 해도 조선인을 동화시켜 일본인과 동등하게 대하기 위해 시행된 조치로, 착취나 압박 같은 것이 아니었다"는 다카스기 신이치(高杉晋作, 한일회담 수석대표) 발언 등. 高崎宗司, 2002, 『「妄言」の原形-日本人の朝鮮観』, 木犀社.

10 1965년 2월에 방한한 시이나 에쓰사부로(椎名悦三郎) 외상의 "양국 간의 긴 역사 중에 불행한 시기가 있었다는 것은 실로 유감스러운 일이며, 깊이 반성합니다"라는 발언이 대표적이다. 記録椎名悦三郎刊行委員会 編, 1982, 『記録椎名悦三郎(下)』, 記録椎名悦三郎刊行委員会.

화 이후에도 한일 간의 대립이 표면화될 때마다 역사 인식을 둘러싼 한일 갈등은 상기되었다.

그럼에도 불구하고 박정희 정권기에는 한일 간 역사 마찰의 표면화가 억제되었다. 그것은 억제 메커니즘이 기능하고 있었기 때문이라고 말할 수 있다. 그럼 그 억제 메커니즘이란 구체적으로 무엇일까.

박정희 정권은 철저한 탈식민지화를 실현하기 위해서는 일본의 철저한 반성을 추궁하고, 그에 부응하는 보상을 요구해야 한다는 국내 여론에도 불구하고, 왜 조속한 국교정상화를 선택했을까. 그것은 경제와 안보라는 2가지 측면을 고려했기 때문이다. 1960년대 초엽, 한국은 북한보다 경제 수준 면에서나 자력 안보 면에서나 뒤처져 있었다.[11] 그렇기에 북한에 대한 억지력을 확보하고자 미국과 상호방위조약을 체결하고, 미군의 주둔을 받아들였다. 하지만 미군의 주둔은 영속적이지 않았고, 이 열위가 지속될 경우, 한국이라는 국가는 생존을 위협받게 될 것이 뻔했다. 박정희 정권은 우선 경제 발전이라는 측면에서 북한과의 차를 만회하고, 더 나아가 능가하는 것을 목표로 내걸었다. 그리고 안보에 관해서는 미군의 주둔을 어떻게 해서든 붙들어둘 선택을 했다.[12] 이 경제 발전을 위해서는 풍부하면서 더욱이 쓰기 편한 외화 도입이 시급했는데, 이

---

11 어디까지나 추계치이나 1960년 시점에 1인당 GNP(Gross National Product, 국민총생산)가 한국은 79달러였던 데에 반해 북한은 2배 이상인 177달러였다. Hwang, Eui-Gak, 1993, *The Korean economies: a comparison of North and South*, Clarendon Pr.

12 박정희 정권은 논의의 의제로 오른 주한 미군의 베트남 전용을 막기 위해 한국군의 베트남 파병을 한국에서 적극적으로 제기했다고 보인다. 이 점에 대해서는 이하의 문헌을 참조. 木宮正史, 2002, 「1960年代韓國と台湾の「冷戦外交」比較 : ベトナム戦争への対応とASPACを中心として」, 張啓雄 編, 『戦後東北亜國際関係』, 中央研究院亜太研究計画(台湾, 台北), 233~270쪽.

를 어떻게 도입할 것인가라는 과제에 직면했다. 그러한 풍부한 자금을 활용하여 한국의 경제를 발전시켜 북한과의 체제 경쟁에서 유리한 고지를 점하고 안보까지 확보하려 한 것이다. 바꾸어 말하면 역사 인식 문제를 둘러싼 탈식민지화를 철저하게 관철하기보다 한일의 경제 협력을 확대함으로써 한국의 경제 발전을 도모하는 쪽을 우선시하고 그를 통해 안보의 확보를 지향했다고 말할 수 있다. 더욱이 한국은 저자세로 '일본에 경제 원조를 요청하'는 것이 아니라, 일본은 가해자, 한국은 피해자라는 역사가 있으니 그에 대한 보상의 뜻을 담은 경제 협력을 '권리'로서 획득하는 것이라는 발상을 가지고 있었다. 그래서 한국의 입장에서 쓰기 편하면서 최적의 자금을 확보하는 것을 목표로 했다. 안보를 위해서 역사 인식 문제에 관한 철저한 탈식민지화를 고집하기보다 일본과의 경제 협력을 확대하는 것을 우선시했다. 그리고 역사 인식 문제가 존재했기에 경제 협력을 '권리'로서 요구할 수 있었다.[13] 물론 일본이 한국이 요구한 것을 '의무'로서 그대로 제공할 것이라는 보장이 없었음은 유보할 필요가 있다.

① 역사보다 안보·경제를 우선한다. ② 안보를 위해 경제 협력을 한다. ③ 역사 인식 문제를 경제 협력을 통해 '해소'한다. 이러한 역사·경제·안보라는 3자의 관계가 역사 인식 문제를 억제하는 메커니즘으로 작용하게 된다.

---

13 木宮正史, 2011, 「韓國の対日導入資金の最大化と最適化」, 李鍾元·木宮正史·浅野豊美 編, 『歴史としての日韓國交正常化 I 東アジア冷戦編』, 法政大學出版局, 115~143쪽.

V. 억제 메커니즘의 조건: 비대칭성

다만, 이러한 메커니즘이 늘 작동하는 것은 아니다. 전제 조건이 필요하다. 첫째, '역사보다 안보 · 경제를 우선한다'는 점에 관해 한국 국내에서 합의가 형성되어 있거나 혹은 그에 대한 이견을 억누를 수 있는 정치 체제가 필요하다. 특히 한국에서는 한편으로는 북한과의 체제 경쟁을 의식해 안보를 위해서는 일본과의 경제 협력이 부득이하다는 점에는 일정 정도 합의가 형성되어 있었으나, 다른 한편으로는 여전히 그에 대한 비판도 무시할 수 없는 수준이었다.[14] 따라서 한국에서는 민주주의체제가 아닌 권위주의체제 쪽이 이러한 조건을 충족하고 있었다고 보인다. 바꾸어 말하면 한일 경제 협력을 추진하기 위해서는 적어도 한국의 정치 체제가 민주주의가 아닌 권위주의체제인 편이 조건상 유리했다고도 말할 수 있다. 물론 민주주의체제하에서 막대한 사회적 비용을 들였다면, '역사보다 안보 · 경제를 우선한다'라는 정치사회적 합의를 형성할 수 있었을지도 모른다. 하지만 실제 진행된 것은 권위주의체제하에서 한일 경제 협력을 통해 한국의 경제 발전을 지향하고, 그를 통해 북한과의 체제 경쟁에서 우위를 점함으로써 안보를 공고히 하는 과정이었다.

둘째, 일본이 비교적 '관대한' 태도로 한국과의 경제 협력에 나섬으로써 역사 인식 문제에 대한 한국의 불만을 달래는 동시에, '안보를 위해서는 일본과의 경제 협력이 필요하다'는 한국 사회의 합의 형성을 지원할 필요가 있었다. 한국과의 경제 협력에서 보인 일본의 '관대함'은 두말할 나위도 없이 '일본이 한국을 지배했다'는 역사적 경험, 그리고 '한국이 일

14 이재오, 2011, 『한일회담과 반대운동: 1951~1965년』, 파라북스.

본의 반공 방파제가 되고 있다'라는 냉전 상황에 기인한다. 일본은 '보상'의 함의를 내포한 경제 협력을 자국의 안보를 위해 실행한 것이다. 하지만 그를 위해서는 한일의 역학관계에 드러나는 비대칭성이라는 조건이 필요했다. 일본이 한국을 '지원'함으로써 한국이 발전하고 국력을 증강시키는 것이 일본에 불리한 것으로 받아들여져서는 안 되었다.

이상과 같이, 한국이 일본과는 다른 권위주의체제라는 질적 비대칭성 그리고 한일의 역학관계는 서로의 차에 민감해질 필요가 없다는 양적 비대칭성, 이러한 이중의 비대칭성은 한일 사이에 역사보다 안보나 경제 협력을 우선하기 위한 전제 조건이었다고 볼 수 있다.

VI. 역사 마찰의 억제 사례

그럼 구체적으로 역사 마찰이 불거진 경우 혹은 불거질 낌새가 감지된 경우에 이러한 억제 메커니즘은 어떻게 작동했을까. 두 가지 사례를 들 수 있다.

첫 번째 사례는 1970년대 전반기, 미중 접근과 중일국교정상화 등으로 한반도를 둘러싼 국제관계가 요동치는 상황에서 전개된 한일관계이다. 그 전까지 반공자유주의 진영의 결속 강화라는 미명 아래, 미국의 중개로 경제 협력을 중심으로 관계를 강화해온 한일은 대중관계, 대북관계 등과 같은 외교 분야에서 두드러진 괴리를 보이게 되었다. 그처럼 관계가 요동치는 가운데, 예정되어 있던 방일을 취소하고 유신체제라는 극한의 권위주의체제를 선택한 박정희 정권은 1973년 8월, 실질적으로 망명 생활을 보내고 있던 야당 신민당의 김대중 전 대통령 후보를 납치하는 사건을 벌인다.[15] 당시 일본 체류 중이던 김대중을 박정희의 명을 받은 한국의 중앙정보부가 납치해 한국으로 끌고 갔다. 이는 김대중이라는 정치인의 인권을 침해한 사건이었다. 이에 애초부터 한국의 권위주의체제에 비판적이던 일본의 야당 세력은 '인권 침해'라며 박정희 정권을 거세게 비판했을 뿐만 아니라, 일본 국내에서 한국의 첩보기관이 범죄를 저질렀다는 점에서 원래 박정희 정권에 친근감을 품고 있던 여당 보수 세력조차 '주권 침해'라며 박정희 정권을 강하게 비판했다. 박정희 정권은 한국 중앙정보부의 소행임을 확실히 인정하지 않은 채 애매한 태도를 견지했으나, 특사를 파견해 일본 정부에 사죄했다.

그러나 이듬해인 1974년 8월의 한국 광복절에 재일 동포인 문세광이 박정희를 저격하는 사건이 벌어졌고, 그 결과 육영수 영부인이 살해당했다. 한국 정부는 범인이 사용한 권총이 일본 경찰로부터 탈취한 것이며, 일본의 위조 여권을 사용했다는 점 등을 들며, 일본의 허술한 치안을 비판했다. 그리고 일본 언론이 이 사건을 '박정희 정권의 자작극' 혹은 '박정희 정권이 자초한 일'이라고 비판하자, 한국에서는 정부가 앞장서서 대일 비난을 전개했고 '대일 단교' 가능성까지 시사했다.[16]

이러한 일련의 사건은 직접적으로 한일의 역사 문제가 쟁점으로 부상한 것은 아니었지만, 박정희 정권은 일본 정부나 일본 사회가 박정희 정권하의 한국의 인권 상황을 비판하는 것에 대해 불만을 품게 되었다. 한국이 일본의 방패가 되어 일본의 안보를 위해 공헌하고 있음에도 일본

---

15 김대중선생 납치사건 진상규명을 위한 시민의 모임 편, 1995,『김대중 납치사건의 진상』, 푸른나무.

16 김은경, 2010. 5,「냉전 변용기의 한일관계의 전개: 김대중 납치사건과 박정희 대통령 저격사건을 중심으로」,『일본공간』 통권7호, 148~182쪽.

은 배후에서 한국의 인권 상황을 비판하고 때로는 한국의 머리 너머로 북한과의 관계를 개선하려고 획책하는 등, 한국의 공헌을 과소평가하고 있다고 비판적으로 보았다. 그리고 박정희 정권과 일부 한국 사회는 일본이 한국의 인권 상황을 비판한 것을 두고, "일본이 한국을 얕잡아본" 것과 다를 바 없으며, 그처럼 "한국을 한 단계 아래로 보는" 시선이 담긴 역사 인식을 일본 사회는 여전히 견지하고 있다고 인식하고 있었다.[17] 이러한 한일의 비대칭성이 한일 마찰의 배경에 존재하고 있었다.

이렇듯 팽팽한 긴장감이 감돌던 한일관계를 타협의 방향으로 되돌린 것은 한일이 공유한 안보 상황이었다. 1975년, 한국과 같은 분단국가이던 베트남은 공산주의하에서 군사적 통일을 이루었다. 이 사건은 아시아에서 반공 진영을 공유하던 한일에는 위협으로 인식되었다. 이러한 안보상의 위협의 공유는 그 전까지 계속되던 한일 갈등을 봉합하고 다시금 한일 경제 협력을 통해 서로의 안보에 공헌하는 선택지를 고르게 했다.

다른 한편, 한일의 공통 동맹국인 미국이 한국 방위에 관여할지가 더 한층 불투명해진 상황을 들 수 있다. 1971년, 닉슨 미 행정부는 한국군이 베트남에 주둔해 있는 동안에는 주한미군의 현 상황을 유지하겠다고 암묵적으로 합의했음에도 주한미군의 일방적 감축을 단행했다. 더 나아가 1977년에는 카터 행정부가 박정희 정권의 유신체제하에서 자행된 인권 탄압을 비판하고 이에 더해 주한 미군 지상군의 철수를 결정했다. 이 결정은 북한 정세의 재검토에 따라 1979년에 철회되었으나, 어쨌든 미국의 관여가 불투명해진 상황에서 그를 우려한 한일 양국은 미국의 관여를 유지하기 위해 협력하는 동시에, 한국의 방위산업을 육성하기 위

17 한상일, 2008, 『지식인의 오만과 편견: 《세카이世界》와 한반도』, 기파랑.

해 중화학공업 분야의 경제 협력을 확대하는 방안을 선택했다.[18]

두 번째 사례는 박정희 정권이 아닌 사실상 그 후계 정권인 전두환 정권하에서 체결된 한일안보경협이다.[19] 광주민주화항쟁을 군사적으로 탄압하고 출범한 전두환 정권은 정치적 안정을 실현하기 위한 지원금으로 일본에 거액의 차관을 요구했다. 이 교섭의 상대는 스즈키 젠코(鈴木善幸) 정권과 나카소네 야스히로 정권이었다. 특히 나카소네 정권은 역대 내각이 그 전까지 봉인해온 총리의 야스쿠니신사 공식 참배를 단행했다. 이것은 과거 한중을 침략한 일본의 역사를 정당화하려는 것으로 비쳐졌다. 그리고 일본의 역사교과서에서는 '침략'이 아닌 '진출'이라는 단어가 사용된 것으로 인식되었다. 이 때문에 한중과 역사 인식을 둘러싼 마찰이 불거졌다.

전두환 정권은 '반일이 아닌 극일'이 중요하다는 주장을 펼치면서, 야스쿠니신사 참배나 교과서 문제와 같은 역사 문제에 관해 일본 비판을 강화하지 않고 도리어 그를 이용해 일본으로부터 최적 그리고 최대의 경제 협력을 확보하려 했다. 더 나아가 전두환 정권은 박정희 정권과 마찬가지로 "한국이 일본의 안보에 공헌하고 있으니 일본도 한국의 정치적 안정을 위해 경제 협력에 공헌해야 한다"는 '안보경협'의 논리를 명시적으로 펼침으로써, 일본으로부터 40억 달러 규모의 차관을 도입하는 데에 성공했다. 이 사안은 당초 일본에는 '마른 하늘의 날벼락'이었고, 또 일본에서도 그 잔학성이 전해진 광주민주화운동에 대한 군사 탄압

18 倉田秀也, 2001,「朴正熙「自主國防論」と日米「韓國条項」, 小此木政夫 · 文正仁 編,『市場 · 國家 · 國際体制』, 慶應義塾大學出版会.

19 小此木政夫, 2001,「新冷戦下の日米韓体制」, 小此木政夫 · 文正仁 編,『市場 · 國家 · 國際体制』, 慶應義塾大學出版会.

등으로 악명이 높았던 전두환 정권을 지원하는 것에 대한 우려도 있었다. 그러나 1970년대 말부터 이어진 신냉전이라는 정세 속에서 레이건 미 행정부의 강력한 요청까지 더해지자, 결국 일본 정부는 '안보경협'의 논리를 받아들였다. 이는 '안보경협'으로, '안보'에만 국한하지 않고 '제2의 국교정상화'라고도 불렸듯이 일본이 한국을 식민지로 지배한 '역사'까지 연관된 것이었다. 한국에서 보자면, '안보'와 '역사'를 수단으로 '경제' 협력을 획득한 것이다. 그리고 이 배경에 존재하던 정치체제의 차이라는 질적 비대칭성과 한일의 국력 차이라는 양적 비대칭성이 한일 간의 안보경협 합의를 수월하게 실현시켰다고 말할 수 있다.

이상과 같이, 한일 협력을 촉진한 것은 협력이 가져오는 상호 이익 때문이었으나, 한일관계가 비대칭성에 근거한 상호 보완 관계였기에 가능했다. 비대칭성이 존재했기에 상대와 서로 달라도 상대적으로 무관심할 수 있었고, 단순히 반공자유주의 진영의 일원이라는 결속 강화의 목표를 공유하는 것만으로도 충분했다. 따라서 일본에서 보자면, 협력으로 한국이 경제 발전을 이룩해 한일의 경제력이 상대적으로 비등해지더라도 그 이상으로 한국이 북한에 우위를 점하는 편이 훨씬 이익 면에서 중요하다고 생각한 것이다. 일부에서는 일본의 대한 경제 협력으로 언젠가 한국이 경제적으로 일본을 위협할 것이라는 부메랑 효과를 우려하는 목소리도 있었으나, 소수에 불과했다. 그러한 비대칭성에 근거한 보완적 관계가 냉전기의 한일 협력을 담보하고, 역사 갈등의 억제 메커니즘으로서 기능하고 있었다고도 말할 수 있다. 비대칭성을 전제로 하는 억제 메커니즘은 관계 속에 내재되어 있었다고도 할 수 있다. 그만큼 자각하지 않아도, 관계 속에서 일부러 그것을 의식화해서 의도적으로 거스르지 않는 한, 자동으로 기능한다고 할 만한 성격의 것이었다.

VII. 탈냉전기 · 한일 대칭기의 마찰 증대 메커니즘

그런데 그러한 한일의 비대칭성은 질적으로나 양적으로나 큰 변용을 겪게 된다. 우선 질적 대칭성을 살펴보자. 한국은 1987년의 6월 민주화 항쟁 결과, 권위주의체제에서 민주주의체제로 이행했고, 이로써 한일은 민주주의라는 가치관을 공유하게 된다. 권위주의체제하에서 '역사보다 안보나 경제 발전 쪽이 중요하다'는 논의에 전적으로 가담한 것만은 아니었던 여론의 힘을 정부도 더 이상 무시할 수 없게 된다. 그리고 지속적인 경제 발전을 통해 남북의 체제 경쟁에서 확실한 승리를 거머쥔 한국의 입장에서는 한일 경제 협력을 통해 안보를 공고히 해야 할 절실함이 이전보다 줄어든 상황이었다. 그리고 한일의 경제력 격차도 급속히 줄면서 한일관계는 질적으로나 양적으로나 대칭적 관계로 변모해갔다.

이렇듯, 이전 시기에 존재하던 한일이 목표를 공유하고 그에 근거한 상호보완적 협력이 필요하다는 점, 그리고 질적으로나 양적으로나 비대칭적 관계에 놓여 있다는 이 두 가지 조건은 더 이상 충족되기 어려워졌다.

1) 불확실해진 목표의 공유

첫째, 목표의 공유가 불확실해졌다. 냉전체제하에서 한일은 중국, 소련, 북한 등으로 구성된 공산주의 진영과 대치하는 미국을 맹주로 하는 반공자유주의 진영의 공동 구성원이었으며, 똘똘 뭉쳐 상호 협력해 진영을 강화하는 것이 자국의 안보에 필수불가결하다는 인식을 공유하고 있었다. 때마침 터진 베트남전쟁에 대한 대응에서 전투병을 파병하고 '미국과 함께 전쟁에서 싸운' 한국의 박정희 정권과, 미국의 정책을 지지하면서도 헌법상의 제약 탓에 '강 건너 불' 구경을 하면서 전쟁 특수를 누리던 일본의 사토 에이사쿠(佐藤榮作) 정권 사이에 큰 차이가 있었듯이, 각자의 냉전 인식에 간극이 있었음은 부정할 수 없다.[20]

또 1970년대의 미중관계 및 중일관계의 개선이 한반도의 냉전에 복잡한 영향을 미쳤듯이, 냉전체제의 '전초', 전진기지였던 한국과, 그 배후지였던 일본, 중심이었던 미국 간에 냉전 인식이나 그에 따른 냉전 정책에서 괴리가 존재했다는 것은 아무리 강조해도 지나치지 않는다.[21] 그럼에도 미일이 한국을 분담해서 지원해 북한과의 체제 경쟁에서 우위를 점하게 함으로써, 반공자유주의 진영의 강화라는 공통 목표의 달성에서 상호 이익을 도출한다는 점에서는 일관되어 있었다.

그러나 무엇보다 세계적 차원의 냉전이 종언을 고하자, 진영 간 대립 자체가 흔들리기 시작했으며, 더더구나 정치·경제·외교 등 거의 모든 분야에서 북한에 대한 한국의 체제 우위가 확립된다. 이렇게 냉전체제에서 공유되던 목표가 일단 실현되고 나자, 무엇을 위해 협력할 것인가라는 목표가 불확실해졌다. 한반도에서는 한국이 체제 경쟁에서 승리함으로써 한국이 주도하는 통일의 길이 열릴 것이라는 낙관적인 기대도 있었다. 하지만 북한이 자국 주도의 통일을 실질적으로 포기했다고 하나 한국 주도의 통일을 쉽게 받아들일 '패자'는 아니었다. 북한은 체제 면에서 우위를 점한 한국 주도의 통일에 흡수되는 것을 피하면서 목표를 '자국 체제의 생존'으로 전환했다. 그리고 이를 위해 미국과의 새로운 관계를 구축하고자 미국을 사정거리에 넣은 핵미사일 개발을 통한 생존 전략에 나서게 된다. 이러한 북한의 생존 전략은 설사 북한 스스로는 대미

20 木宮正史, 2017, 「第２章 冷戦と経済協力」, 李鍾元·木宮正史·磯崎典世·浅羽裕樹, 『戦後日韓関係史』, 『戦後日韓関係史』, 有斐閣.

21 木宮正史, 2017, 「第３章 冷戦変容と日韓の緊密化」.

관계를 염두에 두고 있었다 해도, 이웃나라이면서 더더구나 독자적인 핵억지력을 보유하지 않은 한일에는 과거와는 다른 새로운 위협으로 다가왔다. 이처럼 공통의 위협에 대한 협력의 필요성은 여전히 남아 있었다. 다만, 이렇게 목표를 공유하고 있었음에도 그것을 달성하기 위한 방법에서는 괴리를 보인다.

2) 양적 대칭성

둘째, 비대칭 관계에서 대칭 관계로의 극적인 변화를 지적할 수 있다. 우선 양적 측면에서 보면, 한국은 지속적인 발전을 통해 후진국, 개발도상국에서 1970년대에는 NICS(Newly Industrializing Countries: 신흥공업국)로, 더 나아가 아시아NIES(Newly Industrializing Economies: 신흥공업경제지역)라 불릴 정도로 공업화, 공산품의 수출 증대를 통해 급속한 경제 발전을 이룩했다. 그리고 1990년대에 들어서는 OECD에 가입해 선진국의 반열에 올라선다. 물론 한국의 경제력이 모든 면에서 일본과 대등해졌다는 것은 과장이 될지도 모르나, 적어도 한국은 선진국으로 발돋움해 일본과 어깨를 나란히 하게 되었다.

더욱이 그러한 관계 변화는 비단 한국이 일본을 따라잡은 것을 뜻하지 않았고, 한일의 경제 관계에도 큰 변화를 가져온다. 1980년대까지 한일의 경제 관계는 기본적으로 수직적 분업 관계였다. 한국은 일본으로부터 부품이나 원자재를 수입한 뒤 그것을 가공해 완성품을 만들어 수출함으로써 경제 성장을 이룩했다.[22] 따라서 한국의 수출이 늘어나 경제

---

22 服部民夫, 2007,『東アジア経済の発展と日本: 組立型工業化と貿易関係』, 東京大學出版会.

가 발전하면 할수록 덩달아 일본으로부터의 수입도 늘어나 한국의 대일 무역 적자가 커질 수밖에 없었다. 한국에서는 이 문제가 한국 경제의 대일 의존, 때로는 대일 종속의 상징으로 제기되었다.[23]

그러나 1990년대에 들어 이러한 수직적 분업 관계는 줄어들었고, 한일 간의 공급망은 중국을 끼고 서로 부품이나 원자재를 공급하는 상호 의존적 관계로 변모해간다. 한편에서는 한국 경제가 일본에 의존하는 측면이 여전히 존재했으나, 다른 한편에서는 일본 경제도 상당 부분 한국에 의존하고 있어 적어도 한국 경제가 일본 경제에 종속되어 있다는 식의 표현은 더 이상 통용되지 않는다.[24]

그리고 이러한 경제력의 대등화, 수평화는 대외적 발언력의 격차 축소, 때로는 역전이라는 현상으로도 이어진다. 1980년대까지 한일 간의 쟁점은 한국이 아무리 주장한들 그것을 상대하는 것은 오로지 일본뿐이었다. 따라서 일본의 반응만이 중요했다. 즉 한국의 주장을 일본이 일정 정도 관대하게 수용할지 아니면 무시할지는 일본의 선택에 달려 있었다고 말할 수 있다. 하지만 한국은 경제력만 키운 게 아니었다. 그러한 경제력을 배경으로 정치력, 외교력까지 키웠다. 특히 그 전까지 일본에서 부품이나 원자재를 수입한 뒤 그것을 가공해 완성품을 만들어 미국에 수출하고 있던 점에서 미일과의 경제 관계에 절대적으로 의존하고 있던 한국 경제가 그 밖의 나라들 특히 중국을 필두로 한 구 사회주의권 등과의 경제 관계를 확대함으로써 경제력을 기반으로 정치외교 분야에까지 영향력을 키웠던 것이다.

---

23 松本厚治 編, 1986, 『日韓貿易摩擦: 韓國エコノミストとの論争』, 東洋経済新報社.

24 1970년대의 한일 경제 관계를 종속이론의 틀로 분석한 대표적인 글로는 이하의 것을 참조. 隅谷三喜男, 1976, 『韓國の経済』, 岩波書店.

따라서 한일 간 현안이던 일본군'위안부' 문제 등의 역사 문제에 관해서도 한국 정부는 일본 정부에 더해 널리 국제사회를 향해 한국의 입장을 호소하고 국제 여론을 동원함으로써 일본에 대한 압력을 강화하는 전략을 채용하기 시작한다. 그리고 국제관계에서 인권을 더한층 중시하는 국제 인권 규범의 변화를 배경으로 한국 정부와 한국 사회는 과거 일본의 지배로 인해 한국 국민의 인권이 유린당했고 더 나아가 유린당한 인권이 충분히 회복되지도 않았고 그 유린에 대한 보상도 받지 못했다고 국제사회에 주장함으로써 자국의 입장을 이전보다 유리한 고지에 올려놓았다.

바꾸어 말하면 한일관계는 양적인 측면에서 대칭적 관계로 변화함으로써 서로 공통이익이라는 절대적 이득보다 상대방과의 격차라는 상대적 이득에 주목하게 되었고, 보완관계보다 경쟁관계를 보다 강하게 의식하게 되었다. 경쟁할 경우에는 상대방보다 우위에 서는 것에 관심을 돌리게 되었고, 더러는 상대방을 끌어내리기 위해 상대방의 약점을 파고드는 선택을 해도 하등 이상할 것이 없었다.

3) 질적 대칭성

그렇다면 질적 대칭 관계로의 변용은 무엇을 가리킬까. 첫째, 한국의 민주화로 한일이 함께 민주주의체제를 공유하게 되었다는 것이다. 따라서 지금까지 정치적으로 봉인되어온 사회적 요구가 분출된다. 그중 하나가 일본과의 관계에서 '역사보다 경제나 안보 쪽이 중요하다'는 '합의' 아래 억눌려 있던 '역사'를 보다 중시해야 한다는 생각이었다. 아니 그보다는 경제도 안보도 어느 정도 목표를 달성했으니 지금까지 봉인되어 뒷전으로 밀려 있던 '역사'라는 과제를 지금이야말로 진지하게 제기해야 한다는 발상이었다.[25] 특히 '역사' 문제는 과거 일본의 식민지 지배하에서 유린된 인권의 회복, 보상과도 관련된 인권 문제라는 측면이 강했기에 민주화에 따라 이러한 인권과 관련된 요구가 분출되었다. 그리고 과거 한일 정부 간에 '역사보다 경제나 안보를 우선한다'는 암묵적 합의에 기초한 '약정', '약속' 자체에 '이의를 제기'하기 쉬워졌다. 이러한 상황에서 한국 정부가 확실히 외교상의 '약정'을 우선하여 국내의 제반 요구를 어찌 되었든 간에 내부적으로 처리할지, 아니면 일본 정부와의 교섭을 통해 '약정'의 내용 자체를 기존과는 다르게 해석하려고 할지는 한국 정부의 선택에 달려 있다.

둘째, 한일관계에 대한 한일 쌍방의 관심이라는 측면에서 대칭성이 증대했다는 점을 들 수 있다. 1980년대까지 한일관계에서는 한국의 일본에 대한 관심이 일본의 한국에 대한 관심을 압도하고 있었다. 한국에서 볼 때, 설사 호감을 느끼지 않더라도 일본은 동맹국 미국에 이어 두 번째로 관심이 가는 나라였다. 교역량도 두 번째였고, 필수 외국어, 유학지 등도 그 관심을 보여주고 있었다. 그에 반해 일본에도 한일관계는 나름 중요했지만, 미일관계, 중일관계, 일-유럽관계 등 기타 관계와 비교할 때 우선순위는 별로 높지 않았다. 적어도 미일관계 다음에 오는 두 번째가 아니었던 것만은 확실하다. 따라서 한국 사회는 일본에서 일어나고 있는 사건에 민감하게 반응했고, 반대로 일본 사회는 한국 사회에서 벌어지고 있는 사건에 상대적으로 둔감했다. 그래서 일본 정부는 한일관계

25 한국의 권위주의체제를 떠받쳐온 논리가 '냉전체제하 민주주의보다 국가 안보 쪽이 중요', '민주주의보다 경제 발전 쪽이 중요'하다는 논리였다. 이 점에 관해서는 이하의 문헌을 참조. 木宮正史, 1995, 「韓國の民主化運動-民主化への移行過程との関連を中心にして-」, 坂本義和 編, 『世界政治の構造変動 第4巻 市民運動』, 岩波書店, 181~223쪽.

에 관해 일본의 국내 여론을 신경 쓰지 않고 대응할 수 있었다. 관심이 그리 높지 않았기에 관대하게 대응할 수 있었다고 볼 수 있다. 한국에서는 역사 문제가 늘 존재했을지도 모르나, 일본에서는 크게 자각되지 않았던 것이다.

그러나 그러한 비대칭성은 1990년대 이후 큰 변화를 겪는다. 한국에서 차지하는 일본의 비중이 상대적으로 낮아진 것은 분명하다. 1992년의 한중국교정상화 이후, 한중 관계는 상이한 정치체제에도 불구하고 교역량, 해외 투자, 인적 이동 등, 특히 경제 분야에서 관계를 강화함으로써 한국에게 중국은 미국에 이어 두 번째로 중요한 존재로, 때로는 미국과 동등한 존재로, 더러는 미국보다 중요한 나라로 부상하게 된다. 또 1991년에 한국이 유엔에 가입(북한도 함께 가입)하면서 한국은 경제의 세계화뿐만 아니라 사회의 세계화도 추진한다. 이로써 과거 어떤 의미에서 시종일관 미일과의 관계에 집중되어 있던 국제사회와의 관계가 다변화되고 일본에 대한 관심은 상대적으로 줄어든다. 그럼에도 역사 문제에 관해서는 일본과의 관계가 여전히 높은 비중을 차지하고 있었다.

그에 비해 극적인 변화를 보인 쪽은 일본으로, 일본에서는 한국에 대한 관심이 다양하면서도 급격히 커졌다. 1990년대 이후, 한국의 민주화, 선진국화에 수반해 그 전까지 아시아의 유일한 선진민주주의 국가였던 일본과 동일한 가치관을 공유하는 국가로 한국이 부상하게 되었다. 그리고 그 전까지 거의 관심이 없던 한국 문화가 일본에도 적극적으로 수용되고, 과거 정치경제에만 국한되어 있던 한국에 대한 관심이 사회, 문화를 포함한 다양한 분야로 확대되었다. 이렇듯 고조된 관심은 한편으로는 공감의 증대 가능성을 시사하는 것이었다. 또 다른 한편, 고조된 관심은 그 전까지 둔감했던 만큼 어떤 의미에서는 관대했던 대응을 저해하기도 했다. 한국에 관심을 가지자마자 그 전까지 둔감했던 한국의 강경한 대일 자세에 '경악', 반발이 커졌고, 일본도 한국에 대해 지금까지와 같은 낮은 관심에 기반한 관대한 대응이 아닌, 상호주의적으로 더욱 강경하게 대응해야 한다는 국내 여론이 강해진다. 그 결과, 일본 정부도 그에 부응한 태도를 보이지 않을 수 없게 되었다.

이상과 같이, 공통의 목표를 위해 비대칭적 관계에 근거해 보완적으로 협력해온 관계는 목표를 달성하자 공통의 목표를 상실하며, 대칭적 관계로의 변화에 따라 서로의 차이에 관심을 두게 되면서 경쟁관계를 의식하게 된다. 즉 비대칭적이며 상호보완적 관계였기에 역사보다 경제나 안보가 중요하다는 점에 합의를 형성하고 있던 상황이 일변해, 역사의 중요성이 커지면서 역사 문제를 둘러싼 대립, 경쟁을 억제하는 메커니즘이 기능하지 못하게 된다. 바꾸어 말하면 과거 한일관계가 구조적으로 가지고 있던 속성에 기인하는 억제 메커니즘, 내재적 메커니즘이 기능하기 어려워진 것이다.[26]

26 이러한 한일관계의 구조 변용에 관해서는 이하의 논문을 참조. 木宮正史, 2015,「序論 構造変容し漂流する日韓関係」, 木宮正史·李元德 編著,『日韓関係史 1965-2015 Ⅰ 政治』, 東京大學出版会, 1~11쪽.

VIII. 대칭관계하에서의 한일 협력의 가능성 : 한일파트너십선언

그렇다면 한일관계의 구조가 비대칭에서 대칭 관계로 변화한 이후 이전 기능하던 억제 메커니즘이 자동적·필연적으로 기능부전에 빠져 끊임없이 마찰이나 대립을 일으키고 있을까. 그렇지 않다. 1990년대 이후의 한일관계를 개괄해보면, 한편으로는 이전 시기와 비교해 대립이 늘어난 것은 부정할 수 없으나, 다른 한편으로는 이전 시기에는 상상조차 할 수 없던 더한층 성숙한 한일관계가 열릴 가능성도 보여줬다. 그 차이는 무엇에 기인할까.

1990년대 이후, 한일관계의 가능성이 가장 크게 열린 때를 꼽으라면 이구동성으로 1998년, 김대중 대통령과 오부치 게이조(小渕恵三) 총리 간에 합의된 한일 파트너십 공동선언을 전후로 한 시기를 꼽을 것이다.[27] 이는 한일이 대칭적 관계로 변화했음을 서로 인정하고, 그에 걸맞은 경쟁적이고도 협력적 관계를 구축해가는 것이 목적이었다. 그리고 그러한 정신을 토대로 목표를 어떻게 구체화할지에 대한 행동 계획도 책정했다. 특히 김대중 대통령은 방일 당시에 가진 국회연설에서 전전 한국을 지배한 일본을 언급한 뒤, 그와 비교해 전후 일본이 평화헌법 아래 이룩한 민주주의체제에 의한 경제 발전을 높이 평가했다.[28] 이러한 전후 일본에 대

---

27 기미야 다다시, 2018, 「한일관계의 "잃어버린 19년"을 돌아보며: 한일파트너십 공동선언과 그 후」, 김대중-오부치 공동선언 기념행사위원회 편, 『김대중-오부치 게이조 공동선언 20주년과 동아시아 미래비전』, 트리펍, 118~128쪽.

28 "하지만 제2차 세계대전 후 일본은 달라졌습니다. 일본 국민은 땀과 눈물을 바쳐 의회 민주주의의 발전과 함께 세계가 놀랄 만한 경제성장을 이룩하였습니다. 그리고 마침내 세계 제2의 경제대국으로 발돋움한 일본은 아시아 각국의 국민들에게 무한

한 높은 평가는 이전 한국의 역대 대통령의 발언에서는 찾아볼 수 없는 것이었다. 민주화 이전의 전두환, 민주화 이후의 노태우, 김영삼 세 대통령은 방일 기회를 가졌으나, 당시 한국이 주목하고 일본과의 사전 교섭에서 중시한 것은 시종일관 일본의 과거 식민지 지배에 관해 일본의 정치 지도자, 더 나아가 천황이 반성이나 사죄의 뜻을 담은 발언을 할 것인가의 문제였다. 그와 비교해 김대중 대통령은 전후 일본과 전전 일본이 어떻게 다른지, 이를 위해 일본이 어떠한 노력을 했는지를 언급함으로써 미래지향적 한일관계를 진지하게 열려고 시도했다.

오부치 총리도 이전 일본의 역대 정부가 축적해온 '무라야마 담화', '고노 담화' 등과 같은 역사 인식에 대한 전향적인 대응을 언급한 뒤, 과거사에 대한 반성을 명확히 표명했다. 이 한일 파트너십 선언은 한일이 비대칭 관계에서 대칭 관계로 변화했으며, 비대칭 관계 속에서 상호보완적 협력이 나름의 효과를 올렸고 또 향후 대칭 관계라는 조건 아래 새로운 미래지향적 협력 관계를 구축해나갈 것을 대내외에 선언했다는 점에서 획기적인 문서였다고 말할 수 있다.

그렇다면 이를 실현한 것은 무엇일까. 첫째, 한일이 질적, 양적 모두 비대칭에서 대칭적 관계로 변화했다는 점에 대해서 상호 인식을 명확히 했다는 것이다. 일본에서 보자면, 오랜 세월 일본은 아시아의 유일한 선

한 가능성과 희망의 길을 보여주게 된 것입니다. 지금의 일본은 개발도상국에 대한 세계 최대의 경제 원조국으로서 자신의 경제력에 상응하는 국제적 역할을 충실히 이행하고 있습니다. 또한 인류 역사상 최초로 원폭의 피해를 체험한 일본 국민은 변함없이 평화헌법을 지켜왔고, 비핵 평화주의의 원칙을 고수해왔습니다. 이렇듯 전전(戰前)의 일본과 전후(戰後)의 일본은 참으로 극명한 대조를 이루고 있습니다. 나는 전후의 일본 국민과 지도자들이 쏟은 피땀어린 노력에 대해 깊은 경의를 표하는 바입니다." 『朝日新聞』, 1998. 10. 09.

진민주주의 국가였으나, 마침내 가치관을 공유하는 한국이 등장했으니 그러한 한국과 미래지향적 협력 관계를 구축한다면 외교정책의 선택지가 넓어질 것으로 기대하고 있었다. 한국도 그 전까지 국력 면에서 우위에 있던 일본과의 관계를 열세에서 탈피해 어떻게 구축할 것인가라는 '고민'을 안고 있었다. 그러나 서로 국력이 엇비슷하고 더욱이 시장경제와 민주주의라는 공통의 가치관을 공유하는 일본이라면 상호 협력이 수월할 것이고, 게다가 공통 과제를 갖고 있기에 협력 관계의 구축도 가능하다고 낙관적으로 보고 있었다.

때마침 이 시기는 북한이 미사일을 발사하고 핵 개발을 재차 천명하는 제2차 북한 핵위기가 발발하기 직전이었다. 따라서 김대중 정권이 추진하고자 했던 대북화해협력정책에, 북한에 대해 국교정상화를 포함한 관계 개선과 비핵화, 미사일 감축을 조합한 포괄적 교섭을 시도한 페리 프로세스를 추진한 미국의 클린턴 2기 행정부와, 북한의 대포동미사일이 일본 열도를 넘어 태평양 연안에 낙하한 군사적 위협에 직면해 있던 일본의 오부치 정권은 TCOG(Trilateral Coordination Oversight Group, 대북정책조정감독그룹)라는 협의체를 설치함으로써 김대중 정권이 추진하는 화해협력정책을 적극적으로 지지했다. 즉 일본도 대북 관여 정책을 통해 북한에 의한 군사적 위협의 해소를 시도했던 시기였다. 북한의 미사일 개발이라는 공통의 위협을 안고 북한의 핵 개발이 아직 표면화되지 않은 조건에서 대북화해협력정책이라는 적극적 관여 정책의 필요성과 유효성을 한미일이 공유하고 있던 시기이기도 하다. 이렇게 공통 과제를 설정하고 그것을 위해 대칭적 협력을 기울여나아가겠다는 결의를 공유한 것이다.

둘째, 이러한 정치적 뜻을 가진 정치 지도자가 한일 양국에서 등장했다는 점이다. 김대중은 일본의 식민지 시절에 교육을 받은 세대로, 일본어를 구사할 줄 아는 최후의 한국 대통령이었다. 뿐만 아니라 1973년에 일본에서 발생한 납치사건과 전두환 정권에 의한 사형 판결 후의 실질적인 망명 생활 과정을 거치면서, 일본의 정치인이나 지원 세력과도 인연을 맺게 되었고, 그 결과 한국의 정치인 중에서도 유수의 지일파로 일컬어졌다. 그렇기에 이전 정권에서는 상상할 수조차 없던 일본 대중문화의 개방도 단행할 수 있었다. 일본이 가진 매력이나 장점을 이해함으로써 그 전까지 경계 우선이던 대일 정책을 대등한 입장의 경쟁적 협력관계로 격상하고자 했던 것이다.[29]

다른 한편, 일본의 오부치 게이조 총리 또한 역사 인식에 관해서는 자민당 내에서는 비교적 리버럴한 다나카파(田中派), 다케시타파(竹下派)의 계보를 계승하고 있었고, 식민지 지배에 대한 반성 등의 역사 인식에서도 비교적 한국과의 친화도가 높았다. 특히 그 후의 역대 총리들이 역사 인식에서 상대적으로 매파적 색채가 짙은 기시파(岸派) · 세이와카이(清和會)의 계보를 잇는 정치 지도자들이 많았던 것과 비교해, 오부치 총리는 그 후의 총리와는 달랐다고 말할 수 있다.

따라서 대칭 관계로 변모한 한일관계에서 역사 문제 등에 기인하는 마찰, 대립이 억제된 것은 정치 지도자의 개성이라는 대단히 불확실한 조건에 의존했던 바가 컸다. 정치 지도자가 교체되어 한일관계의 대칭성에 적절히 대응하지 못할 경우, 한일관계는 갑자기 긴박하게 돌아가게 된다.

냉전기, 비대칭적 한일관계를 전제로 한 마찰의 억제 메커니즘은 굳이 말하면 관계 자체에 내재화되어 있었다. 바꾸어 말하면 누가 정치 지도

29 김대중과 일본의 관계에 대해서는 김대중, 2010, 『김대중 자서전 1, 2』, 삼인 참조.

자가 되더라도 상호보완적 협력이라는 선택지는 서로에게 최선 혹은 적어도 차선이었다. 그러나 탈냉전기, 대칭적 한일관계를 전제로 한 마찰의 억제 메커니즘은 그와 달리 관계에 내재화되어 있지 않았고, 관계를 상대화, 의식화하지 않는 한 기능하기 힘들었다. 관계를 상대화, 의식화해 상호보완적 협력을 선택하는 편이 서로에게 유리하다고 판단하는 경우에 한해 기능하는 것이다. 바꾸어 말하면 입을 다물고 있어도 저절로 협력할 수 있는 것이 아니라, 협력 여부에 따라 얻을 수 있는 이해득실을 따져 의식적으로 선택해야 하는 것이다.

IX. 한일 경쟁으로서의 역사 인식 문제의 부상

1990년대 이후, 한일관계의 대칭성에 수반해 지금까지 봉인되었던 경쟁 의식이 표면화된다. 특히 일본에 지배당한 역사를 가진 한국의 입장에서 비대칭적 관계가 대칭화해 경쟁 관계로 돌입하는 것은 설사 일본이 해결되었다고 간주해도 한국에서 보자면 해결되지 않고 남아 있는 역사 문제를 다시금 일본에 제기해 일본에 우위를 점하는 것을 현실적 과제로 생각하게 된다. 더욱이 한국의 입장에서는 역사적으로 일본은 '가해자', 한국은 '피해자'이니 그것이 '불법 행위'라면 적어도 도의적으로는 자국 쪽이 우위에 서게 된다. 그러한 점에서 역사 문제를 둘러싼 경쟁은 일본과의 경쟁에서 한국이 언제나 우위에 설 수 있는 요소였다.

일본군'위안부' 문제는 왜 1990년대에 들어서야 본격적으로 제기되었을까. 물론 그 전까지 침묵했던 당사자들이 커밍아웃하기 시작했고, 그와 관련한 사료 등도 발견된 것이 가장 직접적인 이유일 것이다. 하지만 문제 자체는 꾸준히 잠재적으로 존재하고 있었음에도 거의 표면화된 적이 없었다. 그럼 무엇이 표면화의 계기가 된 것일까. 첫째, 한국의 민주화에 수반해 인권 규범의 중요성이 높아졌고, 특히 여성 인권에 관한 국제 인권 규범이 변화했다는 점을 지적할 수 있다. 둘째, 한일관계의 변화를 역시 지적하지 않을 수 없다. 과거에는 경제나 안보를 둘러싼 목표의 공유와 그에 수반한 비대칭적이면서 상호보완적 협력 관계에 내재되어 있던 억제 메커니즘이 기능하고 있었으나, 조건이 변화하면서 억제 메커니즘은 자동으로 기능을 상실하고 만다. 한국에서 보자면, 해결되지 않은 채로 남아 있는 문제를 일본에 제기하고, 일본을 도의적으로 비난하더라도 그것이 한국에 어떠한 불리한 결과를 가져오지도 않고 도리어 일본에 우위를 점하게 된다. 그 결과, 한국 쪽에서 억제 메커니즘은 기능하기 힘들어진다.

그렇다면 일본도 그러한 현실을 수용하고 대응하면 되지 않느냐고 할지도 모르겠다. 그러나 문제는 그리 단순하지 않다. 일본에게 한일관계의 대칭성은 한국과는 정반대의 역학을 작동시키기 때문이다. 일본에서 보자면, 지배 내용에 관한 평가의 차이는 있을지언정, 조선 민족의 의사에 반해 한반도를 지배한 것은 사실이며, 그에 대한 '속죄' 의식이 적잖게 존재하고 있었다. 또한 애당초 한국 자체에 관심이 없기도 한 탓에 역사, 경제, 안보 등의 각종 분야에 걸친 한국의 요구에 적어도 주관적으로는 '관대'하게 대응해왔다는 자의식이 있었다.

그러나 일본 내부에서는 그럼에도 불구하고 한국은 그 점을 전적으로 이해하지 못하고 있으며, 결국 한국은 원래가 '반일 국가'로 일본이 아무리 애써도 그를 받아들일 도량 따위 없으니 어떤 노력을 기울인들 헛수고이기에 배려할 필요조차 없다는 목소리가 커지고 있는 것이 현실이다.[30] 그 배경에는 한일관계의 대칭성이 존재한다. 즉 일본에서는 한국이 커진 발언력을 배경으로 일본에 대한 요구의 강도를 더한층 올리고 있다고 받아들이고 있다. 따라서 일본 정부와 일본 사회의 상당 부분이 더 이상 한국의 요구에 '관대'하게 대응할 수 없다고 인식하게 된다.[31]

이렇듯 한일이 비대칭적 관계이던 시기에 기능하고 있던 억제 메커니즘이 기능부전에 빠졌을 뿐만 아니라, 관계의 대칭화는 상호 가치관을 공유해 이해를 확대하기보다, 도리어 상대방보다 우위에 서겠다는 경쟁의식의 첨예화를 초래했다. 그 결과 대립은 더한층 격화된다.

더욱이 더 골치 아픈 것은 그러한 대칭 관계가 단단히 뿌리를 내리고 있다는 사실에 더해 비대칭에서 대칭으로 이행하는 과도기에 있다는 점이다. 바꾸어 말하면 일본의 입장에서 보자면, 이전의 압도적 우위에 있던 관계를 경험한 세대가 상당수 존재하는 가운데 현재의 대칭적 관계에 직면하게 되며, 한국에서 보자면 이전의 열세였던 관계를 경험한 세대가 상당수 존재하는 가운데 현재의 대칭적 관계에 직면하게 되는 셈이다. 그 결과, 일부 한국 사회에서는 이전의 열세였던 상황에서 일본에 관철할 수 없던 요구를 지금이야말로 관철할 수 있게 되었으니 지금 관철해야 한다는 주장이 힘을 얻게 된다. 그리고 한국에서는 일본의 조력이 필수불가결하던 상황에서 그렇지 않은 상황으로 변화하는 가운데 그러한 주장은 더한층 설득력을 얻는다. 일본 사회에서는 특히 고령층

---

30 이영훈, 2019, 『반일 종족주의: 대한민국 위기의 근원』, 미래사가 일본에서도 번역되어 『反日種族主義：大韓民國危機の根源』(文藝春秋社, 2020)으로 출판되었다. 한국과 달리 일본에서는 비교적 높은 평가를 받은 것에는 이러한 배경이 있다.

31 그 대표적인 것으로는 이하의 문헌을 참조. 松本厚治, 2019, 『韓國「反日主義」の起源』, 草思社.

을 비롯한 이전의 우위였던 상황을 잘 알고 있는 사람들은 한국이 여러 지원을 받았음에도 '배은망덕'하게도 그를 망각하고 있으며, 더욱이 "정권 교체 등 한국 국내 사정이 바뀌었다는 이유만으로 이전의 약속을 손바닥 뒤집듯 어기고 있으니 더 이상은 양보할 수 없다"라며 강하게 비판한다.

한국은 정의를 독점하고 있거나 혹은 우위를 점하고 있다는 인식을 가지고 있다. 더욱이 한국 사회에서는 '정의', '옳음'이라는 가치의 우선도가 높다. 역사적으로 볼 때 '부정한 일본'의 침략을 받아 지배당했다는 인식을 가지고 있는 만큼 더한층 높을 수밖에 없다. 그러나 일본의 입장에서는 애당초 '정의', '옳음' 등의 가치는 상대적인 것에 지나지 않는다. 한국은 '정의'를 내세울지도 모르나, "약속을 깨놓고는 무슨 정의를 따지냐"는 비판이 힘을 얻고 있다.

이렇듯, 그야말로 한일관계가 비대칭적 상호보완 관계에서 대칭적 상호경쟁 관계로 크게 변화하는 가운데, 그에 상응하는 공통의 규칙이 확립되지 않은 상황에서 양국은 자신의 정의를 상대에게 강요하고 있다. 바꾸어 말하면 한일 양국 사회 모두 그에 대응한 상호 인식을 따라잡지 못하고 있는 상황이며, 더욱이 양국 정부도 그러한 국내 요구를 우선하고 있어 과거 역사 마찰을 억제하던 메커니즘이 기능하지 못하고 있다. 더더구나 새로운 억제 메커니즘도 정비되지 않은 상황이다.

그러한 상황에서 한일 간에 등장한 것이 한국에서 말하는 '강제징용' 노동자, 일본에서 말하는 '구 한반도 출신 노동자'의 손해배상위자료청구 소송에 대한 한국 대법원의 판결이었다. 이는 징용으로 일본으로 끌려온 한국인 노동자가 열악한 환경에서 강제노역에 시달렸음에도 불구하고, 그에 대한 정당한 임금을 받지 못했을뿐더러 인권을 침해당했다며 위자료 등을 포함한 손해 배상을 해당 일본 기업을 상대로 청구한 사안이었다. 과거에도 이러한 재판은 일본 및 한국에서 제기된 적이 있으나, 모두 1965년의 한일청구권협정에 따라 "완전히 그리고 최종적으로 해결"되었다는 이유로 기각되었다. 그러나 2012년 5월, 한국의 대법원은 소법정판결에서 손해배상청구를 인정하지 않은 하급심 판결을 파기 환송하는 판결을 내렸다. 그리고 2018년 10월, 마침내 한국의 대법원은 전원합의체 판결로서 해당 일본 기업에 대해 피해자에 대한 손해배상을 명령하는 판결을 확정했다.[32]

이 판결은 엄밀히 말해 한일청구권협정에 위배될지도 모른다. 왜냐하면 한일청구권협정의 범위를 매우 좁게 해석한 뒤에 그 밖에 있는 문제로서 손해배상청구를 인정하고 있기 때문이다. 한일청구권협정으로 해결된 것을 미지급 임금 등의 채권채무 관계에 한정하고 있으며, 비인도적 행위로 인해 침해당한 인권 침해에 대한 위자료 등은 포함하고 있지 않다. 따라서 이에 관해서는 해결되지 않았기에 해당 일본 기업에 손해배상을 명령하는 것은 한일청구권협정을 위반하지 않는다는 논리를 제시하고 있다.

이에 대해 일본 정부는 식민지 지배로 말미암은 한일 간의 모든 채권채무 관계는 "완전히 그리고 최종적으로 해결"된다고 약속한 한일청구권협정에 위배되는 판결 즉 '국제법 위반'이라며 맹렬히 비판했다. 그에 대해 한국 정부는 사법 판단에는 개입할 수 없다는 입장에 서서 적어도

32 대법원 2018. 10. 30. 선고 2013다61381 전원합의체 판결 ★ [손해배상(기)]〈일제강제동원 피해자의 일본기업을 상대로 한 손해배상청구 사건〉 [공2018하, 2317] 대한민국 법원 종합법령정보(https://glaw.scourt.go.kr/wsjo/intesrch/sjo022.do#//) 최종 열람일 2020년 4월 10일.

1년 정도는 사태의 추이를 지켜보겠다는 자세를 시종일관 고수했다. 그 사이 일본 정부는 2019년 7월, 비록 판결과 판결에 대한 유효한 대책을 내놓지 않는 한국 정부에 대한 대항 조치라고는 명언하지 않았으나, "중요한 전략물자에 관한 한국의 수출 관리는 허술해 신뢰할 수 없다"는 이유를 들어 한국에 대한 수출규제를 더한층 강화하는 조치를 일방적으로 발표했다. 그에 대한 대항조치로 한국 정부는 일본에 대한 수출 관리를 강화하는 동시에, 8월에는 "일본이 안보에서 한국을 신뢰할 수 없다면, 한국도 마찬가지로 신뢰할 수 없다"는 논리로 한일 간에 비밀 군사정보의 공유를 실현해온 한일GSOMIA(군사정보보호협정)의 파기를 통보했다. 그 후 마음을 돌리라는 미국의 설득도 효과를 발휘해 11월에 일단 유보가 결정되어 현재에 이르고 있다. 일본 정부는 한국 정부에 대법원 판결에 기인하는 '국제법 위반' 상태를 조속히 시정하라고 요구하고 있고, 한국 정부는 일본 정부에 대한수출관리조치를 철회하라고 요구하고 있다.

이 문제에 대한 한일 양국 사회의 인식의 괴리는 매우 결정적이다. 일본 정부는 "한국의 대법원 판결은 1965년에 체결한 한일청구권협정의 '완전히 그리고 최종적으로 해결'되었다는 약속에 반하는 국제법 위반"이라고 주장하고 있는데 이는 일본 사회에서도 상당 부분 공유되면서 "한국이라는 나라는 반일이며, 따라서 약속 위반도 마다하지 않는다"는 이미지가 형성되고 말았다. 이에 반해 한국 사회에서는 "가해자 일본은 역사를 진지하게 반성하는 독일 등과 달리 역사를 결코 반성하지 않는 국가다"라는 이미지가 형성되고 말았다.

본래라면 한일 양국 정부 더 나아가 사회가 판결과 협정을 양립시키고 쌍방의 체면을 세울 수 있는 해결책을 모색하고, 그를 위해 긴밀하게 대화해야 하나, 현실에서는 "나에게는 잘못이 하나도 없고 모조리 상대방 탓이니 상대방이 먼저 양보하지 않는 한 혹은 잘못을 인정하고 양보하지 않는 한 이쪽에서 먼저 결코 타협해서는 안 된다"는 인식을 토대로 더욱이 경쟁의 승패, 정의와 부정이라는 도식 속에 문제를 설정하고 있는 듯 보인다. 이러한 상태로는 대립이 더한층 격화되는 것은 불 보듯 뻔하다. 억제 메커니즘이 기능하기 힘든 것은 어쩌면 당연하다.

X. 역사 문제의 상대화
: 역사 문제의 절대화를 어떻게 자제할 것인가

하지만 1998년의 한일 파트너십 공동선언 때와 같이, 대칭적 관계에서도 협력 관계는 구축되기도 한다. 물론 그것은 구조 속에 내재화된 것이 아니라, 정치 지도자 개개인의 개성에 의존하는 바가 크다. 그럼 적어도 정치 지도자는 한일관계를 어떻게 인식할 필요가 있을까.

무엇보다 한일은 역사 문제가 어떠한 경우에도 여타 다른 문제보다 우선되어야 할 문제라는 태도를 바로잡아야 할 것이다. 한일의 역사를 생각할 때, 상호 역사 인식을 완전히 일치시키기란 대단히 어렵다. 어쩌면 불가능할 수도 있다. 한국의 주장을 듣고 있노라면 메이지 이후의 근대 일본을 깡그리 부정하지 않는 한, 한국은 납득하지 못할 듯하다. 반대로 한국의 시각에서 보면 일본은 늘 한국의 요구를 진지하게 받아들이지 않으면서 한국을 무시하는 태도로 역사를 인식하고 있다고 생각할 수 있다. 이러한 괴리된 인식을 적어도 양국의 다수파가 접근해 공유하는 것은 극히 어려울지도 모르겠다.

그러나 한일관계에서 역사가 전부가 아님은 이 또한 당연한 사실이다. 냉전기에는 역사보다 안보나 경제를 우선했다고 말할 수 있을지도 모르나, 이도 시점을 달리하면 역사를 절대화하지 않고 안보나 경제 관계로 상대화했다고 바꿔 말할 수 있다.

한일은 대칭적이고 더욱이 지리적으로 가깝기 때문에 양자 간 관계는 경쟁 관계가 되기 쉽다. 그러나 일단 서로가 직면한 공통 문제에 눈을 돌리면, 그러한 경쟁일변도 관계와는 다른 광경이 눈앞에 펼쳐질 것이다.

XI. 한일을 둘러싼 국제관계와 한일의 경쟁 및 협력

1) 한일은 대미관계를 어떻게 관리하고 있는가

먼저 미국과의 관계로 눈을 돌려보자. 미국은 동맹관계를 공유하는 한일의 안보 협력이 중요하다고 보고 있다. 그래서 이를 방해하는 역사 마찰의 관리에서는 한일 양국 간의 중개자 역할을 담당해왔다. 바꾸어 말하면 그러한 미국의 중개 노력이 한일의 대립을 억제하는 메커니즘을 구축한 셈이다. 그리고 한일도 대미동맹관계를 관리하기 위해 그러한 미국의 명시적인 영향력의 행사가 없어도 묵시적 영향력을 헤아리면서까지 따르고 있었다. 이처럼 냉전기에는 안보의 근간이라고도 할 수 있는 대미동맹에 대한 부정적 영향을 한일 모두 고려했기에 한일 협력 관계가 성립했다.

그러나 냉전 종식과 함께 "한일은 미국과의 동맹관계를 공유하고 있으니 자동적으로 안보 면에서 협력해야 한다"는 논리는 힘을 잃었다. 한일 자체는 동맹관계가 아니었다. 그것은 대미동맹에 어떠한 영향을 미쳤을까. 어떤 점에서는 동맹의 이완이라고도 표현할 수 있고, 혹은 동맹의 자각화(이득 계산)라고도 말할 수 있다. 한일이 안보 협력을 할 때 각자에게 어떠한 이익이 있는지를 한일 모두 의식화, 상대화해 이해손실을 따진 뒤 판단하게 되었다.

미국의 정책 자체도 한일 협력만이 아닌, 한일 경쟁도 요구하게 된다. 미국 단독의 이익을 다소 양보하더라도 한일 협력을 지원하겠다는 선택은 하지 않는다. 도리어 미국에 대한 한일의 '충성'을 경쟁시킴으로써 미국의 이익을 증대시킨다는 선택지를 우선한다. 그리고 한일 각각이 대립하는 쟁점과 관련해 미국의 상대적 지지를 둘러싸고 경쟁할 가능성도 생긴다. 이렇듯 대미동맹의 공유가 미국을 둘러싼 한일 간의 경쟁을 자극하면서 협력만을 보장하지 않게 되었다.

이는 한일이 대칭적 관계로 변화하면서 비로소 본격적으로 노출된 문제이다. 비대칭적 관계에서도 이러한 한일 간의 경쟁관계가 없던 것은 아니었다. 가령 1950년대부터 1960년대 중엽에 걸친 한일국교정상화교섭 당시, 미국이 자국에 보다 유리하게 영향력을 행사해주기를 한일 모두 기대했었다. 또 1980년대 초반의 한일안보경협 때도 미국의 개입에 대한 한일 양국의 태도는 같았다. 언제나 일본이 먼저고 한국이 뒤로 밀린 것은 아니었으나, 미국에는 미-일-한이라는 일종의 서열이 존재했고, 그에 따라 한일의 이익 배분을 조정하는 형태로 미국이 개입함으로써 한일 양국에 두드러진 불만이 남지 않도록 주의했다. 미국은 어쨌든 동맹국인 한일에 미국의 개입으로 말미암아 '반미' 분위기가 고조되지 않

는 것을 중시하는 경향이 있었다.[33]

그러나 현재 미국에게 한일은 동일선상에서 비교해 어느 쪽을 중시할 것인가라는 우열의 문제로 논할 수 없는 존재가 되고 있다. 한일 각자가 미국은 '내 편'이라는 인식을 가지고 있으며, 미국도 외교적으로는 그렇게 보이는 편이 좋다고 생각하고 있다. 때로는 한일 중 어느 쪽의 대미동맹이 보다 우선되어야 하는가의 경쟁 관계로 드러나기도 한다. 미국도 이는 확실하게 답할 수 있는 문제가 아니며, 명확한 개입을 가급적 피하고 있다.

역사 마찰과 관련해 미국을 사이에 두고 펼쳐지는 한일의 경쟁에 대해서는 이러한 한미일의 국가 간 이해 관계에 더해 또 다른 측면을 고려할 필요가 있다. 바로 미국 내부에 존재하는 재미교포사회이다. 한국은 수적으로 우위에 있으며, 더더구나 미국 사회에서도 점차 영향력을 키우고 있는 재미교포사회 등을 통해 전미 각 주나 그 아래에 있는 지자체 등에도 영향력을 행사함으로써, 민간 차원에서 역사 문제에 관한 한국의 입장에 대한 공감을 미국 사회나 정부에 요구하고 있다. 한국 정부가 그 활동에 관여하고 있는지 여부는 확실하게 알 수 없으나, 어쨌든 한국의 시민운동이 관여하고 있는 것은 분명하다. 미국의 지역사회에 꾸준히 건립되고 있는 '위안부' 관련 '소녀상'은 이러한 활동의 성과이다.

그에 반해 일본이 그러한 민간 차원의 활동을 전혀 전개하지 않는 것은 아니나, 굳이 말하면 정부 루트를 통한 톱다운 방식에 의해 미국 정부, 의회 등에 역사 문제에서 '일본의 명예를 더럽히는' 움직임에 제동을

33 기미야 다다시, 2008, 『박정희정부의 선택: 1960년대 수출지향형 공업화와 냉전체제』, 후마니타스, 270~294쪽.

걸도록 요청하고 있다. 미국도 그러한 동맹을 공유하는 한일에, 더욱이 대칭적 관계가 된 한일에 대해 어느 한쪽 편만 들어줄 수는 없다. 그러다 보니 신중하게 대응할 수밖에 없었는데, 그 결과 미국의 중개 역할도 한계에 직면하고 있다.

위와 같이 한편으로는 여전히 대미동맹관계의 공유는 한일 안보 협력의 필요성을 자각시켜 한일의 역사 마찰을 억제하는 메커니즘으로 작동하고 있으나, 그 한계도 한일의 대칭성과 함께 더한층 뚜렷해지고 있다. 다만, 그 전까지 미국에 상당 부분 의존하고 있던 한일의 안보정책에 관해 한일이 서로 득실을 합리적으로 따짐으로써 한일 협력의 가능성을 찾아내고 그를 위해 역사 문제를 관리하는 노력이 필요하다는 인식이 한일 양국 정부, 사회에서 확산되고 있다.

2) 한일은 대중관계를 어떻게 평가하고 있는가[34]

냉전 시기, 한국에 있어 중국은 오로지 적일 뿐이었다. 한국전쟁에서 실제로 한국군은 북한군(조선인민군)뿐만 아니라 중국인민지원군과도 총부리를 겨누었다. 그리고 북중이 1961년에 조중 우호협력 및 상호원조조약을 체결하고 공식적인 동맹관계를 맺었듯이, 분단체제하에서 대치하고 있는 북한의 배후에는 늘 중국의 그림자가 어른거리고 있었다. 그래서 공산주의 중국의 존재는 냉전기 한일의 안보 협력을 촉진했으며, 역사 마찰을 억제하는 메커니즘으로 기능했다. 반면 일본에 있어 중국은 처음부터 적인 동시에 기회이기도 했다. 1950년대 이후, 일본은 미국

---

34 대중정책에 관한 한일 비교에 대해서는 이하의 논문 참조. 기미야 다다시, 2018, 「중국을 둘러싼 한일관계: 한국, 한반도에서 본 일본의 대중 인식, 정책」, 『일본연구논총』 제47호, 141~169쪽,

의 대중 적대시 정책에 저촉되지 않은 선에서 정경분리 원칙에 따라 특히 경제 분야에서 중일 관계를 유지, 진전시켜왔다. 그리고 1972년에는 미중 화해의 기회를 활용하여 중일국교정상화를 실현하고 엔 차관을 통해 경제 협력을 강화한다.

한국, 북한, 중국은 전전 일본의 군사적 침략과 지배의 피해자라는 역사의식을 공유하고 있다. 따라서 역사 문제로 한중, 남북한의 연대 가능성이 존재했음에도 표면화된 적은 거의 없다. 냉전 시기, 한국과 북중의 연대 가능성은 닫혀 있었기 때문이다. 다만, 중국은 일본의 '교전국'으로서 일본과 싸운 '전승국'이라는 역사 의식을 가지고 있다. 하지만 중국(중화인민공화국)과 타이완(중화민국)으로 분열되면서 양쪽은 모두 전승국 자격으로 샌프란시스코강화회의에 참석할 수 없었다. 어쨌든 일본과 총부리를 겨누지 않은 한국이나 북한과는 다르다.[35]

그러나 냉전 종식을 전후하여 중국의 개혁개방과 함께 중국은 일본뿐만 아니라 한국에도 중요한 경제적 기회로 떠올랐다. 그 결과 한중 경제관계는 급속도록 확대된다. 그리고 1992년의 한중국교정상화 체결 이후 한중의 무역관계, 투자관계, 더 나아가 인적교류는 비약적으로 발전하며, 오늘날 중국은 한국에게 대체 불가한 최대 무역상대국이 되었다. 1990년대 이후, 한국 경제가 지속적인 발전을 이룩할 수 있었던 중요한 요인 중 하나가 중국과의 확대된 경제관계였음은 아무리 강조해도 모

35 다만, 한국은 1919년에 상하이에 설립한 망명정부인 대한민국임시정부가 일본에 '선전포고'를 했다고 주장하나, 전쟁에서 승리한 연합국은 이를 인정하지 않았다. 또 북한의 '공적 역사'는 1930년대부터 김일성 등의 만주파가 항일 유격전을 펼쳐 비록 소련의 힘을 빌렸다고 하나 독립을 쟁취해 조국을 해방했다는 역사 의식을 세우고 있다.

자라지 않는다.

그리고 중국의 대국화는 2010년 GDP에서 중일 역전으로 귀결되었고, 현재 중국의 GDP는 일본의 근 3배에 달한다. 한국은 당초 2000년대까지 '중일 관계 속의 한국' 즉 경쟁 관계인 중일 속에서 한국이 어떻게 대응할 것인가라는 문제 의식을 품고 있었으나, 중국이 일본을 눈 깜짝할 새에 추월하면서 중일을 대등한 경쟁 상대로 보는 시선은 이미 과거의 것이 되고 말았다. 분명 경제 면만 보면, 일본보다 중국 쪽이 기회임은 부정할 수 없는 현실이다. 더욱이 일본과의 역사 경험을 고려해도 한국은 중국과 공통분모가 많다. 일본 입장에서 보자면, 관계가 긴밀해진 한중이 이번에는 역사 문제에서 공동 전선을 펼쳐 일본에 맞서지 않을지 우려된다.

그리고 군사 대국 중국 자체가 직접적인 군사 위협으로 인식되고 있다. 특히 센카쿠열도를 둘러싼 영토문제를 안고 있는 만큼, 중국의 군사적 위협은 가시화된다. 한국의 처지도 마찬가지이나, 군사적으로 볼 때 중국과는 극단적으로 비대칭적 관계에 놓여 있는 탓에 중국의 군사적 위협이 그다지 피부로 느껴지지는 않는다. 또 북한이라는 군사적 '완충' 지대가 존재한다고도 말할 수 있다. 다른 한편, 수출시장이나 투자처로서 중국의 비중은 크고 경제적 의존도도 높다. 더욱이 북한에 대한 영향력이 가장 큰 나라는 중국이라는 인식 탓에 어쨌든 한중 관계를 양호하게 유지함으로써 중국을 매개로 대북 영향력을 행사하는 것이 중요하다고 생각하고 있다. 따라서 일본과 비교해 중국의 군사 위협을 간접적으로 받아들이기 쉽다.

이상과 같이, 중국을 직접적인 군사 위협으로 인식하고, 그러한 위협 인식의 공유를 토대로 안보 협력을 해야만 함에도, 한일 간의 이러한 대중 인식의 차로 말미암아 역사 문제를 둘러싼 대립을 억제하는 메커니즘은 기능하기 어려워진다.

중국도 기본적으로 한일 간의 안보 협력이 중국을 대상으로 한다고 인식하고 있다. 그래서 가급적 그러한 관계가 견고해지지 않도록 한일을 갈라놓으려 한다. 중국에서 볼 때, 한일은 여전히 비대칭적 존재로 일본과의 관계 쪽에 우선순위를 두고 있다. 그래서 가령 한국과만 관계를 강화하고 일본에 맞서는 듯한 한쪽에 치우친 선택지를 고르지 않는다. 역사 문제에서 한국과 손을 잡고 일본에 대항하는 선택지를 중국이 자발적으로 고르지 않는 것은 이 때문이다. 중국은 한국과 달리 국내의 요구를 여전히 상당 부분 통제할 수 있다. 중일의 입장에서는 설사 미중 대립이 격화해도, 아니 도리어 그런 상황이 전개될수록 중일 관계를 적절히 관리하는 것은 쌍방에게 이익이 된다. 미중 대립이 특히 경제 영역에서 중일에 치명적인 타격을 주지 않도록 중일 관계를 적당히 관리해야 한다는 발상이다. 그때 설사 한중이 역사 인식을 공유하고 있어도 역사 마찰에서는 한일과 다른 억제 메커니즘이 중일 관계에 작동하게 된다.

3) 미중관계에 대한 입장[36]

이처럼 미중관계에서 보이는 입장 차가 한일의 대립을 억제하는 메커니즘을 기능부전에 빠뜨려, 도리어 한일의 경쟁 메커니즘 쪽을 강하게 작동시키는 측면이 부상한다. 냉전기였다면 미중 대립이 격화한다면 그에 공동으로 대처하기 위해 한일이 협력하는 것은 거의 필연적이었다.

---

36 미중관계에 대한 한일 입장의 비교에 관해서는 이하의 논문 참조. 木宮正史, 2014, 「米中関係と朝鮮半島」, 『國際問題』 628號(日本國際問題研究所), 1 · 2月號, 15~23쪽.

탈냉전기 때도 한일 모두 대미동맹관계를 공유하고 있던 만큼, 미중 대립의 격화에 관해서는 대미동맹관계를 존중한다는 기본 입장에서 그리 큰 괴리를 보이지 않았다. 그럼에도 불구하고 미중 대립에 대한 대응을 둘러싸고 한일의 상호 인식에서 괴리가 있었음은 부정할 수 없는 사실이다.

일본은 미중관계에서 한국은 당연히 한미일 안보 협력을 강화해 중국의 군사적 위협에 대항하는 선택을 할 것이라고 생각했다. 하지만 한국은 어딘지 우유부단한 듯한 애매한 자세를 견지하려는 듯이 보인다. 그래서 한국은 한일 안보 협력에도 애매한 태도를 보이고 있으며, 그런 까닭에 긴요한 역사 마찰의 해소에도 그다지 전향적인 자세를 보이지 않는다고 본다.

그리고 한발 더 나아가 지정학적으로 볼 때 한국은 '대륙 세력'으로 중국 쪽에 경도될 수밖에 없다. 그 결과, 일본의 '방위선'을 38도선에서 쓰시마해협(한국에서는 대한해협)까지 남하시키는 것도 진지하게 고려해야 한다는 목소리가 일본의 안보 전문가들에서도 점차 커지고 있다. 한국이 일본과의 역사 마찰을 이전처럼 적절히 관리하지 않는 이유는 한국의 민주화에 수반해 역사 문제를 둘러싼 대일 강경 요구를 통제, 관리하기 어려워졌다는 국내 정세뿐만 아니라, 이러한 지정학에 근거한 안보상의 인식 전환이 있기 때문이라며, 한국에 대한 '의심', '체념'이 늘어나고 있다.

한국의 입장에서 보자면, 한미 동맹이 안보의 기축임은 흔들릴 수 없는 사실이나, 북한의 군사 도발을 억제하고, 한국 주도로 한반도의 평화공존을 실현해 다가올 통일로 잇기 위해서는 중국의 협력이 필수 불가결한 만큼, 중국을 적대시할 수 없으며, 한중 관계도 적절히 관리해야만 한다. 따라서 미중 대립에서 '미국인가 중국인가'라는 양자택일에 몰리는 듯한 상황은 기필코 회피해야 한다. 그럼에도 불구하고 미중 대립의 격화라는 현실은 버젓이 눈앞에서 진행되고 있다. 이는 북한의 비핵화를 둘러싼 북미교섭에 악영향을 줄 뿐만 아니라 한국의 존재감까지 떨어뜨릴 수 있다. 이러한 상황에서 일본은 한국의 난처한 포지션을 헤아리지도 않은 채 '한국의 중국 경도' 등과 같은 담론을 미국에 불어넣어 짐짓 미중 대립을 부추기고 있다. 그리고 그를 통해 일본의 존재감을 재확인하고 이익을 향유하려는 듯 비친다. 그러한 자세는 한국이 취해야 할 선택지와는 사뭇 상반되므로, 도저히 협력 등과 같은 선택지를 택할 수 없게 만든다.

다만, 이러한 '일본이 인식하는 한국', '한국이 인식하는 일본'은 각각 '자기 자신이 생각하는 한국', '자기 자신이 생각하는 일본'으로, 그 사이에 괴리가 존재하지는 않을까. 그리고 역사를 둘러싼 대립이 그 괴리를 부풀리고 있다고도 말할 수 있지 않을까. 그렇다면 미중 대립 자체가 한일의 역사 마찰을 억제하는 메커니즘을 기능부전에 빠뜨리고 있다기보다 도리어 미중 대립을 둘러싼 상호 인식의 실태와 괴리가 역사 문제를 둘러싼 한일의 억제 메커니즘을 기능부전에 빠뜨리고 있다고 봐야 하지 않을까.

한일 모두 미중 대립의 격화를 바라지는 않을 것이다. 다른 한편, 미중이 공동 패권을 행사함으로써 한일의 발언력을 봉쇄하는 상황도 회피해야 한다. 이 양극단의 범위 안에 미중관계가 들어갈 때 한일은 공통이익을 향유할 수 있다. 물론 이 범위 안에서도 한일의 차이는 존재할 것이다. 그러나 미중관계가 이 범위 안에 들어가도록 한일이 협력할 수 있지 않을까. 한일이 협력할 수 있는 여지는 아직 과도할 정도로 남아 있다. 그럼에도 서로의 차이를 짐짓 과대평가하고, 마치 전략적으로 대립하고 있는 것으로 서로 인식하는 것은 현명한 선택지가 아니다. 그러한 현명한 선택지를 고를 때 역사 대립이 서로의 시야를 가려 현명한 선택지를 고르는 행위를 방해하고 있다면, 무엇보다 역사 대립을 적정 선에서 억제함으로써 양국이 고를 수 있는 선택지를 최대한 넓힐 필요가 있다. 그것이 한일 양국 정부가 해야 할 일이며, 한일 양국의 지식인이 풀어야 할 과제가 아닐까.

4) 대북 인식과 대북 정책[37]

그럼 한일이 손을 잡고 풀어야 할 가장 시급한 과제는 무엇일까. 뭐니 뭐니 해도 북한을 둘러싼 문제이다. 냉전 시기, 한일, 특히 한국에 가장 큰 군사적 위협은 북한이었고, 일본은 그러한 한국이 '방공의 방파제'로서 북한의 군사 위협에 굴하지 않고, 나아가 체제 경쟁에서 승리하도록 지원하는 관계를 맺고 있었다. 또 그러한 목적을 훌륭히 달성했다.

그리고 탈냉전기에도 한국 주도의 통일 흐름에 맞서 자국 체제의 생존 전략을 내건 북한이 핵미사일 개발에 매진하면서 발생한 북한의 군사 위협을 한일은 공유하고 있었고, 또 군사적 수단이 아닌 평화적 수단을 통해 해결을 모색하겠다는 점 또한 공유하고 있었다. 그래서 대북 정책을 둘러싼 한일의 협력 필요성도 커졌다.

다만, 다른 한편으로 한일은 대북 인식에서 괴리를 보이기도 했다. 냉전 시기에 전개된 체제 경쟁기, 한국에게 북한은 '주적'이었으나, 한국의 우위가 확실해진 상황에서 북한은 우위를 점한 한국이 관여해야 할 대

---

37 대북정책을 둘러싼 한일관계에 관해서는 이하의 논문 참조. 기미야 다다시, 2019. 5, 「일본에서 보는 2019년 한반도와 북한문제」, 『코리아리포트』(포스텍평화연구소) 제3호, 26~27쪽.

상으로 바뀌었다. 그래서 북한을 적대시하지 않고 우선적으로 한국 주도의 틀 안으로 끌어들이기 위해서는 일정 정도 관대한 자세로 대응해야 한다는 인식이 특히 진보세력 사이에서 확산되었다. 냉전 시기, 일본에 북한을 한국만큼 적대시하는 분위기가 있던 것은 아니었다. 그러나 탈냉전기인 1990년대 이후, 북한의 일본인 납치가 사실로 판명되는데, 그에 대해 북한은 '불성실한 대응' 자세를 보인다. 또 북한의 '비정상적인 체제'가 부각되고 그러한 북한이 일본을 사정거리에 넣은 핵미사일 개발에 매진하고 있다는 사실이 밝혀지자, 일본 사회에서는 북한에 대한 적대감이 그 어느 때보다 높아진다.

2017년, 북한의 핵미사일 개발을 둘러싸고 북미 간에는 팽팽한 긴장감이 감돌았다. 그러나 2018년에 들어와 문재인 정권의 노력 덕분에 남북정상회담, 북미정상회담이 잇달아 열리면서 북한의 비핵화를 둘러싼 북미교섭도 가시권에 들어선다. 한국은 트럼프 미 대통령, 북한의 김정은 위원장과의 교섭에 기대를 걸었고 이 호기를 활용하려 했다. 비핵화 교섭만 성공한다면 북한 제재가 해제되어 남북경제협력도 부활할 것이고, 한국 주도의 남북평화공존 관리도 궤도에 오를 것이라고 기대했다.

하지만 그러한 한국의 외교정책에서 일본의 역할에 대한 관심은 불분명했다. 북미에 대한 기대감이 높았던 만큼, 일본의 역할에는 큰 기대를 걸지 않았을지도 모른다. 그리고 북미교섭만 잘 굴러간다면 일본도 뒤처지지 않기 위해 쫓아올 수밖에 없으니, 굳이 일본에 양보하면서까지 한국 정책에 대한 협력을 호소할 필요는 없다고 생각했을지도 모르겠다. 또 한국 국내에는 아베 정권이 추진해온 '전쟁을 할 수 있는 보통국가'를 실현하기 위한 헌법개정에 의도적으로 북한의 군사 위협을 이용해왔다는 의심도 존재했다. 따라서 일본 정부는 북한의 군사적 위협의 해소를 바라지 않으며, 혹여 한국이 기대하는 시나리오를 방해할 수도 있다는 의심마저 품고 있었다. 이러한 일본관을 전제로 할 때, 한일의 역사 갈등을 한국이 주도해 적극적으로 관리하는 인센티브는 거의 없다.

일본은 애당초 북한의 비핵화 약속에 불신감이 강했다. 북한 체제의 근간을 핵개발이 떠받치고 있으니, 북한이 그것을 포기할 리가 없다. 실제로 북한은 지금까지 수차례 일본을 비롯한 주변국들을 속여왔다. 그리고 한국의 문재인 정권에 대해서는 처음부터 '반일', '친북'이라는 꼬리표대로 여지없이 북한의 책략에 쉽게 넘어갔으며, 언젠가 북한에 배신당할 게 뻔한데도 필요 이상으로 북한의 비핵화에 관한 환상을 퍼뜨리고 있다는 불신감이 뿌리 깊었다.

일본으로서는 도저히 그러한 조류에 안이하게 편승할 수 없었고, 미국에도 북한의 페이스에 휘둘리지 말고 북한에 대해서는 엄격한 정책을 관철해야 한다고 충고했다. 그리고 비핵화 약속을 지키지 않을 때는 기존처럼 북한에 대한 엄격한 제재를 더한층 강화하는 방안도 고려해야 한다고 진언했다. 그러한 입장에서 보자면, 문재인 정권의 대북정책은 매우 위태로우면서도 신뢰할 수 없었을 것이다.

이렇듯 설사 북한이라는 군사적 위협을 공유하고 있어도 그 대응에 명확한 괴리가 있는 탓에 협력은 쉽지 않았다. 따라서 역사 마찰에 관해서도 일본이 양보하고 비용을 지불하면서까지 타협점을 도출해내는 것은 수지타산이 맞지 않는다. 그러므로 무리해서 관리할 필요성도 느끼지 않는다. 한국이 양보한다면 생각해볼 의향은 있으나, 일본 측이 먼저 양보해 무리해서까지 관리할 필요성은 별로 크지 않다는 것이다.

그러나 다시 한 번 원점으로 돌아가 곰곰이 고민해봐야 한다. 북한의 비핵화는 실제로 진전이 없으며, 여전히 불투명하다. 다만, 한일 양국에게 북한의 핵미사일 개발이 진전되는 것은 결코 바람직한 상황이 아니다. 더욱이 한일은 군사적 수단에 의한 해결은 절대적으로 피해야 한다는 점에서 일치하고 있다. 즉 실현해야 할 목표는 여전히 같다. 그를 위한 방법론이 다르다는 것은 부정할 수 없다. 그러나 한일이 대칭적이며, 그 결과 경쟁 관계에 있다는 것은 오히려 한일이 각자 다른 방법을 경쟁적으로 추구해 결과적으로 협력의 성과를 높일 수 있음을 의미하지 않을까. 한일은 그처럼 대북 정책에서 역할을 분담하는 경쟁적 협력을 통해 평화적 수단에 의한 북한의 비핵화라는 공통 목표의 달성을 우선적으로 고려해야 할 것이다. 그러한 한일의 선택에 한일의 역사 문제가 걸림돌이 되고 있다면, 역시 '역사보다 안보'라는 대원칙에 입각해 한일 양국 정부 모두 역사 문제를 적절히 관리하고 그를 위해서는 양보도 마다하지 않는 선택을 해야 할 것이다.

XII. 맺음말

이상과 같이, 한일의 대칭성이라는 큰 변화, 한일을 둘러싼 미중관계의 변화, 그를 토대로 전개되는 북한의 생존전략에 기인한 위기 대응을 둘러싸고 과거에 기능했던 한일 간의 역사 문제 억제 메커니즘의 작동은 둔해졌을 뿐만 아니라, 기능부전을 일으키고 때로는 억제가 아닌 도리어 증폭 메커니즘으로서 역기능을 일으키는 위험성까지 내포한 현실에 직면해 있다.

다만, 이러한 현 상황은 필연적인 것으로 이미 손쓸 수 없는 것이 아니다. 오히려 그러한 과제를 한일 양국 정부, 더 나아가 양국 사회가 어떻게 인식할 것인가라는 문제가 더 중요하다. 한일 안보 협력 그리고 그를 지탱하는 역사 마찰의 관리가 어려워졌다는 점을 여건으로 고려하면, 위와 같은 선택이 합리적이라고 말할 수 있을지도 모르겠다. 그러나 한일 안보 협력은 여전히 중요하며 더 나아가 그를 위해 역사 마찰의 관리가 우선되어야 한다는 선택지를 한일 양국 정부 그리고 양국 사회가 고른다면, 위의 여러 과제에서도 현 상황과는 다른 가능성이 펼쳐지지 않을까. 그렇다면 그러한 가능성을 모색하려는 노력도 필요하지 않을까.

그를 위해서는 역사 마찰의 억제 메커니즘은 이미 기능부전으로 기능하지 못한다고 체념할 것이 아니라, 어떠한 조건에서 기능했는지, 그 조건을 찾아내 정말 그것이 충족되기 힘들어졌는지를 한일 양국이 재검토할 필요가 있지 않을까. 역사 인식 자체를 바꿔 그것을 접근시키기는 어려울지도 모른다. 하지만 적어도 차이를 인식한 다음, 그 차이가 표면화, 정치화, 쟁점화하지 않도록 관리하고, 억제하는 메커니즘은 한일관계에서 늘 기능해왔으며, 앞으로도 기능할 수 있다. 그런 의미에서 이 문제는 그야말로 정치적 선택의 문제다.

참고문헌

한국어

기미야 다다시, 2008, 『박정희정부의 선택: 1960년대 수출지향형 공업화와 냉전체제』, 후마시타스.

__________, 2018, 「중국을 둘러싼 한일관계: 한국, 한반도에서 본 일본의 대중 인식, 정책」, 『일본연구논총』 제47호.

__________, 2018, 「한일관계의 "잃어버린 19년"을 돌아보며: 한일파트너십 공동선언과 그 후」, 김대중-오부치 공동선언 기년행사위원회 편, 『긴대중-오부치 게이조 공동선언 20주년과 동아시아 미래비전』, 트리펍.

__________, 2019, 「일본에서 보는 2019년 한반도와 북한문제」, 『코리아리포트』(포스택평화연구소) 제3호, 2019년

김대중, 2010, 『김대중 자서전 1,2』, 삼인.

김대중선생 납치사건 진상규명을 위한 시민의 모임 편, 1995, 『김대중 납치사건의 진상』, 푸른나무.

김은경, 2010, 「냉전 변용기의 한일관계의 전개: 김대중 납치사건과 박정희 대통령 저격사건을 중심으로」, 『일본공간』 통권7호.

김종필, 2016, 『김종필 증언록 1』, 와이즈베리.

박진희, 2008, 『한일회담 제1공화국의 대일정책과 한일회담 전개과정』, 선인.

이영훈, 2019, 『반일 종족주의 : 대한민국 위기의 근원』, 미래사.

이재오, 2011, 『한일회담과 반대운동: 1951~1965년』, 파라북스.

한상일, 2008, 『지식인의 오만과 편견: 《세카이世界》와 한반도』, 기파랑.

일본어

李栄薫, 2020, 『反日種族主義 : 大韓民國危機の根源』, 文藝春秋社.

小此木政夫, 2001, 「新冷戦下の日米韓体制」, 小此木政夫 · 文正仁 編, 『市場 · 國家 · 國際体制』, 慶應義塾大学出版会.

木宮正史, 1995, 「韓國の民主化運動-民主化への移行過程との関連を中心にして-」, 坂本義和 編, 『世界政治の構造変動 第4巻 市民運動』, 岩波書店.

________, 2002, 「1960年代韓國と台湾の「冷戦外交」比較 : ベトナム戦争への対応とA

SPACを中心として」, 張啓雄 編,『戦後東北亜國際関係』, 中央研究院亜太研究計画.
木宮正史, 2011,「韓國の対日導入資金の最大化と最適化」, 李鍾元·木宮正史·浅野豊美 編,『歴史としての日韓國交正常化 I 東アジア冷戦編』, 法政大学出版局.
________, 2014,「米中関係と朝鮮半島」,『國際問題』628號.
________, 2015,「序論 構造変容し漂流する日韓関係」, 木宮正史·李元徳 編著,『日韓関係史 1965-2015 I 政治』, 東京大学出版会.
________, 2017,「第２章 冷戦と経済協力」, 李鍾元·木宮正史·磯崎典世·浅羽裕樹,『戦後日韓関係史』, 有斐閣.
________, 2017,「第３章 冷戦変容と日韓の緊密化」, 李鍾元·木宮正史·磯崎典世·浅羽裕樹,『戦後日韓関係史』, 有斐閣.
木村幹, 2014,『日韓歴史認識問題とは何か: 歴史教科書·「慰安婦」·ポピュリズム』, ミネルヴァ書房.
記録椎名悦三郎刊行委員会 編, 1982,『記録椎名悦三郎(下)』, 記録椎名悦三郎刊行委員会.
倉田秀也, 2001,「朴正煕「自主國防論」と日米「韓國条項」」, 小此木政夫·文正仁 編,『市場·國家·國際体制』, 慶應義塾大学出版会.
隅谷三喜男, 1976,『韓國の経済』, 岩波書店.
高崎宗司, 2002,『「妄言」の原形-日本人の朝鮮観』, 木犀社.
服部民夫, 2007,『東アジア経済の発展と日本: 組立型工業化と貿易関係』, 東京大学出版会.
松本厚治 編, 1986,『日韓貿易摩擦: 韓國エコノミストとの論争』, 東洋経済新報社.
松本厚治, 2019,『韓國「反日主義」の起源』, 草思社.
吉澤文寿, 2011,「日韓國交正常化交渉における基本関係交渉」, 李鍾元·木宮正史·浅野豊美 編,『歴史としての日韓國交正常化 II 脱植民地化編』, 法政大学出版局.
李鍾元, 1994,「韓日会談とアメリカ-「不介入政策」の成立を中心に-」,『國際政治』105號.
李鍾元, 1996,『東アジア冷戦と韓日米関係』, 東京大学出版会.
李鍾元·木宮正史·浅野豊美 編, 2011,『歴史としての日韓國交正常化 1東アジア冷戦編 2脱植民地化編』, 法政大学出版局.

영어

Hwang, Eui-Gak, 1993, *The Korean economies: a comparison of North and South*, Clarendon Pr.

신문

『朝日新聞』

인터넷 자료

대한민국 법원 종합법령정보(https://glaw.scourt.go.kr/)

データベース「世界と日本」(代表: 田中明彦)日本と朝鮮半島関係資料集http://worldjpn.grips.ac.jp/documents/indices/JPKR/index.html.

4장

문재인 정부 한일 갈등의 기원
: 한반도 비핵화와 동북아 외교 상이점을 중심으로

양기호

I. 문제의 제기

문재인 정부 출범 이후 한일관계가 악화일로에 놓여 있다. 2018년 한일 국민 교류가 사상 처음으로 1천만 명 시대를 맞이하였고, 전화회담을 포함하여 16회가 넘는 양국 정상 간 회담에도 불구하고, 한일관계가 개선될 전망이 보이지 않고 있다. 2018년 10월 강제징용 대법원 판결 이후 사법부 결정을 존중하는 한국 측 입장과 국제법 위반이라는 일본 측 주장 간 대립, 제주 국제관함식에서 욱일기 사태로 인한 일본 자위대의 불참 결정, 11월 화해·치유재단 해산과 '위안부' 합의 파기 논란, 12월 일본 초계기의 저공비행과 화기관제 조사(照射) 주장으로 인한 한일 간 레이더 갈등, 2019년 하반기 수출규제와 지소미아 연장 논란, 2020년 3월 코로나19 사태 이후 사실상 입국금지 등, 잇따른 악재를 둘러싸고 한일관계의 위기를 지적하는 목소리가 높다.[1]

---

* 이 글은 양기호, 2019. 05, 「문재인 정부 한일갈등의 기원-한일 간 한반도 비핵화와 동북아외교 격차를 중심으로」, 『일본학보』 제119집의 원고를 수정, 가필한 것임을 밝혀둔다.

1 한일관계 위기에 대한 국내외 언론의 관심이 높다. 양기호, "한·일 관계가 위태롭다", 『국민일보』(한반도 포커스), 2020. 03. 16; "한·일 경제협력은 '양국 생존 위한 운명적선택' 2019 도쿄포럼a", 『중앙일보』, 2019. 12. 09; "각계 원로들 '일본은 보복 철회, 한일은 즉각 대화하라' 2019 동아시아평화회의", 『오마이뉴스』, 2019. 08. 12; "역사문제로 상호 충돌: 왜 한국과 일본은 친하게 지내지 못하는가?", 『The Times』, 2019. 01. 17; 신각수 전주일대사 인터뷰, "한·일수교 53년간 이렇게 장기적 위기는 없었다", 『문화일보』, 2019. 01. 11; "대일외교는 위험 수위", 『조선일보』 사설, 2019. 01. 09; "한일 갈등에 팔짱끼는 미국... 홀로서기가 시작됐다", 『오마이뉴스』, 2019. 01. 08 등은 그 사례이다. 대부분의 일본 언론은 한국이 국제규범과 약속을 지키지 않는 나라라고 비난하고 있다. 고노 타로(河野太郎) 외상은 강제징용 대법원 판결을 국제법에 대한 폭거라고 주장하였다(『연합뉴스』, 2018. 11. 06), 한일관계가 중요하지만, 굳이 양국 정부가 관계를 개선할 필요성을 느끼지 못하고 있다는 지적도 있다(木村幹, "両國とも関係改善を望んでいない", 『日本と世界-世界の中の日本』,

한일 갈등의 격화는 2019년 7월 1일 일본의 대한국 수출규제와 8월 7일 화이트국가 배제 시행령을 공포한 데 대해, 8월 22일 한국 정부가 한일군사정보보호협정(GSOMIA)의 종료를 선언하고, 9월 1일 일본을 상대로 세계무역기구(WTO)에 제소하면서 더욱 확대되었다. 11월 22일 한일군사정보보호협정은 한국이 조건부 연장과 WTO제소 중단을 발표하면서 극단적인 대립은 회피하였지만,[2] 한일 간 최대 현안이 되고 있는 강제징용 해법을 둘러싸고 국내 대법원 판결의 이행과 청구권협정으로 최종적, 불가역적으로 한일 양국은 입장차를 좁히지 못한 채, 여전히 양국 사이에 심각한 쟁점으로 남아 있다. 한일 양국은 2019년 12월 24일 중국 청두(成都)에서 열린 한일 정상회담을 포함하여 수차례 정상회담과 외교장관 회담, 인적, 물적 교류 증가에도 불구하고, 정부와 국민 간 신뢰관계를 구축하지 못한 상태이다.

문재인 정부와 아베 신조(安倍晋三) 정부는 진보정권 vs. 보수정권, 시민파워(People Power) vs. 기득권(Establishment), 대중 · 대북 인식 격차 등의 요인으로 매우 이질적인 관계로 인식되어왔다. 문재인 정부에서 한일관계는 위안부 문제를 포함하여 달갑지 않은 외교 유산(legacy)의 축적, 한일 간 부정적인 상호 인식에서 시작한 힘든 출발이었다. 임기 절반을 지난 2019년 11월 이후에도 한국 청와대와 일본 수상관저 간 상호 신뢰, 한일 외교 당국 간 전략적 이익 공유, 시민사회 호감도 등 모든 분야에서 양국 간 공감대는 매우 낮은 상태이다.[3]

2017. 06. 07).

2 "지소미아 일단 유지, 한일대립 숨통 틔웠다", 『중앙SUNDAY』, 2019. 11. 23.

3 『동아시아재단 정책논쟁』, ISSN 2586-3029, 2018.01, (2019.02.05 검색) http:.. www.keaf.org.?m=book&sm=EAF_Policy_Debates_kr_view&seq

이 글은 문재인 정부에 들어와서 한일관계가 더욱 악화되고 있는 근본적인 원인이 무엇인가에 대한 의문점에서 출발하고 있다. 지금까지 한일 간 갈등과 대립을 설명하는 주요한 변수는 역사와 영토 문제로 인식되어왔다. 냉전기에 국익과 실리를 위해 한일 양국이 안보와 경제 협력을 우선시하였다면, 탈냉전기 들어 과거사 문제로 한일 양국 간 갈등이 격화되고 있다는 주장이 대부분이다.[4] 냉전기에 한일 간 정치적 봉합으로 성립된 1965년 청구권체제하에 억눌려진 피해자를 구제하려는 이행기 정의론(Transitional Justice Theory) 시각이 확산되면서, 한국 민주화 이후 강제징용과 '위안부' 문제 등 한일 갈등이 두드러지고 있다고 본다.[5] 한편, 강한 일본이 되기 위한 아베내각의 국가전략이 아시아를 위협으로 인식하고, 미일관계에 기반하여 아시아를 타자화하고 있으며, 아시아의 전쟁기억과 전후를 부정함으로써 중국, 한국, 북한과 충돌한다는 지적도 있다.[6]

이들 주장은 한국의 대일 원칙외교와 일본의 역사·영토 왜곡으로 인

=OQgzCDEwCA%3D

4 이종원, 1996, 『東アジア冷戦と韓日米関係』, 東京大学出版会에서 한일 간 식민지배 청산과 역사 인식을 둘러싸고 미국의 동아시아 냉전전략의 불완전한 고리로 남았다고 지적한다. 富樫あゆみ, 2017, 『日韓安全保障協力の検証』, 亜紀書房는 한일 간 안보협력을 저해하는 잠재적 요인으로 한국 내 역사적 기억을 들고 있다. 조양현, 2017, 『동아시아 국제질서 변화와 한일 과거사 문제: 과거사문제의 다자화 및 전략화가 한일관계에 주는 함의』, 동북아역사재단 연구보고서는 "과거사 갈등이 한일 간 안보협력을 방해하고 있다"고 주장한다.

5 아사노 토요미, 2018, 「동아시아의 화해의 방향성에 대하여-민주주의와 국민감정, 역사 기억 그리고 인권」, 동북아역사재단 주최 『10.30 대법원 판결 관련 강제동원 문제 논의』, 85쪽.

6 오승희, 2018, 「강한 일본을 위한 아시아의 타자화」, 박철희 외, 『아베시대 일본의 국가전략』, 서울대학교출판문화원, 234쪽.

한 국제적 갈등이 양국 관계를 악화시키고, 한국의 반일정서와 일본 내 혐한론 확산으로 이어지는 악순환을 지적하고 있다. 이와 같은 관점은 지금까지 한일 갈등을 설명하는 다수설의 주요 논리로 활용되어왔음은 주지하는 바이다.[7] 2005년 3월 시마네현 독도의 날 조례 통과 후 '각박한 외교전쟁'을 거론한 노무현 정부의 대일 신독트린 발표, 2011년 8월 헌법재판소의 '위안부' 문제 위헌 판결 후 한일 정상회담의 사실상 결렬, 2012년 8월 이명박 대통령의 독도 방문, 2015년 12월 한일 '위안부' 합의에 이르기까지 악화일로를 걸었던 박근혜 정부의 대일정책은 이를 입증하는 중요한 사례로 거론되어왔다.

그러나 한일 갈등이나 협력이 단지 역사와 영토 문제에만 기인하는 것이 아니고, 대북정책과 동북아 외교전략의 차이에서 생겨난 것이라는 지적도 있다. 특히, 한국의 진보정권와 일본 정부 간 갈등과 대립은 역사와 영토의 변수뿐만 아니라, 대북 인식과 동북아 전략의 격차에서도 발견할 수 있다는 것이다. 니시노 준야(西野純也)에 따르면, 노무현 정부의 외교안보 정책과 한일관계를 고찰한 결과, 2005년 한일 간 관계 악화는 야스쿠니신사 참배, 교과서 문제, 독도영유권 등 역사문제로 발생한 것이지만, 마찬가지로 중요한 것은 북한 문제나 중국의 대두, 그리고 대미

---

7 장달중, 2008, 「세계화와 민족주의 사이의 한일관계: 상호 경시적 흐름에 대한 고찰」, 『한일공동연구총서』, 19~22쪽에서 한일 역사갈등이 한일관계를 악화시키는 구조를 만들어낸다고 진단하고 있다. 이원덕, 2009, 「노무현 정부의 대일정책 평가」, 『일본연구』, 351~369쪽에서는 한일 간 역사 마찰은 양국 국민 간 역사 인식의 차이에서 온다고 보고 단기적인 해결은 어려우며, 악영향의 최소화가 중요함을 강조하고 있다. 이신철, 2012, 「국가간 역사갈등 해결을 위한 역사정책 모색」, 『역사비평』, 222~244쪽에서는 한일 간 역사 갈등이 일본 우익의 아시아패권 전략에서 출발했다고 지적한다. 양기웅, 2014, 「한일관계와 역사갈등의 구성주의적 이해」, 『국제정치연구』, 17(2), 171~191쪽은 한일 갈등과 망언 빈도 간에 일정한 상관관계가 있음을 입증하고 있다.

동맹관계 등, 동아시아의 지정학을 둘러싼 국제정세에 대해, 한일 양국 간의 상이한 인식과 대응에 기인한 것으로 결론내리고 있다.[8]

진보정권이면서도 김대중 정부기에 한일 갈등이 적었던 것은, 한일 간 근본적인 대북 인식과 동아시아 외교 전략이 상당 부분 일치했기 때문이라는 역발상적인 설명도 가능하다. 1998년 10월 김대중-오부치 한일 파트너십 공동선언에 따르면, 오부치 수상은 김대중 대통령의 대북정책에 대한 지지를 표명하였고, 상호 긴밀히 연대하기로 합의하였다. 북한 미사일 발사에 대한 유엔안보리 발표에 양국은 공동 보조를 맞추는 등, 한일 간 전략적 목표가 접근해 있었다. 아세안+3, 동아시아 공동체라는 지역주의 정책에서도 한일 양국은 공감대를 형성하고 있었다.[9]

따라서 이 글은 한일 갈등이 단지 역사와 영토 문제에 기인하는 것이 아니며, 양국 간 외교 전략과 대북 인식의 격차도 마찬가지로 심각한 갈등 요인임을 입증하고자 한다. 실제로 문재인 정부 이후 동북아 전략이나 대북 인식의 격차가 크고, 역사 갈등으로 더욱 확산되었다는 가설을 제기하고 다양한 자료를 통하여 논지를 입증하고자 한다. 말하자면, 한일 양국 간 대북 인식과 동아시아 외교 비전의 차이가 두드러졌고, 한반도 비핵화와 평화체제 구축에 있어서 양국 간 인식과 접근법이 크게 달랐다는 점을 중시하고 이를 적극적으로 검증하고자 한다.

---

8 西野純也, 2019,「盧武鉉政権期の日韓関係一韓國の新しい秩序の台頭」,『法学研究(慶応大学)』, 92(1).

9 양기호, 2017,「한일관계 50년의 성찰-1998년 한일파트너십 공동선언의 합의와 경과」,『한일관계 50년의 성찰』, 도서출판 오래, 146~180쪽.

II. 한일 협력과 갈등의 이중주

2018년 한일파트너십 공동선언 20주년을 맞이하여 한일 양국은 정상 간 빈번한 소통과 대화로 미래지향적인 양국 관계를 추구할 것으로 기대되었다. 문재인 대통령은 2018년 3·1절 기념사, 8·14 일본군'위안부' 기림일 메시지, 8·15 광복절 경축사, 2019년 8·15 경축사, 2020년 3·1절 기념사 등을 통하여 일본 정부의 진정성 있는 사죄와 반성, 보편적인 국제 규범을 중시하는 일관된 입장을 유지하였다. 한편, 양국 간 대화 채널 활성화, 인적 교류 증진, 경제 협력 강화를 통해 한일관계가 미래지향적으로 구축되어야 한다는 투 트랙 기조를 수차례 강조해왔다.[10] 문재인 대통령은 2019년 8·15 경축사에서 한일 간이 항상 대화와 협력의 길로 나가자고 제안하면서, 양국이 실질적으로 과거사 피해자를 치유해온 점을 강조하였다.[11]

2018년은 김대중 대통령과 오부치 게이조(小淵惠三) 수상 간 21세기 한일파트너십 공동선언을 발표한 지 20주년이 되는 해이며, 한일관계에 있어 매우 중요한 분기점이었다. 문재인 대통령은 김대중·오부치 공동선언을 위대한 지도자의 결단으로 높이 평가하였으며, 아베 수상도 한일파트너십 선언 20주년을 맞이하여 한일 양국 관계의 강화를 언급한 바 있다.[12] 아베 신조 수상은 5월 9일 도쿄에서 열린 한일 정상회담에서,

---

10 투 트랙 기조는 역사와 영토 면에서 국익 우선과 보편적인 국제 규범의 원칙을 중시하는 한편, 정치·안보와 경제·사회 면에서 미래지향적인 양국 관계를 구축한다는 문재인 정부의 대일 전략이다.

11 "[전문]문재인 대통령 74주년 광복절 경축사", 『한겨레신문』, 2019. 08. 15.

12 문재인 대통령은 일본 『요미우리신문』과의 인터뷰에서 다음과 같이 밝히고 있다. "한

그리고 5월 15일 한일-일한 경제협회 창립 50주년에 참석하여 "올해는 일한 간 파트너십 20주년이라는 아주 기념할 만한 해로, 일본과 한국의 관계를 여러 분야에서 강화했으면 한다"고 발언하였다.

한일 정상과 외교당국 간 대화와 소통은 적어도 통계상으로 본다면, 매우 원활한 편이었다. 이전 박근혜 정부와 비교하면 문재인 정부는 1년 5개월 만에 한일 정상 간 직접 회담 5회와 전화 회담 11회, 양국 외교장관은 전화회담과 직접회담 23회 등 빈번한 소통과 대화를 유지해왔다. 〈그림 1〉에서 알 수 있듯이 박근혜 정부기인 2013년과 2014년에는 아

〈그림 1〉 한일 고위급 회담 추세(2013~2018)

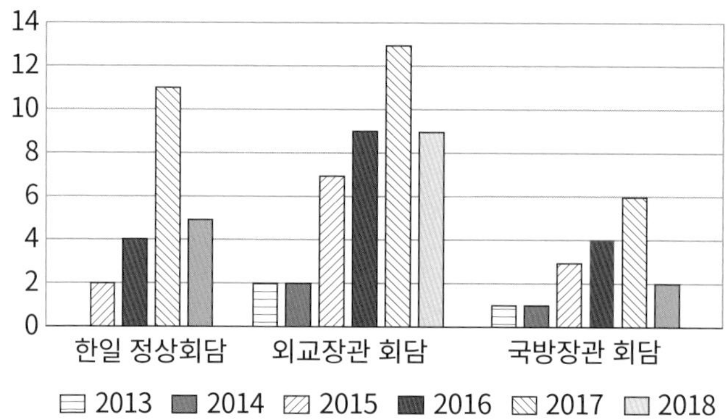

국의 '투 트랙' 전략은 '김대중·오부치 21세기 새로운 한일파트너십 공동선언'의 정신과 궤를 같이하고 있다. 이것은 과거와 미래 사이에서 어떻게 한일관계를 발전시켜 나갈지에 대한 선대 지도자들의 고심의 산물이며, 두 위대한 지도자의 지혜와 비전을 담고 있다. 김대중 대통령은 이 선언에서 '양국이 과거의 불행한 역사를 극복하고 화해와 선린, 우호 협력에 입각한 미래지향적인 관계를 발전하기 위해 서로 노력하는 것이 시대적 요청'이라고 천명한 바 있다. 오늘날에도 이 '시대적 요청'은 여전히 유효하다. 미래지향적 한일관계 구축의 해법은 김대중·오부치 공동선언의 정신으로 돌아가, 이를 계승, 발전시켜나가는 것이라고 나는 믿는다.", 『讀賣新聞』, 2018. 05. 08.

예 한일 정상회담이 없었고, 2015년과 2016년의 경우 전화통화를 제외하면, 직접 회담은 각 1회에 불과하였다. 반면에 문재인 정부기 2017년과 2018년에는 한일 정상회담이 직접 5회, 전화 회담 11회로 합계 16회에 달했다. 한일 외교장관 회담은 2013년과 2014년 각 2회에 그친 반면, 문재인 정부 들어서 2017년 13회, 2018년 9회에 이르렀다. 한일 국방장관 회담도 2013년과 2014년 각 1회에 그친 반면, 2017년 들어 6회, 2018년 2회에 이르렀다.[13]

〈그림 2〉의 한일 상호 방문객 증가 추세(2014~2018년)를 보면 알 수 있듯이, 2018년 들어 한일 간 인적 교류는 무려 1,049만 명에 달할 정도로 급증하였다. 방한 일본인은 295만 명으로 전년 대비 27%가 증가했으며, 방일 한국인도 754만 명에 이르러 사상 최대를 기록하였다. 남

〈그림 2〉 한일 상호 방문객 증가 추세(2014~2018)[14]

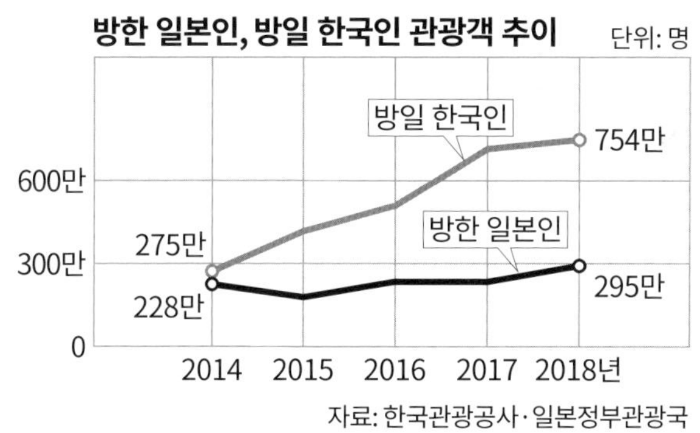

13 김숙현, 2019, 「한일관계 관리 방안」, 『제7차 국가안보전략연구원-일본국제문제연구소 학술회의』.

14 "한일관광객 급증", 『조선일보』(인터넷판), 2019. 01. 28.

북한 평화무드가 확산되면서 일본인의 한국 방문이 늘었고, 한류붐의 주요 고객인 일본의 20~30대와 여성들은 냉각된 한일관계를 별로 의식하지 않고 있음을 알 수 있다.[15] 한일관계 악화에도 불구하고 방탄소년단과 트와이스의 케이팝(K-pop), 한국 화장품으로 대변되는 케이뷰티(K-Beauty) 등 제3의 한류붐은 더욱 활성화되고 있다.

한일 정상과 외교당국 간 빈번한 대화와 소통, 한일 양국 국민의 교류 1천만 시대에도 불구하고, 양국 간 호감도는 크게 개선되지 않았고, 대북 인식 등에서 커다란 차이를 드러냈다. 일본에 대한 인상이 '좋다'고 응답한 한국인의 비율은 2016년 21.3%, 2017년 26.8%, 2018년 28.3%, 2019년 31.7%로 매년 조금씩 증가하는 추세를 보였다. 반면 한국에 대해 '좋다'고 대답한 일본인은 2016년 29.1%, 2017년 26.9%, 2018년 22.9%, 2019년 20.0%로 줄어들어 한일 간 호감도가 역전되는 현상을 보였다. 북핵 문제 해결에 비관적인 전망은 한국이 23%에 그친 데 비하여 일본은 무려 65%에 달해, 한반도 비핵화에 대한 한일 간 인식차가 두드러졌다.[16]

문재인 정부의 대일 투 트랙 전략은 별다른 실효를 거두지 못한 채, 양국 간 갈등은 더욱 심화되었다. 일본 정부는 문재인 정부의 투 트랙 전략을 역사 우선주의로 간주하고, 화해·치유 재단 해산과 강제징용 대법원 판결에 반발하였다. 일본 정부와 언론계는 사실상 '위안부' 합의

---

15 "한일관광객 급증", 『조선일보』(인터넷판), 2019. 01. 28.(2019. 02. 04. 검색) http:..news.chosun.com.site.data.html_dir.2019.01.28.2019012800176.html.

16 동아시아연구원·겐론NPO 공동연구, 2018, "제6회 한일국민 상호인식 조사", 『조선일보』, 2018. 06. 19; 동아시아연구원·겐론NPO 공동연구(2019), "제7회 한일국민 상호인식 조사", 동아시아연구원 홈페이지, 2019. 06. 12.(http://www.eai.or.kr/main/: 검색일, 2019. 12. 09.)

파기로 비난하면서[17] 한국을 '약속을 지키지 않는 나라'로 매도하기 시작하였다. 2018년 10월 초 제주 국제관함식 참가를 둘러싼 욱일기(旭日旗) 사태에 일본 측은 더욱 반발하였다.

한국 대법원은 2018년 10월 30일 일제 강제징용 피해자들에게 일본 전범기업의 손해배상 책임을 인정하고, 피해자들에게 1인당 1억 원씩을 지급하라고 판결했다. 1910년 한일 강제병합은 불법이며, 일본 전범기업의 불법행위는 청구권 협정에 포함된다고 볼 수 없음을 확인하였다. 피해자들의 청구권은 일본 침략전쟁의 수행과 직결된 반인도적 행위에 대한 것이며, 한반도 지배의 불법성을 전제로 하지 않은 협정이 피해자 개인의 청구권에 적용될 수 없다는 것이다. 이에 대해 고노 타로(河野太郎) 일본 외무대신은 한국의 대법원 판결이 "국제적인 폭거이며, 국제질서에 대한 도전"이라고 맹렬히 비난하였다.[18]

일본 정부는 전후 한일관계의 기본을 흔드는 판결로, 한일 간 외교 분쟁화시켜 국제적으로 쟁점화시키고자 하였다. 한국 정부는 국무총리 담화문을 통하여 사법부의 판단을 존중하며, 피해자에 대한 위로, 미래지향적인 한일관계를 강조하였다. "사법부 판단은 정부 간 외교 사안이 아니며, 대법원 판결은 1965년 한일기본조약을 전제로 적용 범위를 판단한 것으로, 일본 측의 자제와 현명한 대처를 요망한다"고 발표하였다.[19]

한일 양국 간 갈등이 이어지면서 일본 측은 다양한 방식으로 한국을 더한층 압박하였다. 2018년 12월 20일 일본 측의 문제제기로 시작된

17 『뉴스1』, 2018. 11. 21.(2019.01.15 검색).

18 『한겨레신문』, 2018. 11. 06.(2019.01.15 검색).

19 국무총리실, 보도자료, 2018. 11. 08.(2019.01.16 검색).

'레이더 논란'은 한일관계를 더욱 긴장시켰다. 일본은 한국 해군 함정이 동해상에서 조난당한 북한 선박을 구조하는 과정에서 인근 상공을 날던 일본 해상자위대 P-1 초계기에 사격통제용 화기관제 레이더를 조사(照射)했다고 주장하였다. 한일 외교장관이 전화통화를 갖고 양국 국방당국 간 협의를 통해 이견을 해소해나갈 필요가 있다는 데 공감했지만, 한일 양국의 국방부와 방위성 간 갈등으로 확산되었다.[20]

한국 외교부는 6월 19일 강제징용 문제의 해법으로 한일 양국의 기업이 공동기금을 조성하여 대법원 판결 승소자의 동의가 있을 경우, 보상금을 지급하자고 제안하였지만, 일본 정부는 즉각 거부하였다. 급기야 7월 초 한국의 반도체와 디스플레이 제조에 핵심 소재와 부품을 수출규제 품목으로 지정하고, 8월 들어 한국을 화이트국가에서 배제하였다. 양국 간 갈등이 더욱 심화되면서 지소미아 연장 파동이 일어나고, 11월 22일 한국 정부가 지소미아 조건부 연장을 발표하였다. 2019년 12월 16일, 한일 양국은 수출규제를 둘러싼 산업통상자원부와 경제산업성 간 국장급 정책대화를 3년 반 만에 개최하였다.[21]

III. 한일 갈등의 원점과 외교 비전

한일 간 1천만 인적 교류의 시대에, 양국 정상과 외교 당국 간 빈번한 대화에도 한일 갈등은 왜 더욱 심해지는 것일까. '위안부' 문제와 강제징

---

20 『세계일보』, 2019. 01. 05.(2019. 01. 16 검색).

21 "한일 정상회담 앞서 국장급대화…日 수출규제 풀릴까", 『아시아경제』, 2019. 12. 07.(2019. 12. 09 검색).

용 문제에 대한 한국 대법원의 판결 등 역사 문제 외에 이 글에서는 한일 양국 간 한반도 비핵화와 평화체제, 특히 대북 인식과 동북아 전략의 불일치, 이에 따른 양국 간 신뢰 구축의 부족을 중대한 갈등 요인으로 보고 이를 분석하고자 한다. 문재인 정부는 한반도 비핵화와 동북아 평화번영을 외교비전으로 제시하였고, 2018년 2월 평창올림픽에 북한 선수단 참가, 2018년 4월·5월·9월의 세 차례에 걸친 남북 정상회담, 2018년 6월 전후 최초 북미 정상회담과 2019년 2월 제2차 하노이 북미 정상회담이 열리면서 동북아지역에서 새로운 평화체제로의 전환을 적극적으로 모색해왔다.

문재인 대통령은 2017년 7월 독일을 공식 방문하고 신베를린 선언을 발표하였는 바, 북한의 체제 보장과 한반도 비핵화를 강조하고, 냉전구조 해체와 항구적 평화정착을 위한 5개 방향을 제시하였다. 여기에는 남북 교류 협력과 종전 선언, 남북 간 철도 연결과 한반도 신경제 구상, 북한의 붕괴나 흡수통일 배제, 남북대화 재개와 이산가족 상봉, 북한의 평창 동계올림픽 참가 등 실천과제를 제시하였다.[22]

문재인 정부의 외교·안보·통일정책의 캐치프레이즈는 '평화와 번영의 한반도'로, 동북아플러스 책임공동체 형성, 주변 4국과 당당한 협력외교 추진, 국민외교와 공공외교, 국익증진의 경제외교와 개발협력, 전략적 경제협력이 포함되었다. 한반도 비핵화와 평화체제 구축이 가장 중요하며, 이를 위하여 단계적, 포괄적, 근본적 해결을 추진한다는 것이다. 한반도 신경제지도에서 환동해와 환황해 경제벨트와 접경지역 평화벨

22 청와대 홈페이지, 쾨르버재단 초청 연설, 2017. 07. 06.(2019. 02. 15. 검색). http://www1.president.go.kr/articles/57

트를 구축하고, 한국·북한·일본·중국·러시아·몽골 등 동북아 6개국과 미국이 함께하는 동아시아 철도공동체를 형성하여, 동북아의 경제발전과 공동번영을 이루고자 한다. 신북방외교를 통하여 북한과 중국, 러시아로 확장되고, 신남방외교를 통하여 아세안과 인도 간 협력 관계를 크게 강화시킨다는 것이다.[23]

반면, 일본의 『외교청서』는 지속적으로 북한의 핵과 미사일, 중국의 군비증강을 위협으로 인식해왔다. 2017년부터 아베 정권은 북한의 핵실험과 미사일 발사에 대해 새롭고 임박한 위기로 설정하고,[24] 일본과 국제사회의 평화 안정에 엄청난 위협이 되고 있다고 적고 있다. 일본은 납치문제의 해결 없이 북한과의 수교는 불가능하다는 인식하에 이를 가장 중요한 과제로 설정하고 있으며, 모든 납치자의 즉시 귀국, 진상 규명, 책임자 처벌 등을 강하게 요구하고 있다. 유엔에서도 대북인권 결의안을 주도하여 2017년 3월과 12월 두 차례에 걸쳐 제출한 결의안이 통과되었다.[25] 2017년 10월 자민당 총선거 책자에서 아베 수상은 북한의 위협과 저출산 고령화를 일본이 마주한 두 개의 국난이라고 규정하였을 정도이다. 외부 위협으로서 북한 핵과 미사일 위기, 납치자 문제라는 북한의 위협을 강조하는 북풍(北風)이 총선거에서 활용되었고, 이는 실제로 선거 승리의 주요한 요인이 되었다.[26]

23 청와대 국가안보실, 2018, 『문재인 정부의 국가안보전략』, 83~94쪽.

24 "防衛白書. 北朝鮮の脅威 新段階, ICBMに懸念", 『日本経済新聞』, 2017. 08. 08. (https:..www.nikkei.com.article.DGXKASFS07H38_Y7A800C1MM0000, 2019. 02. 04. 검색)

25 위의 사이트를 참고할 것.

26 황세희, 2018, 「전쟁 가능한 일본을 향한 안보정책 전환」, 박철희 외, 『아베시대 일본의 국가전략』, 서울대학교출판문화원, 209쪽.

2017년 2월 11일 아베 수상과 트럼프 대통령은 미일 정상회담에서 북한의 핵개발과 미사일 발사를 포함한 도발에 반대하며, 유엔안보리 대북 결의안의 엄격한 이행을 강조하였다. 미일동맹은 강고하며, 납치자 문제의 조기 해결에 합의하였다는 발표가 나왔다.[27] 같은 해 11월 6일 미일 정상회담에서도 북한에 대한 전략적 인내는 이미 끝났다고 하며 대북 압박을 최대한으로 높이는 데 동의하였다. 아베 수상은 "대북 군사적 공격을 포함한 모든 선택지가 테이블 위에 있다"는 트럼프 정권의 방침을 분명히 지지하였다. 아베 수상은 대북 독자제재의 입장을 발표하였으며, 여기에는 자산동결과 북한 선박의 입항금지도 포함되었다.[28]

일본 정부는 대중국 견제의 성격을 띤 "미일 공동으로 자유롭고 개방된 인도·태평양 전략을 추진"할 것을 표명하였다. 일본 정부는 무력과 테러에 의해 일본과 세계의 자유민주주의, 인권과 법의 지배라는 기본 가치와 국제질서가 도전받고 있다고 주장하였다. 중국은 일방적이고 투명성이 결여된 채, 국방력을 빠른 속도로 증강하고 있으며, 남중국해에서 현상변경을 시도하고 있다고 비난하였다.[29] 따라서 자유롭고 개방된 인도·태평양 지역을 법의 지배 아래 국제질서의 확보, 항행의 자유, 분쟁의 평화적 해결 등을 통하여 인도·태평양 지역을 국제 공공재로 삼아 평화와 안정, 번영을 추구하겠다는 것이다.[30]

---

27 "日米首脳会談の共同声明全文",『讀賣新聞』, 2017. 02. 12.(2019. 01. 25 검색).
https:..www.yomiuri.co.jp.feature.TO001639.20170212-OYT1T50005.html

28 『毎日新聞』, 2017. 11. 07.(2019. 01. 25 검색).
https:..mainichi.jp.articles.20171107.ddm.003.010.036000c

29 日本外務省, 2018,『外交青書 2018』(2019. 01. 23. 검색).
https:..www.mofa.go.jp.mofaj.gaiko.bluebook.2018.html.index.html

30 日本外務省, 2014,『自由で開かれたインド太平洋』(2019. 01. 23. 검색).

아베 수상의 가치관 외교와 인도 · 태평양 전략은 가상적인 중국 봉쇄론을 포함하여 매우 전략적이고 대립적인 구도를 그리고 있다. 문재인 정부의 동북아플러스 책임공동체와 같은 지역 내 국가 간 평화 번영보다는 대북, 대중 억지력 확보와 봉쇄 전략이 외교정책의 수단으로 활용되고 있다. 일본은 아시아의 민주화나 시장경제, 과거의 역사, 해양의 자유항행 등, 국제 규범을 강조하고 있다. 일본은 미국과 공동으로 자유민주주의 질서를 옹호하는 파트너로서 인도, 인도네시아, 아세안, 호주 등을 들고 있다. 이들 국가와 연계한다면 바람직한 국제 규범과 질서를 공유한 지역주의를 모색할 수 있다고 주장한다.[31]

2018년 4월 27일 문재인 대통령과 김정은 위원장 간 남북정상회담에서 한반도의 평화와 번영, 통일을 위한 판문점 선언이 발표되었다. 여기에는 한반도 비핵화, 항구적 평화체제 구축, 남북관계의 획기적 개선이 포함되었다. 남북한 당국이 종전선언과 평화협정을 추진하고 남 · 북 · 미 3자회담 또는 남 · 북 · 미 · 중 4자회담을 적극 추진하기로 하는 데 합의하였다.[32] 2018년 4월 17일 제6회 미일 정상회담에서 아베 수상은 북한의 완전하고 검증 가능한, 불가역적인 핵무기와 미사일 폐기(CVID)를 다시 한번 확인하였다. 아베 수상은 미일 양국이 국제사회를 주도하면서 최대한의 대북 압박을 전개한 결과, 북한이 협상테이블에 나온 점을 강조하였다.[33]

---

https:..www.mofa.go.jp.mofaj.files.000430631.pdf

31 日本國際問題研究所, 2014,『インド太平洋時代の日本外交』, 4~8쪽.

32 주요 내용은 2018 남북정상회담 공식 사이트를 참고할 것.
http:..www.koreasummit.kr.(2019. 01. 25. 검색).

33 "米朝会談で拉致問題提起 日米首脳圧力維持で一致",『朝日新聞』, 2018. 04. 18.

한일의 대북 인식의 격차는 별다른 거부감 없이 노골적으로 드러나기도 하였다. 무토 마사토시(武藤正敏) 전 주한 일본대사는 문재인 정부를 비난하면서, 한일관계의 중요성을 아무리 설명해도 문재인 후보는 오직 북일관계에 질문을 집중할 정도로 일본에 무관심하고 북한을 중시했다고 지적하였다.[34] 반대로, 한국에는 일본을 한반도 평화체제의 방해세력으로 보는 시각도 있다. 일본은 남북 관계가 개선될 조짐이 보일 때마다 방해하고 있으며, '한국이 북한과 결탁하고 있다고 과장해서, 미국 내 반한적인 분위기를 조성한다'고 비난하였다.[35]

문재인 정부는 한반도 비핵화와 평화체제 구축을 가장 중요한 외교 목표로 설정하였다. 이 과정에서 대북제재 등을 둘러싸고 한일 간 인식과 정책 면에서 격차가 크게 두드러졌다. 북한 비핵화와 상응한 단계적 제재 완화를 지지하는 한국과 중국에 대하여, 일본은 완전한 비핵화 없이 일체 대북제재의 완화는 불가함을 주장하였고, 한일 간 외교 전략의 불일치나 갈등이 수차례 노정되었다.

한국이 영변 핵시설 폐기 대신 개성공단과 금강산 관광 재개 등의 대북제재 완화의 상응 조치를 제안한 반면,[36] 일본은 북한의 핵무기, 핵시설과 중단거리 미사일의 신고와 사찰, 검증과 폐기에 이르는 완전한 비핵화를 주장하였다.[37] 한국의 신남방정책이 경제적 측면이 강한 반면, 일

---

https:..www.asahi.com.articles.ASL4L24TBL4LUTFK001.html (2019. 01. 25. 검색).

34 武藤正敏, 2017, 『韓國人に生まれなくてよかった』, 悟空出版.

35 김종대, 2019, "일본은 한반도 평화체제 방해세력", 〈김경래의 최강시사〉, 2019.01.04., http:..news.kbs.co.kr.news.view.do?ncd=4108926&ref=A (2019. 02. 03. 검색)

36 "정의용 · 비건 청와대서 면담..북미 실무협상 앞두고 의견 조율", 『한국일보』, 2019. 02. 04.

37 아베 수상은 거듭해서 중의원 본회의나 예산위원회에서 북한은 완전하고, 검증 가능하고, 불가역적인 비핵화를 규정한 유엔 안보리 결의를 이행해야 한다고 강조한 바

본은 대중 견제 성격이 강한 인도·태평양 전략을 추진해왔다. 한반도 비핵화와 평화체제 구축을 둘러싼 한일 간 인식 격차는 잇달아 발생한 한일 간 역사 갈등의 악재와 함께 양국 관계를 더욱 악화시켰다.[38] 한일 간 동아시아 외교정책의 격차는 물론, 한반도 비핵화를 둘러싼 정책상 엇박자가 두드러졌다.

Ⅳ. 한반도 비핵화를 둘러싼 한일 갈등

한일 양국은 미국에서 열린 한미일 정상회담에서 한미 군사훈련의 연기를 놓고 정면 충돌하였다. 문재인 대통령은 2017년 9월 22일 유엔총회 참석차 미국 뉴욕을 방문했을 때 가진 한·미·일 정상 간 업무오찬에서 "일본은 우리의 동맹이 아니다"라는 입장을 명확히 밝혔다. 한·미 동맹을 넘어 일본이 요구하는 한·미·일 군사동맹은 받아들일 수 없다는 뜻을 강조한 것으로 볼 수 있다.[39] 2018년 2월 평창올림픽을 앞둔 한

있다. "北朝鮮の完全'検証可能'不可逆的な非核化をうたっている安保理決議の履行が重要である", 국회회의록 검색시스템, 2018. 05. 28 본회의. 2018. 11. 05. 중의원 예산위원회(2019. 01. 18 검색). http:..kokkai.ndl.go.jp.cgi-bin.KENSAKU.swk_srch.cgi?SESSION=32492&MODE=1

38 최근 양국의 불신감이 팽배해진 배경에 동아시아 냉전체제 전환기에 대북 전략과 향후 국제질서를 둘러싼 인식 차가 있다고 진단했다. 북한 비핵화와 관련한 단계적 제재 완화를 이행해 평화체제로 가고자 하는 한국과 철저한 비핵화 검증을 이행하려는 일본의 외교 전략이 엇박자를 내고 있다. "論点:きしむ日韓関係", 『毎日新聞』, 2019. 02. 01.을 참조.

39 『연합뉴스』, 2017. 11. 05.(2017. 11. 06 검색). 한일관계는 한국의 대북·대중 인식, 또는 국민정서로 인하여 안보 협력이 매우 제한되어 있다. 냉전기 한미일 안보 협력체제 하에서 한일관계가 준동맹, 유사동맹으로 연계되어온 점에 대하여 Victor Cha,

일 정상회담에서 문재인 정부와 아베 정부 간 대북정책의 차이가 더한 층 극명하게 드러났다.

2018년 2월 한일 정상회담에서 아베 수상이 평창올림픽으로 연기된 한미 군사훈련을 예정대로 진행할 것을 주장한 데 비하여, 문재인 대통령은 한국의 주권 문제이고 내정 사안으로 외국 정상이 직접 거론하는 것은 곤란하다는 입장을 밝혔다. 이에 대해 일본 자민당은 한반도의 유사시 일본의 역할을 강조하면서 반발하였다.[40] 아베 수상은 비공개 회담에서 "한미 군사훈련을 연기할 단계가 아니라며, 예정대로 진행하는 게 중요하다"고 강하게 주장하였다. 아베 수상은 비핵화에 대한 북한의 구체적인 행동을 강조하며 강경한 대북제재 방침을 재확인하였다.[41]

문재인 정부는 한반도 비핵화와 평화 정착을 위한 양국 간 긴밀한 공조와 협력 강화를 통해 일본의 건설적 역할을 견인하고자 진정성을 가지고 노력하였다.[42] 한반도 비핵화 추진 과정에서 일본 정부는 주체적으로 국제적 영향력을 행사하지 못했고, 오히려 '저팬 패싱론'이 나올 정도로 외교적 영향력은 제한된 것이었다. 일본 정부는 북한의 완전한 비핵

2000, *Alignment Despite Antagonism: The United States-Korea-Japan Security Triangle*, Columbia University를 참고할 것.

40 『중앙일보』, 2018. 02. 13.(2018. 02. 20 검색).

41 일본 언론도 2월 11일 일제히 "핵을 제외한 관계 개선은 있을 수 없다"(『요미우리신문』 사설), "비핵화 목표를 유지해야"(『아사히신문』), "북한 평화공세에 흔들려선 안 된다"(『마이니치신문』) 등의 견해를 피력하며 아베 수상의 입장을 지지하였다.

42 청와대 국가안보실, 2018, 『문재인 정부의 국가안보 전략』, 86~87쪽. 이것은 노무현 정부에서 한일관계를 중시했던 초기 대일 인식의 기시감(既視感, dejavu)을 연상시키고 있다. 2002년 9월 고이즈미 수상의 평양 방문과 김정일 위원장과의 정상회담 이후, 대북관계 개선에 집중하던 노무현 대통령은 고이즈미 수상의 리더십을 높이 평가하였고, 자신의 대북정책의 파트너로서 인식하였다. 小此木政夫, 2005, 「小泉政権の愚と3つの戦略」, 『論座』, 40쪽.

화를 위한 검증과 사찰, 외교 당국 간, 정상 간 회담을 통한 납치자 문제 해결, 북미 간 대륙 간 탄도탄뿐만 아니라 북한 내 중단거리 미사일의 포기 등을 요구해왔다.

2018년 4월 29일 남북정상회담에서 판문점 선언이 발표된 이후, 문재인 대통령은 전화통화로 아베 수상에게 내용을 전하고 협력을 요청하였다. 서훈 국정원장이 직접 일본에서 아베 수상을 재차 방문하여 공감대를 형성하기도 하였다. 5월 9일, 도쿄에서 열린 한중일 정상회담에서 한일 양국은 판문점 선언 지지, 납치피해자 문제에 대한 인식을 공유하였다. 한국 정부는 북미 간 중재뿐만 아니라, 납치자 문제에 대한 일본 정부의 입장을 수용하면서 한일 양국 간 긴밀한 협력을 추진하였다.

제7차 한중일 정상회담에서 대북정책을 둘러싸고 대화를 중시하는 한국과 중국에 비하여 일본의 대응은 소극적이었다. 문재인 대통령은 판문점 선언에 대한 한중일의 지지를 도출하는 데 성공하였지만, 일본 측은 비핵화와 대북제재의 비례적 추진이나 상응조치의 검토를 부정하였다. 중국은 한반도 비핵화와 평화체제의 구축을 동시에 추진할 의사를 밝혔으며, 한국은 이에 동조하였다. 심지어 중국은 일본이 대북 압박만을 주장한다면 논의 구조에 들어올 필요가 없다고 비판하였을 정도였다.[43]

문재인 정부는 북한 비핵화의 평화적 해결이라는 대북정책의 전환을 추진하면서 지속적으로 한미, 한일 간 소통과 대화를 모색해왔다. 한일 간 협력과 대화의 선순환이 북일관계의 개선을 촉진하고, 북일수교가 한반도 비핵화와 북한 인프라 개발에 미치는 긍정적 요인에 주목하였다.

---

43 "対話に動く中韓圧力維持の日本 対北朝鮮の隔たりは?", 『朝日新聞』, 2018. 05. 06.(2018. 05. 10 검색).

문재인 대통령은 한반도 비핵화를 둘러싸고 '저팬 패싱이라는 일본 배제는 없다.' '북·일 관계 개선에 협력하겠다.' '일본인 납치자 문제의 해결을 돕겠다'는 세 가지 항목을 약속한 바 있다. 일본인 납치자 문제에 대한 아베 수상의 요청을 받아들여 4월 27일 판문점 회담에서 이 문제를 언급하였다.[44]

그러나 수차례의 한미일 정상회담, 미일·한일 정상회담에서 아베 수상은 한반도 비핵화를 위한 사찰과 검증, 대북제재 완화에 반대, 납치자 문제 선결이라는 기존 입장을 고수하였다. 한반도 위기설이 나도는 가운데 일본은 대북제재에 있어서 미일 양국 간 입장은 100% 일치한다는 주장을 거듭 반복하였다. 이미 한반도 비핵화를 둘러싸고 한일 양국 간에 상당한 시각차가 존재하고 있었다. 글로벌 대북제재를 주장하는 일본 정부와 대북 불신이 강한 일본 국민은 남북 대화와 북한 비핵화에 대한 불신이 강했다.

제2차 북미 정상회담의 연기로 인하여 한반도 비핵화 일정이 주춤한 사이에 한일 간 대북 인식의 격차는 극대화되었다. 2018년 10월 문재인 대통령은 아셈(ASEM)회의 참석차 유럽순방에 나서서 각국 정상을 설득하였다. 프랑스, 영국 정상과 단독 양자회담에서 북한 비핵화가 불가역적인 단계에 상응한 대북제재 완화를 주장하였지만, 수용되지 못했다. 반면, 아베 수상은 영국과 프랑스, 유럽 상임의장 등 주요 인사와 정상회담, 그리고 아셈회의 최종 결의문에서 완전한 북한의 비핵화까지는 대북제재 완화에 반대한다는 입장을 관철시켰다.[45]

---

44 "저팬 패싱 없다. 일본 달래는 청와대", 『서울신문』, 2018. 05. 29(2018. 06. 15 검색).
45 『産經新聞』, 2018. 10. 31.(2018. 11. 02. 검색).

한일 양국 간 상호 불신은 『외교백서』에 그대로 반영되기도 하였다. 한국은 2014~2016년에는 일본을 "가치와 이해를 공유하는 소중한 이웃이자 동북아 지역과 세계 번영과 평화를 위해 협력해야 할 동반자"로 표현하였지만, 2017년판 『외교백서』에서는 이와 같은 내용을 대부분 삭제하였다. 일본도 외무성 홈페이지와 『외교청서』에서 한국에 대한 기술을 상당 부분 누락시켰다. 한국은 "가장 중요한 이웃나라로 전략적 이익을 공유한다"는 표현을 사용하였지만, 최근 외무성 홈페이지에는 별다른 수식어 없이 "다양한 협력을 통하여 미래지향적인 한일관계를 지향한다"로 기술하고 있다.

일본의 『외교청서』 2014년판은 "한국은 자유, 민주주의, 기본적 인권 등의 가치와 지역평화와 안정 확보를 위해 이익을 공유하는 일본에게 가장 중요한 이웃나라"로 표현하고 있다. 여기에는 "가치의 공유, 이익의 공유, 가장 중요한 관계"라는 3개 요소가 포함되었다. 2015년에는 '가장 중요한 이웃나라'로 줄어들었다가, 2015년 12월 한일'위안부' 합의가 반영되어 2016년판과 2017년판에 "전략적 이익을 공유하는 가장 중요한 이웃나라"로 바뀌었다. 그러나 2018년 들어 다시 한일 간 가치, 이익, 관계의 3개 요소 모두 생략되는 등, 일본 정부의 한국 인식이 점차 악화하고 있음을 보여주고 있다.

〈그림 3〉에서 알 수 있듯이, 아베 수상의 시정연설 등에서 한국 관련 내용의 변화를 확인할 수 있다. 2017년까지 "한국은 전략적 이익을 공유하는 가장 중요한 이웃나라로, 양국 간 국제 약속, 상호 신뢰를 바탕으로 미래지향적이고 새로운 시대의 협력 관계를 심화시키고자 한다"에서 2018년 1월 26일 시정연설에서 중국을 한국보다 우선시할 뿐만 아니라,

〈그림 3〉 아베 수상의 한국에 대한 주요 발언 변화[46]

한일 간 전략적 이익을 공유한다는 기술 부분도 생략하였다.[47] 2019년 1월 28일, 아베 수상은 시정 방침 연설에서 한국에 대해 사실상 언급조차 하지 않았다.

---

46 "아베 시정연설 한국 의도적 무시", 『한겨레신문』, 2019. 01. 28(2019. 01. 05. 검색). http://www.hani.co.kr/arti/international/japan/880187.html

47 "もはや共通の価値観もなし？ 韓國の対日表現削除は意趣返しか…危機深まる日韓関係", FNN PRIME, 2018. 01. 17., https:..headlines.yahoo.co.jp.hl?a=20190117-00010001-fnnprimev-pol&p=2(2018. 01. 21. 검색).

아베 수상은 시정연설에서 강한 미일 동맹, 정상궤도에 오른 중일 관계를 강조하였다. 북일 간 국교정상화를 추진하겠다는 의사를 밝히면서도 한국의 전략적 지위를 저평가했다는 분석도 나왔다.[48] 결국 한일 양국이 대북 인식과 동북아 전략에 대한 상이한 입장으로 인하여 전략적 제휴 관계에서 상호 전략적 방치 상태로 후퇴하고 있으며, 전략적 판단보다 반일 분위기나 역사 피로에 편승하고 있다는 지적이 나오고 있다.[49] 겨우 2020년 들어서야 1월 20일 시정연설에서 아베 수상은 한국을 '기본적 가치와 전략적 이익을 공유하는 가장 중요한 이웃나라'로 지칭하면서 개선된 인식을 내비쳤다.[50]

일본 정부는 안보정책을 규정한 2018년 『방위대강』에서 안보 협력 추진 대상 국가를 차례로 명기하면서 한국을 미국, 호주, 인도, 동남아 국가에 이어 다섯 번째로 지정하였다. 2010년과 2013년 민주당 정권기 『방위대강』에는 미국 다음으로 한국이 두 번째로 나왔지만, 한일관계가 악화되면서 밀려났다. 일본과 군사 협력을 추진하는 인도나 호주 등의 국가들을 선순위에 올려두겠다는 의도가 드러난 것이었다.[51] 이에 맞대응하듯이, 2019년 나온 한국의 『2018년 국방백서』는 한일 간 상호 인식의 괴리를 여실히 보여주었다. 한국의 『국방백서』는 한일관계와 관련해 일본과 '자유민주주의와 시장경제의 기본가치를 공유한다'는 관용적

48 『한겨레신문』(인터넷판), 2019. 01. 28(2019. 02. 04 검색) http:..www.hani.co.kr.arti.international.japan.880187.html.

49 박철희 교수 인터뷰, 『조선일보』, 2019. 01. 15.

50 최은미, 2020, 「아베총리의 「시정방침연설」 통해 본 일본의 對한국외교 방침과 2020년 한일관계 전망」, 『이슈브리프』, 아산정책연구원.

51 『중앙일보』, 2018. 12. 31(2019. 01. 02 검색).

인 표현을 삭제하였다.[52]

2019년 2월 28일 베트남 하노이에서 열린 제2차 북미 정상회담에 앞서서 일본 정부는 북한에 대한 어떠한 인도적 지원이나 경제협력도 거부한다는 입장을 분명히 하였다. 또한, 미국에 대하여 일본인 납치자 문제를 의제로 다루어야 한다고 주장하였다.[53] 회담이 결렬되자마자, 아베 수상은 트럼프 대통령의 판단을 적극 지지한다고 발표하였다. 한반도 비핵화와 대북제재 완화를 둘러싸고 제2차 북미 정상회담에서 가시적인 성과를 기대했던 한국 정부와 커다란 대조를 보였다.

일본 정부는 제2차 북미 정상회담 이래, 북미 관계가 답보 상태에서 벗어나지 못하고 있고, 남북 간 대화 국면이 소강 상태에 놓이면서, 북미 간 중재자 역할을 떠맡으려 하고 있다. 일본은 대북제재를 유지하면서도 북한과의 대화채널 구축을 시도해왔다. 아베 수상은 2019년과 2020년 일본 국회에서 발표한 시정연설에서 김정은 위원장을 직접 만나서 납치 문제를 풀고, 북일 간 국교정상화를 추진하겠다고 발표한 바 있다. 일본은 북미 대화로 문제를 해결하려는 트럼프 정권과 보조를 맞추면서 먼저 북일 정상회담을 실현하고 그후 납치 문제도 해결하는 방향으로 대북정책을 전환하고 있다. 대북관계가 장기간 교착상태에 빠진 일본이 지금까지 입구전략으로서 납치자 문제 해결을 뒤로하고, 일단 북일 간 정상회담을 성사시키면서 대화 과정에서 납치자 문제 해법을 모색하는 것으로 입장을 바꾼 셈이다.

그러나 북한은 아직까지 어떤 긍정적인 대일관계 개선의 신호도 보내

52 『연합뉴스』, 2018. 01. 15(2019. 01. 17 검색).

53 『한국경제』, 2019. 02. 22(2019. 02. 27 검색).

지 않고 있다. 북한 『노동신문』은 연일 대일 비난을 거듭하고 있으며, 납치자 문제가 이미 해결되었고 추가 생존자는 없다는 기본 입장을 바꾸지 않고 있다. 일본도 지난 3월 독자적인 대북제재를 2년 추가로 연장하였다. 적어도 북미 간 대화 국면이 본격화되지 않는 한, 북일관계의 개선은 기대하기 어렵다.[54] 따라서 대북정책의 한일 간 격차와 대립 상태의 북일관계, 그리고 한반도 비핵화와 동북아 전략를 둘러싼 한일 간 입장 차이는 거의 바뀌지 않고 있다.

V. 요약과 함의

문재인 정부의 한반도 비핵화 정책은 북한의 핵포기를 전제로, 전쟁을 방지하고, 종전선언과 평화체제를 추진하면서 동북아 지역질서의 안정을 구축하려는 것이다. 냉전의 관성과 대북 불신론에서 벗어나 약속과 신뢰, 공동 번영의 희망을 강조한 것으로 볼 수 있다. 2018년 6월 싱가포르와 2019년 2월 말 하노이에서 열린 두 차례의 북미 정상회담과, 3회에 걸친 남북 정상회담을 통해서 65년 동안 지속되었던 정전체제를 끝내고, 북미 수교를 통한 한반도 평화체제의 구축과 동북아 평화번영으로의 대전환을 모색하고 있다고 평가할 수 있다. 또한 신남방정책을 통하여 아세안과 인도까지 포괄하는 외교적 지평의 확대, 신북방정책을 전개하여 북한, 중국, 러시아 등 유라시아의 연계성 증진을 통한 역내 다

54 양기호, 2019, 「레이와(令和) 시대 북일관계 개선은 가능한가」, 『통일시대』.

자주의 협력을 진전시키는 동력 창출에 초점을 맞추고 있다.[55]

문재인 정부의 외교안보 비전을 전제로 한일 협력의 위치를 살펴보면, 한국은 한반도 비핵화 과정에서 평화질서 파트너로서 일본의 역할을 기대하고 있다. 한국과 일본의 파트너십 관점에서 바라본다면, 안보와 평화의 공동체, 평화공존 담론의 공유와 확대, 중국 위협론으로부터 탈피는 물론, 북일 정상회담 추진, 한일 공동 대북경제협력, 동북아 평화질서에 한일 양국의 공동책임 등을 강조하게 된다.[56]

그러나 냉혹한 국제정치의 현실은 오히려 한일관계를 악화시키고 있는 것으로 나타났다. 문재인 정부에서 본격화된 한반도 비핵화와 평화체제 구축 vs. 일본의 대북 불신과 완전한 비핵화까지 대북제재 유지, 중국 견제용 성격이 강한 인도·태평양 전략은 동아시아 국제정치의 역학상 오히려 한일 갈등이 상수화, 장기화될 수 있는 '뉴노멀(new normal)의 한일관계'라는 구조적 변화를 추동하고 있다.

1965년 맺어진 한일 간 청구권 협정은 냉전체제하 한미일 안보 협력, 남북분단과 군사적 대립, 한일 간 수직적 경제분업 체계가 중첩된 동북아 국제질서에 바탕한 것이었다.[57] 그러나 한반도 비핵화를 위한 각국의 입장차, 미중 간 신형 대국관계의 전개와 이에 따른 동북아 정세의 변화로 한일 양국 관계는 전략적 이익을 공유하지 못하고 있다. 동북아 국제질서 아키텍처를 둘러싼 미중 간, 중일 간 안보 갈등과 군비 경쟁, 아시

---

55 송은희, 2018, 「동북아 플러스 책임공동체 구상을 통해본 동아시아 지역주의 전략」, 『INSS전략보고』, 국가안보전략연구원, 5쪽.

56 김기정, 2018, 「남북, 북미 정상회담 이후 한반도와 동북아」, 도쿄대 한국학연구센터 주최 세미나.

57 이원덕, 2000, 「한일관계 65년체제의 기본성격 및 문제점-북일수교에의 함의」, 『국제지역연구』, 9(4), 39~59쪽.

아인프라투자은행(AIIB)이나 환태평양 경제동반자협정(TPP) 등, 상호 배타적이거나 제로섬(zero-sum)적인 경제체제, 동북아 지역의 기억과 정체성의 충돌로 인한 감정적 대립이 겹치면서 한일관계는 더욱 복잡해졌다.[58] 트럼프 정권 이후, 동아시아 지역 간 동맹 관리가 약해지고, 양자주의 개별 동맹에 치중하면서 한일 양국 간 대북 인식과 동북아 외교의 격차가 분명하게 나타나거나, 양국 간 갈등이 더욱 심화되는 양상이 뚜렷해지고 있다.

이 글에서는 한일 양국 간 동북아 외교 전략의 차이, 한반도 비핵화를 둘러싼 대북 인식의 격차를 짚어보고, 그것이 한일 갈등에 미친 영향을 살펴보았다. 한일 간 갈등과 대립은 단순히 역사와 영토 문제뿐만 아니라, 상이한 외교 비전과 전략적 목표, 특히 한반도 비핵화와 동북아 외교 전략의 차이에 기인하고 있었다. 한반도 비핵화와 평화체제를 모색하는 한국과, 완전한 비핵화의 검증이 이루어질 때까지 대북제재 완화를 반대하는 일본의 입장은 향후 지속적으로 양국 관계에 부정적인 영향을 미칠 것이다. 한일 양국은 이처럼 서로가 대북인식과 비핵화 정책, 동북아 외교 전략이 상이하다는 점을 전제로, 긴밀한 소통과 대화를 거듭하면서 상호 신뢰를 쌓아가야 할 것이다.

---

58 하영선·손열 엮음, 2015, 「신시대를 위한 한일의 공동진화」, 동아시아연구원 EAI Special Report, 2~3쪽. http:..www.eai.or.kr.data.bbs.kor_report.20150903154634.pdf(2019. 01. 25. 검색).

참고문헌

한국어

김기정, 2018, 「남북, 북미 정상회담 이후 한반도와 동북아」, 도쿄대 한국학연구센터 주최 세미나 발표집, 도쿄대.

김숙현, 2019, 「한일관계 관리 방안」, 제7차 국가안보전략연구원-일본국제문제연구소학술회의집.

동북아역사재단 주최, 2018, "10.30 대법원 판결관련 강제동원 문제 논의" 학술회의 발표집.

동아시아연구원 · 겐론NPO, "제6회 한일국민 상호인식 조사", 『조선일보』, 2018. 06. 19.

동아시아연구원 · 겐론NPO 공동연구, 2019, "제7회 한일국민 상호인식 조사", 동아시아연구원 홈페이지(http://www.eai.or.kr/main/:검색일 2019.12.09.)

박철희 외 공저, 2018, 『아베시대 일본의 국가전략』, 서울대학교출판연구원.

송은희, 2018, 「동북아 플러스 책임공동체 구상을 통해본 동아시아 지역주의 전략」, 『INSS전략보고』, 국가안보전략연구원.

아사노 토요미, 2018, 「동아시아의 화해의 방향성에 대하여-민주주의와 국민감정, 역사기억 그리고 인권」, 동북아역사재단 주최 학술회의 "10.30 대법원 판결관련 강제동원 문제 논의" 발표집.

양기웅, 2014, 「한일관계와 역사갈등의 구성주의적 이해」, 『국제정치연구』 17(2).

양기호, 2019, 「문재인정부 한일갈등의 기원-한일간 한반도 비핵화와 동북아외교 격차를 중심으로」, 『일본학보』 119.

______, 2019, 「레이와(令和) 시대 북일관계 개선은 가능한가」, 『통일시대』.

______, 2018, 「한국은 일본을 어떻게 보아야 할 것인가?-역사, 현안, 전략-」, 『동아시아재단 정책논쟁』 제88호

______, 2017, 「한일관계 50년의 성찰-1998년 한일파트너십 공동선언의 합의와 경과」, 『한일관계 50년의 성찰』, 도서출판 오래.

이신철, 2012, 「국가간 역사갈등 해결을 위한 역사정책 모색」, 『역사비평』 가을호.

이원덕, 2000, 「한일관계 65년체제의 기본성격 및 문제점- 북일수교에의 함의」, 『국제지역연구』 9(4).

______, 2009, 「노무현 정부의 과거사 대일정책 평가」, 『일본연구』 제26집.

장달중, 2008, 「세계화와 민족주의 사이의 한일관계: 상호경시적 흐름에 대한 고찰」, 『한일공동연구총서』, 고려대학교 아세아문제연구소.

조양현, 2017, 「동아시아 국제질서 변화와 한일 과거사 문제: 과거사문제의 다자화 및 전략화가 한일 관계에 주는 함의」, 『동북아역사재단 연구보고서』.
청와대 국가안보실, 2018, 『문재인정부의 국가안보 전략』.
최은미, 2020, 「아베총리의 「시정방침연설」 통해 본 일본의 對한국외교 방침과 2020년 한일관계 전망」, 『이슈브리프』, 아산정책연구원.
하영선·손열 엮음, 2015, 『신시대를 위한 한일의 공동진화』, 동아시아연구원 EAI Special Report.

일본어

小此木政夫, 2005, 「小泉政権の愚と３つの戦略」, 『論座』 8月號.
木村幹, 2017, 「両國とも関係改善を望んでいない」, 『日本と世界-世界の中の日本』.
______, 2018, 「近くて遠い國から普通の國同士の関係へ」, 第3回韓日交流フォーラム, 駐新潟韓國総領事館主催國際シンポジウム.
富樫あゆみ, 2017, 『日韓安全保障協力の検証』, 亜紀書房.
西野純也, 2019, 「盧武鉉政権期の日韓関係ー韓國の新しい秩序の台頭」, 『法学研究(慶応大学)』 92(1).
日本外務省, 2019, 『外交青書 2018』.
__________, 2019, 『自由で開かれたインド太平洋』.
日本國際問題研究所, 2014, 『インド太平洋時代の日本外交』.
李鍾元, 1996, 『東アジア冷戦と韓米日関係』, 東京大学出版会.
Victor D. Cha, 2000, *Alignment Despite Antagonism: The United States-Korea-Japan Security Triangle*, NewYork: Columbia University.

신문

"もはや共通の価値観もなし? 韓國の対日表現削除は意趣返しか… 危機深まる日韓関係", FNN PRIME, 2018. 01. 17.
"論点:きしむ日韓関係", 『毎日新聞』, 2019. 02. 01.
"日米首脳会談の共同声明全文", 『讀賣新聞』, 2017. 02. 12.

인터넷 자료

日本 外務省 사이트: https://www.mofa.go.jp/mofaj/
日本 國際問題研究所 사이트: https://www2.jiia.or.jp/

5장

화해를 향한 갈등의 긴 여정
: 한일관계에서의 협력과 갈등의 정치학

장인성

I. '긴 이행기' 혹은 '역사의 시작'

최근 '위안부' 문제, 과거사 문제, 영토 문제 등 역사의 기억을 둘러싼 동북아 국가들의 갈등은 개선의 기미를 보이기는커녕 오히려 악화되고 있다. 한중 관계는 사드 갈등 이후 소원한 상태이고, 남북 관계는 화해를 모색한 듯싶더니만 핵 문제로 교착상태에 빠졌다. 한일관계는 더 나쁘다. 한국 정부가 '위안부' 합의를 파기하고 한국의 대법원이 한국인 노무자 강제동원 배상판결을 내리면서 급랭하였다. 일본은 한국에 대해 전략부품 수출규제를 단행하였고, 한국 정부는 지소미아 종결 선언으로 이에 맞섰다. 한국민은 일본 제품 불매운동을 벌이기도 했다. 완화 기미를 보이고는 있지만 한일관계의 근본적인 해결은 쉽지 않아 보인다.

한일 문제를 보는 양국의 입장은 분명하게 갈린다. 일본 측은 '위안부' 문제는 '위안부' 합의로 이미 해결되었기에 '불가역적'인 것이며, 강제징용공 문제도 1965년 한일청구권협정으로 해결되었다는 입장이다. 협정과 합의로 한일 역사 문제는 종료되었다는 생각이다. 한편 한국 측은 개인청구권은 청구권협정으로 해결된 것이 아니어서 개인의 인권 차원에서 해결책을 모색해야 하며, 정부가 대법원 판결에 간여할 수 없다는 입장이다. 이처럼 양국의 견해차가 현격해서 좀처럼 해결의 실마리를 찾지 못하고 있다. 최고도에 달한 양국 갈등을 완화하기 위해 징용공 피해자에 위자료를 지급하는 방안이 모색되기도 했다. 하지만 협정이나 합의에 대한 인식, 한일관계사를 보는 관점, 문제 해결 방식 등에서 한일 양국은 큰 차이를 보이고 있다.

한일 갈등을 보는 관점은 많이 다르다. 일본인들은 이명박, 박근혜 대통령 이래 한국의 정치지도자들이 '도발적' 행태를 보이고 양국의 합의를 파기한 데서 갈등의 원인을 찾는다. 한국인들은 일본 정치지도자들의 보수(우익)적 성향과 정책 때문이라 생각한다. 그런데 한일 갈등은 단지 정치지도자의 퍼스낼리티에서 비롯된 것일까. 일본의 보수정권과 한국의 진보정권의 이념이나 정책 때문일까. 역사와 합의를 보는 해석과 관점의 차이는 역사적, 구조적인 것일 수 있다. 한일 갈등은 체제 변동과 더불어 그동안 잠복해 있던 갈등 요소가 민낯을 드러낸 것일 수도 있다. 어쩌면 한일관계를 규율해온 1965년 체제가 상대화되기 시작했음을 시사할 수도 있다. 그렇다면 한일 갈등은 정책 차원뿐 아니라 역사적, 구조적 관점에서 파악해야 하지 않을까.

흔히 질서 변동 과정에서는 갈등이 발생한다. 한일 갈등은 탈냉전, 지구화 맥락에서 진행되는 동북아 질서 변동과 연관된다. 테사 모리스-스즈키는 전후 60년의 시점에서 일본이 "불명료하고 불확실한" 냉전시대에서 포스트냉전 시대로 전환하는 "긴 이행기"에 있다면서 일본의 아시아 관계가 바뀌어야 한다고 주장한 바 있다. 모리스-스즈키는 "일본과 이웃나라 사이의 지적 거리"가 구조화된 냉전 상황을 의식하면서 탈냉전 시대로의 "긴 이행기"를 제대로 이해하려면 "냉전이란 무엇이었는가"를 물어야 한다고 했다.[1] 냉전하에서 일본과 동북아 국가 간에 잠복해 있던 갈등 요소에 주목해야 한다는 말이다. "긴 이행기"는 숨어 있던 갈등 요소가 현재화(顯在化)하는 과정, 일본의 동북아 국가 관계 변화를 요구받는 과정일 수 있다.

동북아의 갈등, 한일 갈등은 냉전 종식과 더불어 억눌려 있던 역사의 기억이 되살아난 것과 관련된다. 그렇다면 "냉전이란 무엇이었는가"뿐

1 『世界』編集部編, 2005,『戦後60年を問い直す』, 東京: 岩波書店, 49쪽.

아니라 "동북아에서 역사란 무엇이었는가"라고 물어야 할 것이다. 동북아에서 탈냉전은 '역사의 종언'이 아니라 '역사의 시작'을 의미한다. "긴 이행기"는 새로운 관계를 지향하는 '역사의 시작'일 수 있다. 동북아에서 '역사의 시작'은 개항기에 불완전한 모습을 드러냈던, 하지만 일본제국주의로 좌절되었던, 그리고 냉전체제에서 미소 냉전제국의 동북아 규율로 왜곡되었던 주권국가체제가 바야흐로 냉전 종결을 계기로 시작되었다는 사실과 관련된다. 탈냉전과 지구화의 동력에 의해 유발된 '역사의 시작'은 동북아 공간에서 과거와 현재의 투쟁이 시작되었음을 뜻한다. 이러한 사실은 동북아 국가들이 새로운 권력 관계와 규범 형성의 '긴 여정'에 들어섰음을 뜻한다. 동북아 국가 간의 갈등은 역사적이며 구조적이다. 갈등을 벗어나 화해를 향한 '긴 여정'은 '치열한 고투'를 수반하지 않을 수 없다.

II. 경쟁과 협력, 갈등과 화해

1. '협력'과 '화해'

1965년 한일기본조약 성립 이래 한일 양국은 경제와 안보 분야에서 비교적 안정된 협력을 보였다. 협력은 한국이 경제 차원에서 우위에 있는 일본의 지원을 얻는 것을 뜻했다. 한일 양국은 정치안보 분야에서는 자유진영 국가를 규율하는 냉전체제의 틀과 미국의 관여로 양국의 협력은 제한적이었지만, 경제 분야에서는 무역불균형에도 불구하고 기술공여와 기술수혜의 협력 관계가 성립하였다. 하지만 탈냉전, 지구화 맥락에 들어 문화 영역의 교류가 확대되는 한편, 경제 분야에서 경쟁과 협력의 양상이 현저해지기 시작했다. 글로벌화에 대응하여 분업체제를 형성하면서 한일의 경제적 상호의존(협력)은 높아지는 한편, 경제성장과 산업 고도화로 한국의 경쟁력이 높아지면서 한일 경쟁은 심해지고 있다. 이익경쟁과 상호협력의 동학이 강하게 작동하고 있다.

지구화가 '경쟁'과 '협력'의 관계를 부추겼다면, 탈냉전은 역사 문제를 둘러싸고 '갈등'과 '화해'의 동학을 유발하였다. 냉전기에 억눌러 있던 역사의 기억이 소환되면서 독도 문제, '위안부' 문제, 노무자 강제동원 문제와 같은 쟁점이 불거졌다. 일본 제국통치의 피해자가 겪은 기억이 소환된 것은 탈냉전기 한국에서 시민사회가 국가에 대항하여 성장한 것과 관련된다. 피해자들은 냉전체제의 이념적, 신체적 규율이 풀리자 과거의 기억을 불러내기 시작하였다. 인권과 같은 보편적 가치(정의)와 법적 정의에 의탁하여 일본에 사과와 배상을 요구하기 시작하였다. 역사 문제가 개입하면서 '경쟁'과 '협력'의 틀에 '갈등'과 '화해'의 쟁점이 더해졌다. 한일관계는 지구화 상황에서 유발된 경제에서의 경쟁과 협력의 문제영역과, 탈냉전 상황에서 조성된 정치에서의 갈등과 화해의 문제영역이 교착해 있다. 두 문제영역의 교착이 부정적으로 작용하면서 한일관계는 악화되었다.

'화해'와 '협력'은 구별된다. 협력은 경제 협력, 안보 협력 등에서 보듯이 정치, 군사, 경제, 문화 영역에서 상호 이익을 추구하는 행위이다. 현재의, 혹은 미래에 예상되는 이익 충돌을 완화하거나 공통이익의 증대를 예상했을 때 상정되는 관계성이다. 기능주의 발상에 기초하며, 정치적, 전략적 성격이 농후하다. 한편 화해는 과거에 겪은 피해의 상흔이 남아 있고 가해자-피해자 간의 긴장과 갈등이 당사자/당사국의 협력이나 우호의 구축을 저해할 때 모색되는 관계성이다. 가해자–피해자 관계를 회복하는 행위이다. 역사의 기억이 없는 곳에서는 협력은 굳이 화해를 필요로 하지 않는다. 또한 협력이 꼭 화해를 도출하는 건 아니다. 화해는 역사적 사실을 양해하고 역사의 기억을 공유하는 공통감각을 전제로 한다. 협력이 공간적 차원의 문제라면, 화해는 시간적 차원의 문제이다. 냉전기에는 공간적 차원의 협력이 모색되었지만, 탈냉전기에는 시간적 차원의 화해 문제가 공간적 차원의 협력 문제와 교착하면서 복잡한 양상을 띠고 있다.

탈냉전, 지구화 맥락의 한일관계는 냉전기 경제안보 협력의 연장선상에서 생각할 수 있다. 탈냉전, 지구화 맥락에 맞게 경제적 이익의 극대화와 안보의 안정화를 모색하면서 신자유주의의 지구화와 지역주의에 공동 대응하는 수준에서 협력을 확대하는 방식을 생각할 수 있다. 기능주의 발상에 기초한 협력론은 저위 수준에서 고위 수준으로의 확산을 상정하는 한편, 나아가 협력 분야를 경제, 안보뿐 아니라 문화 영역까지 포괄하는 공동체 구상으로까지 이어지기도 했다. 하지만 이러한 낙관적 기능주의에 입각한 협력론은 역사 문제=화해 문제가 끼어들면서 적실성이 크게 떨어졌고 공동체론은 거의 파탄을 맞았다. 65년 체제에서 성립한 '협력'의 사고법을 가지고 역사 해석의 현격한 차이에서 비롯된, 감정적 내셔널리즘에서 유발된, 양국 간 '갈등'을 제어할 수 있을까. 새로운 논의의 문법이 필요하지 않을까.

여기서 화해이론은 일정한 의미를 갖는다. 화해이론은 탈냉전 맥락에서 분출한 역사의 기억을 둘러싼 가해자와 피해자의 갈등을 해소하고자 시도한다. 화해이론은 화해의 절차와 수준을 말한다. 절차적, 제도적 화해에서 물질적 화해로 나아가고, 궁극적으로 이념적, 관념적 화해를 이루는 과정을 논한다. 상대의 비폭력을 신뢰하고 상대를 파트너로 인정하면서 관계의 완전한 회복과 용서로 나아가는 과정을 제시한다. 보편적 정의를 상정하면서 얕은 단계에서 두터운 단계로 진화하는 화해의 과정을 묘사한다.[2] 화해론은 논리적 합리성과 기능주의적 발상과 낙관적 전망에 의거하는 당위론이라 할 수 있다. 그런데 화해의 당위가 진정 갈등의 현실을 바꿀 수 있을까. 이러한 단계적 방법과 정의론이 과연 동북아 갈등을 해소할 수 있을까.

정책적 합의가 민간 수준의 합의로 확산되는 단계적 이행은 쉽지 않다. 민간(시민사회)의 반발로 정책적 합의가 번복되는 일도 적지 않다. 정치, 군사, 경제 분야의 특정 사안에 내재된 갈등 요소가 한일관계를 위협하는 경우도 적지 않다. 오부치-김대중 공동선언(1998)은 가해자의 과거사 반성과 피해자의 미래지향적인 노력을 촉구한 '화해'의 기틀을 제공했다는 평가를 받아왔다. 하지만 '위안부' 합의(2015)나 징용공 판결(2018)은 화해가 물질적 보상과 결부될 뿐 아니라 정신적 화해가 쉽지 않다는 사실을 보여준다. 경제, 문화 차원의 협력과 정치, 역사 차원의 화해는 직결된 문제는 아니다. 두 쟁점은 차원도 다르고 해법도 다르다. 화해의 당위론이 역사 문제가 협력을 분절시키는 현실을 완화하기는 쉽지 않다.

화해론은 목적론적으로 갈등 해소를 지향하지만, 현실을 규정하는 갈등 자체를 주목하지는 않는다. 협력이나 화해의 당위론을 말할 때 갈등

2 화해이론에 관해서는 천자현, 2013, 「화해의 국제정치: 화해이론의 발전과 중일관계에 대한 비판적 적용」, 『국제정치논총』 53권 2호; 천자현, 2015, 「다음 세대를 위한 한일관계의 새로운 패러다임: 화해, 그리고 회복적 정의」, 『일본비평』 12호, 서울대학교 일본연구소 등 참조.

은 해소해야 할 부정적인 악이라 생각한다. 하지만 갈등은 극복해야 하지만 그렇다고 부정적인 것만도 아니다. 갈등은 이상(異常)이 아니라 정상(正常)이며, 특수한 것이 아니라 일상적인 것이다. 갈등의 부재는 평화의 완전한 구현이나 관계의 부재를 뜻한다. 화해는 갈등의 권력 관계를 내포한다. 재판의 경우 갈등의 당사자를 규율하는 제3자(판사)에 의한 법적 권위와 판결에 의거해 화해(법적 화해)를 시도한다. 그런데 당사자들이 조정 신청을 하지 않으면 중재는 성립하지 않는다. 화해는 권고사항이지 법적 강제성은 없다. 화해를 수용하지 않으면 중재는 효력이 없다. 재판관은 이익 조정을 중재할 뿐이다. 국내 차원에서 사회적 안정을 위해 식민지배자의 호의로 원주민과의 역사 화해가 이루어지는 경우가 종종 있다. 지배자와 원주민 간의 화해는 우열과 시혜-수혜의 관계를 전제로 한다. 이와 달리 국가 간 갈등은 국가 간의 평형(균형과 평등)을 지향할 때 발생한다. 갈등은 대등성을 지향하는 사회적 소통의 표현이다.

갈등은 현재의 권력 관계가 균형을 지향한다는 명분이 작동할 때 생겨난다. 법적 권위와 판결의 구속력이 취약한 국제사회에서 화해는 이익 조정의 문제가 아니다. 법적 권위와 판결이 개재하기 어려운 양자 관계에서는 더욱 그렇다. 대등한 입장에서 생긴 이익 충돌의 경우 이익 조정을 통해 화해가 성립하지만, 뿌리 깊은 불화의 악감정이 개재될 경우 화해의 전망은 쉽게 서지 않는다. 지나치면 분쟁이나 전쟁을 초래할 수도 있지만, 갈등은 대등한 관계를 지향하는 소통의 한 표현이다. 갈등은 힘의 불균형을 의도적으로 작위하거나 상호 평등과 상호 인정을 추구할 때 발생한다. 중화와 주변의 주종 관계, 제국과 식민지의 지배-피지배 관계에서 보듯이, 힘의 차이가 현격하면 갈등은 생겨나기 어렵다. 갈등은 상호성(reciprocity)과 평등성(equality)을 지향하는—그렇다고 믿거나 그럴 수 있다고 기대하는—의지에서 생겨난다. 일종의 인정투쟁이다. 갈등을 정상으로 간주할 때 화해를 향한 전망은 리얼리티를 가질 수 있다. 독도, 역사교과서, 종군'위안부' 등 역사 문제를 둘러싼 갈등의 표출도 주권평등의 관계성이 본격화되었음을 시사한다. 화해를 말하려면 갈등을 말해야 한다. 화해는 갈등을 극복해서라기보다는 갈등 과정을 통해 얻어지는 것이 아닐까. 화해의 보편적 원리를 열렬하게 호소한다고 갈등이 해소되지는 않는다. 갈등은 현실의 권력 관계나 이익 관계에서 나오며, 권력이나 이익은 자체의 동학에서 조정될 때 리얼리티를 갖는다. 갈등은 갈등의 동학을 통해 극복해야 한다.

2. '비틀림'의 구조와 갈등

갈등은 역사적이며 구조적이다. 한일 갈등은 현재적 관심사의 표현일뿐더러 역사적 유산의 산물이기도 하다. 한일관계의 아포리아(난관)는 역사상 양국 사이에 상존한 명분과 실제의 괴리, 규범(합의)과 권력(이익)의 간극에 있다. 이러한 괴리는 한일관계의 상태(常態)이다. 이 괴리를 덮어둘 때 겉보기의 평화와 협력이 이루어졌고, 이 간극을 문제 삼고 줄이려 할 때 갈등이 발생하였다. 동북아 국가들의 갈등은 동북아 국제질서의 양태와 연관된다. 지정학적 구조와 국제 체제, 국내 체제의 양태, 그리고 이들 양태와 연동된 국가-사회의 성격과 연관된다. 동북아 국가들의 상이한 지정학적 위상(대륙, 반도, 섬)은 유럽과는 달리 다자간 세력균형의 성립을 어렵게 만드는 구조적 요소이다. 이러한 지정학적 구도에서 동북아 국제질서의 역사적 양태가 성립하였다. 동북아 국제질서는 국제체제와 이와 관련된 세력 구도, 그리고 양자 관계로 특징지울 수 있다.

갈등과 협력의 한일관계는 제국체제와 세력구도가 만들어내는 구조적 동학과 연동된다.

동북아는 오랫동안 제국체제였다. 중화제국, 일본제국, 냉전제국(미소)과 같은 제국(중심)이 동북아 국제 체제의 규범(질서원리)을 강제하면서 주변 국가를 규율하고 독특한 동북아 세계를 구성하였다. 중화체제에서는 제국이념(중화)과 제국권력(조공)이 반영된 '예법'(사대자소)의 질서원리와 교린의 질서원리에 의탁하여 중국-주변 국가 간 양자 관계, 주변 국가 간 양자 관계가 분절적으로 공존하였다. 일본제국체제에서는 '직분'과 '공영'의 질서원리로 식민지와 동아시아 민족 간의 관계가 규율되었다. 일본제국은 중국을 대체한 새로운 '중화'로서 주권평등의 근대 국제법 원리와 직분질서 원리를 결부시킨 국민제국의 질서원리를 가지고 동아시아 국가/민족과의 양자 관계를 제국 속에 포섭하는 일본적 세계를 구축하고자 했다. 한편 냉전체제에서는 세계 정치를 주도하는 후견 국가인 미소 냉전제국이 동맹의 원리를 가지고 피후견 국가와의 양자 관계를 규율하는 구조였다. 동북아 국가끼리의 양자 관계는 냉전제국과 주변 국가의 양자 관계에 의해 분절되었다.

제국체제에서 중심(제국)과 주변 국가의 양자 관계는 지배와 피지배, 강제와 복종, 우세와 열세 등 힘의 현격한 우열로 인해 비교적 안정적이었다. 중심-주변의 안정적인 불평등 관계에서 비자발적 협력이 이루어졌다. '협력'은 강제 내지는 열세의 상황에서 행해진 비자발적인 순응을 뜻했다. '자주'는 비자발적 순응을 대가로 한 '자치'였다. 소국은 제국정치에 포섭되면서도 국제규범을 따르고 제국의 인정(recognition)을 확보함으로써 자주의 정당성을 확보하였다. 국제규범('사대자소', '도의', '신뢰')은 실제로는 힘의 차이에서 성립한 것이지만, 명분상으로는 차별적 관계를 은폐하는 기능을 했다.

19세기 중후반의 개항기, 21세기 전환기의 동북아는 제국이 변경되거나 제국이 종언을 고한 시대였다. 이 시기에 제국체제와는 다른 질서원리를 가진 주권국가체제가 작동하면서 질서 변동이 뒤따랐다. 탈냉전기에 장기간 지속한 제국체제가 종결되면서 동북아 역사에 유례 없는 주권국가체제가 모습을 드러냈다. 다만 19세기 개항기와 21세기 전환기의 주권국가체제는 내용이 달랐다. 개항 이후에는 중화체제를 대체했지만 주권국가체제는 불완전한 것이었고 일본제국이 출현하면서 좌절되었다. 탈냉전=탈제국의 동북아 국제사회에서는 냉전 제국체제를 감내하면서 축적한 경제력을 토대로 국력(경제력, 군사력, 문화력)을 갖춘 주권체의 상호작용이 전개되고 있다. 역사상 처음으로 동북아에 실질적인 주권국가체제가 개시된 것이다. 이러한 점에서 '역사의 시작'이라 부를 만하다.

그런데 '역사의 시작'=주권국가체제의 본격적 개시는 동북아 공간에 갈등과 협력의 동학이 시작되었음을 뜻한다. 주권국가체제는 경쟁과 협력의 동학이 작동하며, 국가들이 주권경쟁과 이익경쟁을 벌이는, 항시 전쟁과 분쟁이 일어날 수 있는 체제다. 주권국가체제는 주권평등의 명분과 국력 불균형의 실제 사이에 '비틀림'[3], 즉 간극을 가진 모순된 체제다. 이 간극을 메우고자 했을 때 갈등이 생겨난다. 권력 불균형을 수정하여 권력 균형을 이루고자 할 때 비틀림이 발생한다. 탈냉전기 한일관계의

3 '비틀림'은 가토 노리히로(加藤典洋)의 용법에서 빌린 것이다. 가토는 미국이 만들어낸 일본 전후체제와 일본사회 현실 사이에 존재하는 비틀림의 해소를 전후체제 극복의 과제로 보았다(加藤典洋, 1997,『敗戦後論』, 講談社). 다만 전후일본을 규정하는 명분과 실제 사이의 '비틀림'은 현대일본의 보수주의자, 보수 논객들이 대체로 감지하고 있다.

갈등은 역사의 기억을 둘러싼 쟁투뿐 아니라 이러한 비틀림에서도 기인한다. 냉전체제에서는 냉전제국의 규율로 주권평등의 명분이 작동할 여지가 적었고, 따라서 비틀림은 봉인된 채 있었다. 탈냉전을 계기로 이 봉인이 해제되고, 여기에 다른 차원의 비틀림이 더해졌다. 역사의 기억을 둘러싼 비틀림이다. 냉전 종결과 더불어 제국의 기억, 식민지의 기억이 소환되면서 과거와 현재 사이의 비틀림이 부상한 것이다.

탈냉전(시간축)과 지구화(공간축)로 기억이 소환되고 세력 구도가 변동하면서 냉전체제에서 은폐되었던 모순과 갈등은 드러났다. 분절적 양자 관계에서 복합적 양자 관계로 이행하면서 비틀림이 발생하였다. 냉전 맥락에서 전후 처리(배상, 보상)는 냉전에 대응하기 위한 것이었지 역사적 대응이나 역사 화해는 아니었다. 동북아는 역외 대국(미국, 소련)의 정치적 이념과 군사적 경쟁에 의해 분절되고 역내 상호작용이 쉽지 않았다. 갈등과 화해의 문제는 냉전적 규율을 벗어나 복합적 양자 관계의 성립이라는 계기가 필요하였다. 탈냉전 맥락에서는 양자 관계의 변용과 새로운 다자 관계의 형성이 모색되었고, 지역질서가 재편되는 과정에서 역내 국가들이 에고이즘을 드러내고 이익 경쟁을 벌이는 가운데 역내 관계의 구조적 모순과 역내 갈등이 표출되고 있다.

'비틀림'은 공간적이며 시간적이다. 공간적 비틀림은 동북아 구조 변동에 따른 역학 관계(국제 체제와 국내 정치의 간극, 대국과 소국의 주권 불평등)에서 발생하며, 과도한 경쟁에서 비롯된, 협력을 저해하는 비틀림이다. 경쟁(개별 이익을 위한 투쟁)과 협력(공동 이익을 위한 협조) 사이의 비틀림이다. 시간적 비틀림은 역사 해석(제국의 기억과 식민지의 기억)의 어긋남에서 생기는 것으로 화해를 저해하는 비틀림이다. 역사의 기억을 둘러싼 쟁점은 국가 간, 사회세력 간 쟁투를 유발하고 있다. 피해를 치유하는 기준으로 작용하는 보편적 규범과 자국의 역사와 생존을 정당화하는 개별적인 국가 이익 사이의 비틀림이다.

탈냉전기의 한일 갈등은 한일 양국의 국내 갈등과도 연동한다. 냉전기 한일의 우호 협력은 한일 갈등을 억지하는 냉전체제의 규율과 보수정권의 양해 위에 가능하였다. 하지만 탈냉전 이후 일본에서는 전후체제(평화헌법, 민주주의, 미일동맹)의 모순(비틀림)이 표면화하면서 헌법 개정과 자위대 파병을 둘러싼 논쟁이 뒤따랐고, 지식인들이 아시아의 사자(死者)와 자국의 사자에 대한 '화해'='애도'의 방식을 둘러싸고 보수-진보 논쟁을 벌이면서 역사의 기억이 쟁점화되었다. 자국의 화해를 우선하는 보수적 견해와 보수우파 정치세력이 우세한 결과, 타자(아시아)와의 화해 가능성은 크게 약해졌다. 한편 한국은 민주화와 정권교체를 통해 권위주의체제에서 탈피하면서 역사 갈등을 축으로 보수-진보 간 갈등이 커졌다. 급성장한 시민사회가 국가권력에 관여하면서 추진된 과거사 청산(친일청산), 적폐청산과 같은 급진정책은 국내 화해는커녕 국내 갈등을 증폭시켰다. 일본의 보수화/보수정권과 한국의 진보화/진보정권 사이의 정책상의 편차가 커지고, 양국에서 배타적 내셔널리즘이 확산되면서 공통의 규범(가치)의 적용이 어려워지면서 한일 갈등이 커지고 있다.

III. 법과 말: '약속은 지켜져야 한다'?

1. 법과 정치

한일 갈등은 문재인 정부가 '위안부' 합의를 파기하고 대법원이 일제 강제징용 배상 판결을 내리면서 첨예화되었다. 한국에서는 전시 '위안부'와 징용공 모집의 강제성, 기만성과 일본국가의 책임을 추궁해야 한다는 인식이 강한데, 문재인 정권은 사법부 판단을 빌려 개인청구권을 인정하는 정책 전환을 시도했다고 볼 수 있다. 이에 대해 아베 수상은 '위안부' 합의에 대해서는 '최종적', '불가역적'인 것이라 맞섰다. 또한 대법원의 강제징용 배상 판결은 청구권협정 위반으로서 상호신뢰를 해치는 행위라면서 한국 측에 국제법(한일청구권협정) 준수를 강력히 요구하는 한편, 전략부품의 수출규제를 단행하였다.

아베 수상은 한일 간의 조약은 지켜져야 한다, 즉 '약속은 지켜져야 한다(Pacta sunt servanda)', 양국의 합의는 '최종적'이고 '불가역적'이라는 입장이다. 한국 측의 '위안부' 합의 파기와 강제징용 배상 판결이 일본을 자극하여 한일 갈등을 촉발하였음은 부정하기 어렵다. 그런데 약속 위반의 사실 여부를 떠나 약속 위반을 어떻게 볼 것인가를 따질 필요가 있다. '약속이 지켜지지 않는' 상황이 출현하고 이로 말미암아 한일관계가 악화된 것은 식민지 피해보상에 관한 기존의 조약이나 합의의 규정력이 떨어졌을 뿐 아니라 한일관계의 틀이 바뀌고 있음을 시사하는 것이 아닐까. 조약이나 합의가 '최종적'이고 '불가역적'이라는 발언은 정당한 것일까. '위안부' 합의의 구속력은 무한정 허용되는 것일까. 합의 준수의 국제법 원칙은 한일관계에서 절대적인 것인가. 이러한 질문을 던질 수 있다.

'약속은 지켜져야 한다'는 명제에는 법과 말의 문제가 뒤따른다. 즉 법률적 판단(법)과 정치적 판단(말)의 문제를 생각해야 한다. 법률적 관점에서 본다면 '합의'는 국제법상 '조약'이 아니다. 1969년 비엔나조약 협약 제2조에 따르면, 조약은 "서면으로 작성되어 국제법에 의해 규율되는 국가 간 합의"를 뜻한다. 조약은 국제법상 규정된 체결 절차와 형식을 갖추어야 하며, 국가원수나 국회의 비준동의가 있어야 한다. '위안부' 합의는 양국 외교장관이 구두로 발표한 것이며 내용도 다르다. '조약'과 같은 법적 구속력이 없다.[4] 그런데 정치학적 관점에서 생각한다면 국제법은 확정된 보편규범인가 아니면 상황적 권력 관계의 표현인가라는 물음이 더 중요하다. 유럽에서 국제법이 성립하고 비서구사회에 근대 국제법이 적용된 것은 국제법이 보편적인 자연법적 규범이었기 때문이 아니다. 분쟁과 전쟁, 외교의 국제교섭 과정에서 생겨난 것이다. 힘의 차이에서 생겨난 정치적 현상이었다.

국제법은 '정당성'과 '시효'의 문제가 있다. 조약은 동의(합의)와 준수에 의해 정당성을 확보한다. 강압이나 폭력에 의해 성립한 합의는 정당성을 결여한다. 또한 조약은 유효기간, 즉 시효가 있다. 19세기 개항기 한일 간에 체결된 조약들은 힘의 불균형 상태에서 일본이 강제해서 체결되었고 사정 변경으로 폐기되었다. 한일합방조약은 강제성(상황성)과 법적 유효성(형식성)의 문제를 보여주는 전형적인 사례다. 지금도 합방조약의 유효성을 둘러싸고 한일 간에 의견이 갈리는데, "불법이기 때문에

4 이용중, "'합의'는 국가를 구속하는가", 『한겨레신문』, 2016. 1. 4.

원천적으로 무효다"라는 한국 측 입장은 조약의 강제성을 이유로 법적 무효를 말한 것이다. "이미 무효다"라는 일본 측 입장은 상황의 변화에 따른 법적 무효를 말한 것이다. 한국 측은 조약 성립의 법적 정당성을 중시하지만, 일본 측은 조약이 적용되는 시효를 전제로 한다.

한일기본조약도 시효와 법적 정당성의 관점에서 볼 수 있지 않을까. 분명 한일기본조약은 한일 양국의 비강제적인 합의로 성립한 것이므로 법적 정당성(합법성)을 갖는다. 그렇지만 한일기본조약은 양국의 '합의'로 성립했다고 해서 불가역적인 것일까. 한일합방조약을 '무효'로 만든 사정 변경을 생각해볼 수 있다. 일본 측은 법적 정당성을 주장하지만, 상황성에 따른 시효의 가능성도 생각해볼 수 있다. 시효는 정치적 상황과 정치적 판단에 의존한다. 조약이 유효할지, 무효일지는 권력 관계에서 성립하는 국제 체제의 보편적 규범과 한일관계에 달려 있다. '약속은 지켜져야 한다'라는 국제법 원칙이 실제 작동할지 여부는, 종교적인 자연법 원리가 통용되는 세계가 아닌 한, 세속적 권력 관계에 의존한다. 시효는 법적 정당성에 의해 규정되는 것이 아니다. 조약이 보편적 규범으로서 작동하는 양상은 그것을 가능하게 하는 동의=양해가 있기 때문이다.

법과 정치의 문제는 일본헌법 개정에 관한 일본 국내의 논의에서도 엿볼 수 있다. 호헌론자들(진보좌파)은 절대적 평화(평화주의)의 관점에서 헌법(평화조항)의 법적 정당성을 주장한다. 헌법 제9조의 평화조항은 여전히 유효하며 자위대 문제는 해석헌법의 관행에서 다루면 된다고 생각한다. 한편 개헌론자들(보수우파)은 상대적 평화 개념을 토대로 법적 정당성(헌법의 교전권 포기, 자위권 조항)과 현실의 차질을 문제 삼으면서 헌법 제9조를 현실에 맞게 개정해야 한다고 주장한다. 보수우파는 냉전체제하에서는 개정의 필요성을 인정하면서도 해석을 통해 자위대의 존재를 정당화하였지만, 지금은 헌법 '개정'을 적극 주장한다. 상황=사정이 바뀌었기 때문이다.

보수비평가 에토 준(江藤淳)은 "정치란 만들어지고 있는 법률이며, 법률이란 만들어진 정치다. (중략) 정치가의 입장에서 말한다면 법률은 항상 만들어지는 것이며, 성립한 법률은 과거 정치의 화석이고 과거 정치의 흔적일 뿐이다"라고 했다. 에토에게 헌법은 제정될 때의 역학 관계가 화석화한, 세속적인 실무적인 법전이었다.[5] 보수주의자 후쿠다 쓰네아리(福田恆存)는 헌법=픽션에 적응하고 이것을 유지하려는 노력이 인격을 형성하고, 픽션의 붕괴를 막으려는 개별 인격의 노력이 픽션을 견고하게 하지만, 이 픽션(헌법)에 무리한 적응을 강요할 때, 인격의 붕괴, 정신의 퇴폐를 초래한다고 주장한 바 있다. 후쿠다는 국제관계와 이를 규정하는 조약을 "가장 훼손되기 쉬운 픽션"이라 생각하였다.[6] 현대일본을 대표하는 두 보수주의자도 법을 정치의 소산, 혹은 픽션으로 보았던 것이다.

에토의 발언은 걸프전쟁 발발을 계기로 일본이 세계질서 변동에 대처하는 상황에서 나왔다. 법이 "정치의 화석", "정치의 흔적"인 한, 정치가 바뀌고 법이 정치를 규율할 수 없을 때, 법은 개정되거나 새로 제정된다. 시효는 법이 통용되고 법을 준수하는 윤리가 작동하는 패러다임에서 유효함을 뜻한다. 공통의 규범의식이 공유되거나 강제력이 작용하기 때문이다. 패러다임이 정상적으로 작동할 때 '현교'(계약=명시적 합의)와 '밀교'(묵계=묵시적 합의)는 공존한다. 법과 현실은 괴리가 있어도 법(약속)은 준

5 江藤淳, 1991, 「'平和憲法'は新興宗教か」, 『日本よ, 何処へ行くのか』, 文藝春秋, 133~136쪽.

6 福田恆存, 1988, 「防衛論の進め方についての疑問」, 『福田恆存全集』 7, 文藝春秋, 536~537쪽.

수된다. 하지만 질서변동(정치변동)으로 법과 현실의 괴리가 커지고 법의 유효성에 대한 회의가 생겨날 때, 즉 밀교가 약해졌을 때, 밀교와 현교의 공존은 깨진다. 현교는 변경을 요구받게 된다. 실제의 내용을 규율하는 맥락이 달라지면 실제와 맞지 않는 비틀림이 현재화한다. 해석과 개정의 여지가 생긴다. 법은 지켜져야 하지만 지킬 수 없는 법은 고쳐지기 마련이다. 법은 개정이나 수정을 통해 변경된다. 불평등조약 개정, 안보조약 개정이 이를 보여준다. 협정의 개정, 수정은 조문이 효력을 상실하거나 새로운 효력을 요구하는 사정 변경이 생겼을 때 일어난다. 사정 변경은 장기간의 점진적 변화일 수도 있고, 강력한 권력 작용이 개재될 때 혁명적 변화일 수도 있다.

합의는 진정 불가역적이고 절대적인 것일까. 합의는 규범과 실제 사이의 괴리를 축소하려는 의식과 노력을 촉구한다는 점에서 구속적이다. 하지만 국가들의 국익 지향과 에고이즘이 만들어낸 타협의 산물인 한에서 공통감각을 만들어내기란 쉽지 않다. 합의는 특정의 시기와 상황을 전제로 성립한다. 한일기본조약은 냉전체제의 틀에서 한일관계를 규정한 것이었다. 냉전체제에서의 반공 협력, 미국의 동북아 전략, 일본의 위상, 한일 간의 역학 관계 등이 함께 작용한 결과였다. 합의는 보편적 규범(국제법, 인권법)을 상정하면서 인지된, 혹은 양해된 사실을 전제로 성립하지만, 어디까지나 권력 관계의 표현이다. 인지된 사실이 오류로 판명되거나 양해의 틀이 바뀌면 합의는 불공정한 것으로 새롭게 인식된다. 자발적 의사에 의한 진정성을 결여하는 한, 권력 관계에서 성립하는 한, 합의는 사정이 바뀌면 변경되기 마련이다. 양해체계가 바뀌면 합의의 실질적 의미, 즉 유효성은 소멸할 수밖에 없다. 합의가 구속력을 갖지 못할 때 더 이상 불가변, 불가역적일 수 없게 된다.

2. 말과 정치

명분과 실제의 불일치는 말로 표현된다. 모순(비틀림)이 심할수록 말은 거칠어지고 강고해진다. 이는 공통의 양해가 무너졌음을 시사한다. 아베 수상은 "'위안부' 합의는 불가역적인 것이다", "국제법은 준수되어야 한다"고 말한다. 아베 수상은 "징용공은 역사 문제가 아니다. 국제법 문제다"라고 말한다. 징용공 문제가 한일청구권협정으로 해결되었다는 말이다. 그런데 '약속은 지켜져야 한다'는 주장은 일종의 정치적 언어행위이다. 우세한 강자(강대국)가 국제법을 지켜야 한다고 말하는 것은 열세한 약자(약소국)가 그렇게 말하는 것과 의미가 다르다. 합의는 질서(현상유지)의 표현이며, 강자가 이러한 합의를 준수해야 한다고 말하는 것은 그 편이 강자에게 유리하기 때문이다. 아베 수상은 역사적 사실을 말한 것이 아니라 정책적 의지를 표명한 것이 아닐까.

아베 수상의 발언에서는 말의 정치학을 볼 수 있다. 아베 수상은 끊임없이 한일기본조약과 한일청구권협정이 한일관계를 규율하는 불변의 준거임을 환기시킨다. 과거사 문제, 배상 문제가 한일청구권협정으로 해결되었다는 '사실'을 상기시키는 것은 정치적 행위이다. 한일기본조약과 한일청구권협정이 불가역적이라는 '믿음'의 표현일 수도 있다. 합의의 불가역성을 불변의 사실로서 확정하고 이를 인지시키는 논법에서 국제법이 동원된 것은 아닐까. 역사가라면 마땅히 "징용공은 역사 문제다"라고 주장하기 마련이다. 정치가나 정책결정자들은 역사가와 달리 국익에 비추어 그것이 '역사적 사실'이라고 규정한다. '위안부' 문제, 징용공 문제의 성격은 정책적 의지와 그 표현으로서의 '합의'에 의해 규정된다. 정치가의 말은 사실을 은닉하고 정치적 의도를 담은 레토릭으로서 기능한다. 말은 '사실'을 추궁하여 '진실'을 규명하고자 발화되는 것이 아니다. 오히려 개별적 국가이성을 '진실'로 호도하고 그 '진실'을 보편적 사실로서 확정하는 '편견'에서 나온다. 정치가들에게 흔히 보이는 경향인데, 강경론자나 원리주의자, 극단주의자의 경우 더 심하다.

한일기본조약이 체결된 이후 60년 가까이 존속한 것은 특기할 만한 일이다. 하지만 그 기간이 길게 느껴지진 않는데, 아마도 청구권과 과거사 문제를 둘러싸고 긴장감이 사라지지 않고 그것을 문제 삼고 쟁점화하는 문제 상황이 지속되어서일 것이다. 냉전체제와 보수정권하에서 합의(조약)의 유효성을 의심하는 말은 공론화되지 못했고 합의에 대한 이견은 일정 부분 통제되어 있었다. 그런데 탈냉전=포스트전후 상황에서 원칙(조약, 합의)을 상기시키면서 이것을 준수할 것을 강조하는 발언이 잦아지고 어조도 세졌다. 이는 원칙에 어긋나는—쉽게 무시 못하는—행위들이 출현했기 때문이 아닐까. 원칙에 어긋나는 일이 발생하는 까닭은 사람들의 생각이 바뀌기도 했지만, 원칙을 둘러싼 상황이 변했기 때문일 것이다. 상황이 변해서 사람들의 생각이 바뀌는 것이다. 상황이 바뀌고 생각이 변하면 원칙의 유효성과 지속성이 흔들릴 여지가 생겨난다. 원칙(명분)과 상황(실제)의 갭이 발생하고 그 갭이 무시 못할 수준의 갈등을 유발했을 때, 기존의 합의(규범, 조약)를 고집하거나 수정이나 개정을 요구하는 목소리가 커진다. 원칙(조약, 합의)의 적실성이 문제시되는 상황이 출현했음을 뜻한다.

65년체제 성립 이래 한일 양국은 명분상의 평등을 상정하는 '협력', '문화교류', '파트너십', '공동이익'과 같은 말, 그리고 반공정책을 함께 하는 진영이념으로서 '자유민주주의'라는 말을 레토릭으로 사용해왔다. 하지만 이들 레토릭은 명분의 성격이 강했고, 한일관계는 경제력, 안보력의 차이에서 성립한 비대등, 비대칭의 우열 관계였다. '파트너십'은 비대칭적 관계의 현실을 은폐하는 평등 지향의 심리를 담은 말이었다. '협력'은 마찰, 갈등, 파국, 전쟁을 회피하고 싶은 심정을 담은 말이었다. 명분과 실제 사이의 이러한 괴리/비틀림이 드러나지 않은 까닭은 냉전체제와 미국의 규율, 그리고 반공 보수정권의 일정한 공통감각이 있었기 때문이다. 하지만 문맥(양해체계)이 바뀌면 말의 용법도, 의미(양해)도 변한다. 발언하는 주체(정치가)의 생각이 바뀌어서라기보다는 콘텍스트가 바뀌었기 때문이다. 시간적 차원에서 말의 의미가 변한 것이다.[7]

말의 의미는 공간적 차원에서도 바뀐다. 질서변동은 시간적 변화를 함축하는데, 이 시간적 변화는 주체와 객체의 공간적 관계성의 변화에서 촉발된다. 여기서 발생하는 말과 실제의 괴리는 공간적인 것이다. 말(레토릭)과 실제(리얼리티) 사이에 나타나는 공간적 차원의 괴리는 '망언'/'실언'이란 현상에서도 볼 수 있다. 한일 갈등을 명시적으로 보여주는 말의 정치에서 '망언'/'실언'은 명분과 실제의 갭을 보여주는 전형적인 사례다. '망언'/'실언'은 명분과 실제의 갭이 클 때, 그 갭을 감내하지 못하고 진심(혼네)을 말할 때 발화된다. 망언/실언은 말의 공간성을 나타낸다. 말과 실제의 괴리를 나타내는 망언/실언은 냉전 초기의 한일국교 정상화 교섭 과정에서 구보타 발언으로 극적으로 표출되었고, 1980년대 일본사회의 '국민화'가 진행된 나카소네 정권 때 역사교과서 문제가 발생한

7 김대중-오부치선언(1998)은 질서변동에 요구되는 새로운 규범이 출현을 감지하면서 한일 파트너십의 새로운 방향을 제시한 것이라 평가할 수 있다. 다만 '위안부' 문제, 징용공 문제를 둘러싸고 한일관계가 크게 악화된 것을 생각한다면, 이 선언은 질서변동에 수반될 역사 문제의 정치화와 갈등을 예상치 못한 낙관적 전망이었다고 볼 수도 있다.

이후 쟁점화, 정치화하는 일이 잦아졌다. 망언/실언은 상호감정을 악화시킨 갈등 요소였다.

망언 혹은 실언은 일본의 식민지 지배의 정당성과 의미를 둘러싼, 과거와 현재 사이의 자기정체성을 드러내는 언어투쟁이다. 한일 간에는 일본 정부의 각료가 식민지 지배를 정당화하는 '실언'을 하면, 한국 정부와 언론이 이를 '망언'으로 규탄하고, 그 발언이 외교 문제로 비화하면 해당 각료가 사직함으로써 갈등을 봉합하는 패턴이 있었다. '망언'과 '실언'은 다르다. 망언은 역사적 오류를 역사적 진실인 양 호도해서 발화된 말을 가리킨다. 실언은 역사적 진실(사실)이라고 믿지만 그렇게 말해서는 안 되는 콘텍스트에서 발화된 말을 뜻한다. 실언은 비의도적이고 망언은 의도적이기 쉽지만, 의도적인 실언도 있고 비의도적인 망언도 있다. 협력의 필요성이 강할 때 망언/실언은 제어된다. 하지만 망언/실언이 한일 양국의 국내 맥락에서 정당화되면 말의 의미의 차이는 줄이기 어렵다. 객관적 효과를 낳는 말의 논리적 측면과 주관적 효과를 배태하는 말의 심리적 측면은 분열한다. 현재 한일관계가 최악인 상황에서 오히려 이러한 말의 행태가 보이지 않는다는 것은 흥미로운 일이다. 역사 문제로 갈등이 증폭되었음에도 망언/실언이 문제가 되지 않는 역설적 상황인 것이다. 더 이상 망언/실언이 추궁당하지 않는다. 말의 의미의 차이가 좁혀졌기 때문이 아닐 것이다. 이러한 발언의 현상이 없어졌기 때문도 아니다. 발언을 정치화하지 않는, 말의 의미를 따지지 못하는 콘텍스트에 들어섰기 때문이다. 이때 완고한 말투와 과격한 행동(정책)이 등장한다.

완고한 말투와 과격한 행동이 출현한 것은 탈냉전 맥락에서 냉전체제에서 강제된 '묵계'(묵시적 합의)가 해체되고 있음을 시사한다. 냉전기에는 한일 보수정권 사이에 권력(경제력)의 현저한 차이와 미국의 관여(강제적 중매)에서 허용된 '묵시적 합의'와 '명시적 합의'(조약)에 의한 협력이 이루어졌다. 하지만 탈냉전기에 들어 냉전체제의 규율이 풀리면서 역사 문제가 분출하였고, 한국이 경제력 향상으로 주권체로서의 위상이 높아지면서 묵시적 합의는 무너지기 시작하였다. 더 이상 '자유민주주의'는 한일 양국의 협력을 매개하는 이념이나 가치로 작동하지 않게 되었다. 아베 수상은 "한국과는 더이상 '자유민주주의'라는 가치를 공유하지 않는다"고 말한다. 일본의 보수우파는 말로는 자유민주주의를 옹호하지만 미국식 민주주의에 호의적이지 않으며 강한 국가의식을 토대로 하는 공동체의 형성을 지향한다. 한국의 진보세력은 자유민주주의를 보수의 이념으로 배척하고 대한민국의 보수적 정통성을 해체하는 역사 해석을 시도한다. 한일관계의 패러다임 변동 과정에서 반일과 친일, 혐한과 친한의 이분법적 상호 인식, 상대방에 대한 우월의식은 여전히 강고하다. 한일 간에 비틀림이 깊어진 지금 상황에서 묵계의 해체를 예상한다면 지나친 억측일까.

IV. 갈등과 협력의 변증법

1. 기억의 공간학과 리얼리즘

화해를 어떻게 이룰 수 있을까. 어떻게 하면 명분과 실제가 비틀린 말의 정치(언어투쟁)에서 벗어나 명분과 실제가 부합하는 화법을 만들어낼 수 있을까. 비주체적(소극적) 협력을 넘어 주체적(능동적) 화해를 실현할 수 있을까. 화해에의 길은 장기간 지속될 갈등과 협력의 변증법적 과정일지 모른다. 화해를 향한 변증법적 과정은 갈등의 현실을 직시하면서 이성에 의거한 논리적 합리성과 경험에 입각한 역사적 합리성의 양자를 교착시키면서 그 갈등을 제어하려는 노력의 집적일 것이다. 화해를 향한 갈등과 협력의 변증법적 과정은 역사의 기억을 공간적으로 이해하는 것, 그리고 현재의 공간을 다자적으로 구성하는 것. 이 두 차원에서 생각해 볼 수 있다.

냉전기의 한일 협력은 냉전체제의 규율하에서 역사 화해 없이 성립하였다. 협력은 한일 양국의 경제적 필요에 부응한 측면도 있었기에 꼭 비주체적, 비자발적이었던 건 아니지만, 냉전체제의 규율과 냉전제국 미국의 관여로 주체적, 자발적인 협력에는 한계가 있었다. 탈냉전, 지구화를 계기로 역사의 기억을 둘러싼 쟁투가 벌어지면서 한일 협력의 취약성은 드러났다. 탈냉전, 지구화 상황에 들어 냉전적 규율이 느슨해지고 경제발전을 이룩한 동북아 국가들의 경쟁적 상호작용이 늘면서 갈등이 생겨났다. 탈냉전의 낙관적 분위기에서 탈국민국가적 발상이 출현하고 지구화에 대응하여 동북아공동체 구상이 부상하기도 했다. 하지만 이제 이러한 발상과 구상이 비현실적임은 판명이 났다. 시민, 기업 등 비국가 주체들의 협력이 늘었지만, 강고한 국민국가 패러다임과 내셔널리즘이 지속되는 한, 갈등 해소는 쉽지 않을 것이다.

흔히 역사가들은 현재의 갈등 요소를 역사에서 찾고 역사적 오류를 밝힘으로써 화해의 길을 모색한다. 기억을 담은 사료의 객관적 규명(실증)을 통해 역사적 사실을 복원할 수 있다고 믿는다. 역사적 사실의 실증을 치유와 화해의 전제로 삼는다. '기억의 시간학'이라 부를 수 있다. 갈등의 역사적 연원을 찾는 실증은 필요한 일이다. 하지만 역사적 실증이 화해를 도출할 수 있을까. 실증은 '역사를 말하는' 역사가의 관점과 선택을 전제로 한다. 때문에 역사가의 현재적 관점과 이념이 역사해석(역사적 사실의 재구성)에 짙게 투영되는 경우가 많다. 더구나 실증을 통해 역사적 사실이 '객관적으로' 규명되었다고 역사관이 쉽게 바뀌지는 않는 법이다. 역사적 사실이 한일 양국의 이해관계(국익)와 역사관에 의해 규정되는 한, 역사적 사실의 객관적 규명이 정치적 판단을 바꾸기는 어렵다.

역사관은 현재의 정치적, 이념적 입장에서 나온다. 역사의 실증을 촉구하는 것은 현재의 이해관계다. 역사의 기억을 소환하는 것은 현재의 갈등이다. 기억은 현재의 타자와의 공간적 관계에 의해 규정된다. 독도, '위안부', 징용공과 같은 역사 문제의 쟁점화는 한일의 변화된 권력 관계의 표현일 수 있다. 여기서 '기억의 공간학'을 생각할 수 있다. 한일관계의 비틀림은 역사에서 비롯되지만, 비틀림을 드러내 정치화하는 것은 현재의 권력 관계에서 나온다. 갈등은 역사의 산물이지만 현재의 권력 관계에서 표출된다. 가해-피해의 역사적 사실은 그것을 기억하게 만드는 현재의 권력 불평등으로 인해 망각되지 않는다. 현재의 비틀림이 없다면 역사의 기억은 옅어지며 현재를 규정하지 못할 것이다.

'기억의 공간학'은 자기-타자의 현재의, 혹은 미래에 예상되는 권력 관계에서 역사의 기억이 작동하는 방식에 주목한다. '기억의 공간학'에서는 역사적 기억이 현재 권력 관계가 작동하는 현재의 공간으로 소환한다. 피해의 상흔은 시간적 차원에서 망각을 통해 사라지는 것이 아니라 현재의 존재를 인정받을 때, 평등한 관계가 상정될 때 완화될 수 있다. 기억을 재현하는 것은 역사를 실증하기 위해서가 아니라 현재의 갈등을 치유하기 위해서다. 갈등의 표출과 기억의 재현은 동시적이다. 피해자의 상흔은 덮거나 망각해서 없어지는 것이 아니라 재현을 통해 치유될 수 있다. 심리치료에서는 가해자와 피해자를 눈앞의 무대로 소환하여 가해와 피해의 행위를 재연=재현(representation)함으로써 가해-피해의 기억을 말하게 한다. 재연=재현은 불평등한 권력 관계를 드러내는 행위이다. 가해자와 피해자가 현재의 무대에서 불평등한 권력 관계=갈등을 극적으로 표현하여 가해와 피해의 가상적 실제를 드러낼 때 상흔은 치유될 수 있다.[8]

역사의 기억을 현재의 무대에 소환하는 재현(再現)은 역사적 사실의 공간적 현전(現前)이나 장소성을 회복하는 행위이다. 무대에서의 재연=재현은 현전=현장의 무대 장면을 공유하기에 배우와 관객에게 리얼리즘과 공감을 제공한다. 재연이 상흔을 치유하고 화해를 이끄는 까닭은 리얼리즘과 공감을 만들어내기 때문이다. 리얼리즘과 공감은 '기억이 말해지는' 수동적인 객체적 행위가 아니라 '기억을 말하는' 능동적인 주체적 행위에서 성립한다. 공감은 보편적 규범이 통용되거나 도덕적, 윤리적 덕목이 함양되거나 문화가 공유될 때 생겨날 수도 있다. 하지만 서로 대립하는 상극적인 상황에서는 갈등의 재현과 인식을 통해 리얼리즘 감각을 회복하는 것이 선행되어야 하지 않을까.

법과 정치, 말과 정치에서 보았듯이 명분과 실제 사이의 비틀림은 역사적이고 구조적인 것이다. 법과 현실의 괴리, 말과 현실의 간극은 실제(reality)와의 거리를 뜻하며 이 거리는 허구를 내포한다. 말의 의미가 실제의 변화를 반영하지 못하거나 말의 작위적(정치적) 사용으로 실제를 호도하거나 왜곡할 때 허구가 생겨난다. 흔히 말의 의미와 사용을 고착시키는 것은 이념적 신념이나 편견이다. 허구의 간극이 굳어지면 리얼리즘이 약해진다. 문재인 정권과 아베 정권의 정책에서 리얼리즘의 퇴조를

---

8 장인성, 2010,「제국의 기억을 보는 시선」,『일본비평』2호, 그린비, 25쪽.

보기는 어렵지 않다. 아베 수상의 '불가역적'이란 말은 '약속은 지켜져야 한다'는 원칙뿐 아니라 그의 강고한 우월감을 느끼게 한다. 이러한 의지와 우월감에는 리얼리즘이 상실되어 있다.

리얼리즘의 회복은 명분과 실제의 괴리를 극복하고 공감을 얻기 위한 조건이다. 여기서 리얼리즘은 권력 추구의 성향이나 이념을 가리키는 것이 아니다. 힘을 추구하는 권력정치나, 힘을 국가이익으로 정의하는 고전적 현실주의(Hans Morgenthau)와도 구별된다. 관습적 인식틀이나 개인적 신념이나 이념을 벗어나 권력 관계를 응시하는 감각, 즉 리얼리티를 인식하는 감각을 말한다. 막말 유신기 일본의 정치인과 지식인이 그랬듯이, 변동하는 국제관계의 현실을 직시하면서 세계정치의 작용이 만들어내는 변용하는 현실을 읽어내는 감각이다. 북한 핵 문제를 예로 들어보자. 리얼리즘은 북한 핵에 대항하기 위해 한국도 핵을 가져야 한다는 힘의 논리를 추구하는 권력정치의 사고법을 말하는 것이 아니다. 북한이 결코 핵을 폐기하지 않는다는 실제적 사실과 핵은 사용할 수 없다는 역사적 경험을 상정하면서 평화의 조건을 찾는 사고법이다. 한일관계에서는 갈등의 현실과 국제 상황을 인식하면서 소망적 사고를 억제하고(한국의 진보정권), 고착된 사고를 탈피하는 것(일본의 보수정권)이 리얼리즘이 될 수도 있다.

현재의 갈등을 직시하는 현장성은 리얼리즘의 감각을 일깨운다. 이상주의가 논리적 이론과 소망적 사고(기분)에 의거하여 미래를 구성하는 정신이라면, 리얼리즘은 역사적 경험을 토대로 현실을 재구성하는 이념이나 태도를 말한다. 리얼리즘은 가해와 피해의 갈등을 직시함으로써 자각된다. 화해를 당위론과 정의론에 서서 윤리와 규범의 관점만으로 파악한다면 리얼리티에 대한 감각을 간과하기 쉽다. 리얼리즘은 논리적 합리성보다 경험적 합리성을, 혁명적 변화보다 점진적 변화의 변증법적 과정을 중시하는 감각이다. 변화된 상황과 규범을 읽어내고 새롭게 인지된 역사적 사실을 응시하는 감각이다. 공통의 양해를 유도할 공통감각이나 공감은 보편규범을 강제해서가 아니라 현전의 갈등을 사회적 관계에서 드러내고 조정하는 과정에서, 갈등과 협력의 변증법적 과정에서, 역사의 진실에 다가서고 새로운 관계를 설정하는 부단한 노력을 통해 배양될 터다.

2. 다자 관계의 사회학

리얼리즘의 감각은 갈등과 협력의 변증법적 과정을 추동하겠지만, 이것만으로는 충분치 않다. 동북아 공간을 규정하는 양자 관계의 구도가 갈등과 협력의 수준을 구속하기 때문이다. 여기서 다자 관계 구축의 가능성을 생각할 수 있다. 양자 관계의 취약성을 보완하고 파탄을 막는 장치로서 다자제도를 상정할 수 있다. 양자 관계를 제어할 장치로서 다자 관계의 양식들, 즉 다자 간 제도와 규범을 생각할 수 있다. 이 발상은 양자 관계의 발전된 형태로서 다자협력체, 다자공동체를 구상하는 것과 다르다.

앞에서 말했듯이 양자 관계는 양해체제를 공유하지 않는 한 자의적이기 쉽다. 양자 간 합의는 행동(정책)을 규율하는 규준으로 작동하지 않는 한, 언제든 파기되거나 왜곡될 우려가 있다. 한일관계는 당사국의 자의성 때문에 불안이 생기기 쉽고 이를 제어하기도 힘들다. 법과 정치, 말과 정치에 보인 비틀림은 힘의 우열에서 생기는 한 해소하기 어렵다. 양자 관계에 집착하는 한, 강고한 자국 중심주의와 내셔널리즘이 갈등을 부추기는 한, 갈등구도를 벗어나기는 어렵다. 양자 간 합의는 폐기, 수정되어도 제재 장치가 마땅치 않다. 양자 간 갈등은 제3자의 권위와 힘이 개입하지 않으면 제어하기 어렵다. 양자 관계의 구도에서 양해체제나 공통 규범이 미확립된 상태에서는 힘의 관계에 의존하기 쉽다. 보편적 정의와 주권평등의 이념으로 역사의 기억과 권력 불평등의 현실을 규율하는 데는 한계가 있다.

다자제도는 다자 관계에 형식과 규율을 부여하는 규범이 될 수 있다. 다자 관계는 주체의 행동을 규율하고 주체 간 평등성과 상호성을 인정하는 국제윤리를 배양할 여지를 높여줄 것이다. 다자제도와 보편규범의 형성을 통해 양자 관계의 자의성을 제어하고 양자 간 갈등을 상대화시켜 완화시킬 여지를 높여준다. 여기서 보편적 규준이 통용되는 공통의 장소(topos)로서 경제 공간은 중요한 의미를 갖는다. 기능주의에서 말하는 것처럼 경제활동은 양자 관계를 유연하게 만들고 다자 관계 형성을 도울 수도 있다. 애덤 스미스와 같은 자유주의자들이 생각했던 것처럼 동북아 국제공간에 자유시장을 상정하면서 자율적인 경제적 주체들이 이익경쟁을 하고 이 과정에서 사회적 덕목과 국제윤리를 이루고 공감을 형성하는 동북아 국제사회를 구상할 수도 있다. 또한 동북아를 문화공간으로서 상정하고 문화적 주체들이 권력 관계를 초월한 문화교류를 늘려나갈 가능성을 생각할 수도 있다.

하지만 복수의 양자 관계를 다자 관계로 발전시키고 다자제도를 구성하는 것 자체가 동북아에서는 요원한 길이다. 지정학적 요소와 역사적 유산에서 내면화된 모순과 비틀림의 구조로 인해 다자 관계와 제도를 만들기는 쉽지 않다. 경제적, 문화적 자유주의가 동북아의 다자 관계와 다자제도를 조성할 것이라 쉽게 기대할 수도 없다. 경제활동과 문화

활동이 이제 막 시작된 강고한 국민국가체제의 경계를 허무는 것은 지난한 일이다. 동북아 다자구도를 형성하는 도정은 길고 지난한 고투를 필요로 한다. 다자제도와 규범을 형성하기에는 동북아 공간의 모순이 깊다. 더구나 동북아 공간에 대한 상상력도 다르다. 동북아와 자국의 지정학적 위상에 관한 한, 중, 일의 인식도 다르다.

한일 양자 관계는 동북아 공간으로부터 해방될 필요가 있다. 한일의 양자 관계를 넘어서는 장을 상정할 수 있다. 동북아 공간을 넘어 동남아 혹은 아시아를 포괄하는, 공간적 장의 확장을 통해 관심도(attention ratio)를 넓히고 다자 관계의 가능성을 높여야 할 것이다. 에토 준은 미국이 강제한 일본국헌법과 검열이 만들어낸 "닫힌 언어공간"을 깨뜨리기 위해서는 "제도화된 언어공간"의 바깥에 시점을 두고 이를 상대화해야 하고 작위적인 언어공간으로부터 자유를 획득해야 한다고 주장한 바 있다.[9] 구조와 역사에 의해 내면화된 갈등에서 벗어나려면 동아시아, 아시아까지를 포괄하는 확산된 다초점 구조를 형성함으로써 동북아에 대한 상상력을 상대화할 필요가 있다. 동북아의 바깥에 시선을 두고 동북아 공간으로부터 자유로와져야 할 것이다. 확대된 장의 다자적 관계를 통해 한일관계를 상대화해야 할 것이다. 확장된 다자 관계의 규범(다자제도)은 권력 관계에 따라 자의적, 유동적일 수 있는 한일 양자 관계를 제어하는 규제력을 높이는 한편, 보편적 국제윤리의 통용 가능성을 높이고 합의의 법적 정당성을 객관화함으로써 갈등을 제어할 여지를 높이지 않을까.

---

9 江藤淳, 1987, 『新版 日米戦争は終わっていない』, 文藝春秋 NESCO, 156~157쪽.

V. 기나긴 고투의 여정, 국가-사회 관계

탈냉전, 지구화 맥락에서 동북아 국가들은 국내, 국제 양 수준에서 새로운 사회의 출현을 목도하고 있다. 동북아 국가들 내부에서는 국내 사회가 변모하였고 국가-사회 관계가 변용하고 있다. 민주화 이후 한국에서는 사회 영역이 커졌고 진보정권은 적극적으로 국가의 양태를 바꾸고 있다. 탈냉전 이후 일본에서는 경제 침체를 겪으면서 오히려 시민사회가 약화되고 국가의식을 높이는 보수화가 진행되고 있다. 중국은 개혁개방과 경제발전으로 사회변동을 겪는 한편, 권위주의체제를 강화하고 있다. 한국의 민주화, 중국의 개혁개방, 일본의 보수화는 사회의 변화를 초래하면서 서로 다른 방향에서 국가-사회 관계를 구축해왔다.

동북아 국민국가들은 국가의 성격, 정치체제, 국가-사회 관계, 사회의 양태 등이 서로 다르다. 갈등은 국민국가체제의 속성이기도 하지만, 역사, 안보, 경제 문제들이 서로 결부되면서 복잡한 모습을 띠고 있다. 또 국가 간 갈등은 강한 국가들을 조장하고 있다. 여기에 북한 핵 문제도 가세해 갈등 양상은 더욱 복잡해졌다. 북한 변수도 강력한 갈등 요소이다. 하지만 구조화된 양자 관계의 기존 틀을 재편하는 매개로 기능할 여지도 없지 않다. 북한 변수를 매개로 한일 화해를 모색해야 한다는 견해도 있다. 한일 화해를 동북아 평화체제와 연동시켜 남북한, 한일, 북일의 삼각관계로 짜여진 동북아 평화 구축과 역사 화해를 결부시켜 봐야 한다는 주장이다.[10] 의미는 있지만 이익경쟁과 갈등의 과정을 건너뛴 목적

10 남기정, 2019. 8, 「일본군'위안부' 및 강제동원 문제 해법: 한일관계 재구축을 위하여」, 『정세와 정책』, 세종연구소.

론적 주장이다.

갈등과 협력의 긴 여정에는 동북아의 특수한 주권국가체제에서 행동하는 강한 국가들이 관여한다. 확장된 공간 관념(아시아관)을 통해 동북아 공간과 한일관계를 상대화하는 한편, 강한 국가를 어떻게 유연하게 만들 수 있을지를 생각해야 한다. 국가-사회 관계는 동북아 주권국가체제의 향방을 가늠하는 지표일 수 있다. 사회가 국가의 규율에 대해 자율성을 확보하고 국가의 속성을 바꿀 수 있을 때, 변증법적 과정의 여정은 짧아질 수 있지 않을까. 여기서 한일관계 혹은 동북아 국제관계의 미래상은 국내 체제의 문제로 귀결된다. 국가-사회 관계의 재편은 국민국가와 내셔널리즘이 유연해지는 과정이며, 주체적 화해를 지향하는 '기나긴 고투의 여정'이다. 유럽 국가들은 세력균형의 경쟁체제인 국민국가체제에서 오랜 경쟁과 갈등을 겪은 뒤 역사 화해를 이루고 평화체제와 협력의 다자제도를 만들어낼 수 있었다. 이는 유럽의 지정학적 조건과 정치체제의 유사성에서 가능했다. 칸트가 영구평화의 전제로서 민주정을 내세운 것은 국가-사회 관계의 양태가 국제갈등을 해소하는 핵심적인 전제조건임을 말해준다.

참고문헌

한국어

남기정, 2019. 8, 「일본군'위안부' 및 강제동원 문제 해법: 한일관계 재구축을 위하여」, 『정세와 정책』, 세종연구소.

장인성, 2017, 『동아시아 국제사회와 동아시아 상상』, 서울대학교출판문화원.

______, 2010, 「제국의 기억을 보는 시선」, 『일본비평』 2호, 그린비.

천자현, 2015, 「다음 세대를 위한 한일관계의 새로운 패러다임: 화해, 그리고 회복적 정의」, 『일본비평』 12호.

______, 2013, 「화해의 국제정치: 화해이론의 발전과 중일관계에 대한 비판적 적용」, 『국제정치논총』 53권 2호.

일본어

『世界』編集部 編, 2005, 『戦後60年を問い直す』, 岩波書店.

加藤典洋, 1997, 『敗戦後論』, 講談社.

江藤淳, 1991, 「'平和憲法'は新興宗教か」, 『日本よ, 何処へ行くのか』, 文藝春秋.

______, 1987, 『新版 日米戦争は終わっていない』, 文藝春秋 NESCO.

高橋哲哉, 1999, 『戦後責任論』, 講談社.

福田恆存, 1988. 「防衛論の進め方についての疑問」, 『福田恆存全集』 7巻, 文藝春秋.

浜下武志, 1990, 『近代中国の国際的契機: 朝貢貿易システムと近代アジア』, 東京大学出版会.

신문

이용중, "'합의'는 국가를 구속하는가", 『한겨레신문』, 2016. 1. 4.

6장

왜 화해는 요원한가
: '21세기 새로운 한일 파트너십 공동선언' 이후의 한일관계

니시노 준야(西野純也)

I. 머리말

1. 다층적·다중적 발전에 찾아온 위기

2020년, 한일관계는 국교정상화 이후 55년째를 맞이했다. 본래라면 지금까지의 양국 관계의 발전을 축하하는 기회가 될 터이나, 지금의 한일관계는 "국교정상화 이래 최악"이라 일컬어지는 상태가 이어지고 있다. 특히 2018년 10월, 한국 대법원의 '징용공(배상)' 판결 이후, 한일 양국 정부는 1965년에 체결한 한일기본조약과 제반 협정, 특히 '한일청구권협정'의 해석을 둘러싸고 대립하고 있다. 이른바 한일관계의 기초가 되는 '1965년 체제'가 크게 흔들리고, 붕괴 위기에 직면해 있다고 할 수 있다.

한편 정치·외교 영역 밖으로 눈을 돌려보면, 한일관계가 괄목할 만한 발전을 이룩했다는 사실을 간과해서는 안 된다. 예를 들면 경제, 안보 그리고 인적·문화 교류라는 세 영역에서 진행된 한일 간의 협력과 교류는 양적으로나 질적으로나 내실 있는 풍요로운 관계로 심화되었다.

우선 경제 영역의 수직적 관계에서 수평적 관계, 비대칭적 관계에서 대칭적 관계로의 변화를 들 수 있다.[1] 국교정상화로 실현된 일본의 한국에 대한 경제 협력은 한국이 경제를 발전시키는 원동력 중 하나가 되었으나, 동시에 한일의 경제 관계를 수직적 구조로 만들었다. 그러나 한국 경제는 현재 세계 유수의 규모를 자랑할 만큼 발전했고, 그 결과 한일의

1 木宮正史, 2015,「構造変容に直面し漂流する日韓関係」, 木宮正史·李元德 편,『日韓関係史 1965-2015 I政治』, 東京大学出版会, 1~11쪽.

경제 관계도 수평적 경쟁과 협력 관계로 변모했다.

안보 영역에서는 1950년의 한국전쟁 발발 이후 한일 양국은 미국(미군)을 매개로 구조적으로 밀접한 관계를 맺어왔다. 1969년 11월에 발표된 미일 정상회담 공동성명(닉슨·사토 공동성명)에 담긴 '한국 조항'(한국의 안전은 일본의 안전에 있어 긴요하다)은 한미일 3개국의 구조적 연대를 명시적으로 선언한 것이었다. 그러나 동시에 한일 간의 '불행한 과거'는 양국이 안보 영역에서 협력하는 것을 방해해왔다. 한국 국내에서는 식민지 지배의 기억 탓에 일본과 군사적 관계를 맺는 것에 대한 거부감이 강했다. 일본 국내에서도 군국주의에 대한 반성에서 타국과의 안보 협력에는 부정적 감정이 존재했다. 이러한 상황은 1990년대에 들어와 변화한다. 냉전 이후의 새로운 안보 환경에서 한일 양국은 양자 간 방위 교류를 시작하기에 이르렀고, 그것은 마침내 방위 협력의 실시로 발전한다. 그 후 우여곡절을 거쳐 2016년에 한일군사정보보호협정(GSOMIA)이 체결되었다. 한일 양자 간의 명시적 협력이 꺼려지던 관계에서 협정을 체결하여 비밀 군사 정보를 교환하는 관계로 발전한 것이다.

그리고 국교정상화 이후의 한일관계 중 가장 극적인 변화가 일어난 지점은 인적·문화 교류 영역일 것이다. 1965년 당시, 한일 간의 인적 왕래는 연간 약 1만 명 수준이었고, 문화 면에서의 영향도 식민지통치의 흔적이 짙게 남아 있었다. 그로부터 55년이 지난 현재, 연간 약 1,000만 명이 양국을 오가고 있으며, 많은 일본인이 '한류'라 불리는 한국 문화를 즐기는 현상이 정착했다. 일부 정치인이나 사업가들의 한정된 왕래에서 젊은이와 여성을 중심으로 한 전면적 교류로 확대된 것이 한일관계의 큰 특징이다. 그렇기 때문에 오늘날의 한일관계는 정치·외교 영역에서 심각한 위기가 발생해도 인적·문화 교류 영역이 양국 관계를 떠받치는 다층적이고도 중층적인 관계로 변모했다.

위와 같이 한일관계가 양질 모두에서 크게 확대되고 발전했음에도 이번 위기가 심각한 까닭은 2018년 10월의 한국 대법원 판결로 인한 정치·외교 영역의 한일 갈등이 2019년 7월에 단행된 일본 정부의 대한 수출 관리 엄격화 이후 경제, 안보 더 나아가 인적·문화 교류 영역까지 비화되어 한일관계를 구성하는 모든 영역에서 '부정적 연쇄 작용'을 일으키고 있기 때문이다. 경제적인 공존공영 관계는 재고를 고려하는 상황에 직면해 있으며, GSOMIA 파기 위기가 상징하듯이 안보 협력은 정체 또는 후퇴했고, 일본 제품 불매운동이나 일본 여행 자제로 인적·문화 교류는 큰 폭으로 줄어들었다. 이것에 쐐기를 박듯이 2020년 봄 이후의 신종 코로나 바이러스 감염증 확대는 한일 간의 자유 왕래를 사실상 끊어놓고 말았다.

2. 파트너십 선언 이후의 한일관계

이러한 상황에서 맞이한 국교정상화 55년이라는 기로에서 그 어느 때보다 한일 정치지도자의 리더십이 중요하다는 것은 두말할 나위도 없다. "역사의 갈등을 안고 있는 한일은 국교정상화 후에도 현안이 발생할 때마다 공통 이익을 도출해내고 외교로 극복해왔다. 그 결과, 연간 왕래가 1,000만 명을 넘어서는 관계를 구축했다. 지금 잇따라 대립이 첨예화하는 사슬을 끊을 수 있는 것은 오직 정상의 지도력과 외교뿐이다"[2]는 어느 신문 사설의 주장은 주목할 만하다.

---

2 "社説 日韓55年の積み重ねを生かせ", 『日本経済新聞』, 2020. 6. 22.

한일관계에서 정치지도력의 중요성이 언급될 때마다 어김없이 등장하는 것이 김대중 대통령과 오부치 게이조(小渕恵三) 총리의 리더십이다. 두 정상이 서명한 1998년 10월의 한일공동선언('21세기 새로운 한·일 파트너십 공동선언')[3]은 한일 양국이 관계 개선을 위해 되돌아가야 할 참조점으로 여겨지고 있다. 2020년 9월에 아베 신조(安倍晋三) 정권에서 스가 요시히데(菅義偉) 정권으로 교체되자, 한 신문은 사설에서 "지금 다시금 떠올려야 할 것은 오부치 게이조 총리와 김대중 대통령이 교환한 '21세기 새로운 한·일 파트너십 공동선언'이다. 차세대의 양 국민과 아시아의 안정을 위해서도 건전한 정상의 왕래를 부활시켜야 한다"[4]고 주장했다. 또 한일공동선언 20년을 맞이한 2018년 10월에는 "미래 지향적인 새로운 관계를 지향하는 내용으로 오늘날에도 큰 의의가 있다. (중략) 공동선언의 정신을 다시금 음미하고 싶다"[5]거나, "20년 전 한일 정상이 직접 결단을 내리고 서로 양보하고 신시대를 개척하고자 한 의미는 크다. 선언의 정신은 조금도 퇴색되지 않았다"[6]는 취지의 사설이 몇몇 신문 지면에 실리기도 했다.

분명 1998년의 한일공동선언은 1965년에 '냉전 논리'와 '경제 논리'로 국교를 정상화한 한일관계를 냉전 후의 새로운 국제 환경에 걸맞은

---

3 「日韓共同宣言--21世紀に向けた新たな日韓パートナーシップ」, 1998. 10. 8., 외무성 웹사이트. 〈https://www.mofa.go.jp/mofaj/kaidan/yojin/arc_98/k_sengen.html〉 본고에서 인용한 한일공동선언은 전부 일본 외무성 웹사이트에 의한다. 한글판은 다음 웹사이트를 참조할 것. 「21세기 새로운 한·일 파트너십 공동선언(전문)」 〈http://www.korea.kr/news/policyNewsView.do?newsId=148746505〉.

4 "社説 朝鮮半島外交 対話を重ね関係修復を", 『朝日新聞』, 2020. 9. 12.

5 "社説 日韓共同宣言から20年 相互理解の精神生かそう", 『毎日新聞』, 2018. 10. 8.

6 "社説 日韓共同宣言20年 後世に恥じぬ関係構築を", 『朝日新聞』, 2018. 10. 8.

21세기를 내다본 파트너십으로 업그레이드한 획기적인 외교문서이다.[7] 정치 외교 관계의 사실상의 격상은 물론이거니와, 첫머리에서 언급한 경제, 안보, 인적·문화 교류라는 각 영역의 호혜적 협력 관계의 형성은 한일공동선언과 그 부속문서인 '행동계획(Action Plan)'[8]의 실천으로 실현되었다고 해도 과언이 아니다.

돌아보면 냉전 종식 직후인 1990년대의 한일관계는 반공 이데올로기의 소멸과 미국의 중재 능력 약화로 자칫 갈등 국면에 빠질 수 있는 상황이었다. 한국에서는 민주화로 시민단체나 언론이 정치 외교 문제에서도 존재감을 발휘하게 되었고, 한일관계에도 영향을 미치게 되었다. 특히 오늘날까지도 큰 현안이 되고 있는 일본군'위안부' 문제에서 지원단체와 언론이 담당한 역할은 무시할 수 없을 것이다. 일본에서도 '55년 체제'가 붕괴하고 1993년에는 비(非)자민당 연립정권이 출범하는 등, 국내 정치와 외교에 새로운 정책이 도입되었다. 한일 양국 정부 모두 냉전 후의 새로운 국제 환경에서 한일관계를 보다 발전시킬 요량이었으나, 1997년에는 독도(다케시마) 문제 및 어업협정 개정 문제로 관계가 악화하고 만다. 다행히도 이듬해인 1998년에 출범한 김대중 정권은 한일공동선언의 채택이 증명하듯이 관계 개선에 성공했다. 그 후의 한일관계는 정부 차원의 협력 진전은 물론이거니와 국민 차원의 교류도 확대되었다. '행동계획'에서 목표로 설정된 '국민 교류 및 문화 교류의 증진'은 과거

---

7 이원덕, 1996, 『한일 과거사 처리의 원점-일본의 전후처리 외교와 한일회담』, 서울대학교출판부.

8 「21世紀に向けた新たな日韓パートナーシップのための行動計画」, 1998. 10. 8., 일본 외무성 웹사이트. 〈https://www.mofa.go.jp/mofaj/kaidan/yojin/arc_98/k_kodo.html〉

정부가 견인해온 한일관계를 시민사회가 떠받치는 한일관계로 그 양상을 크게 바꾸어놓았다. 그리고 2002년의 한일월드컵 공동 개최는 한일 양 국민의 교류 분위기를 고양시켰다.

그뿐만이 아니다. 한일공동선언은 "양국의 파트너십을 단순히 양자차원에 그치지 않고 아시아·태평양지역, 나아가 국제사회 전체의 평화와 번영을 위해, (중략) 진전시켜나가는 것이 매우 중요하다는 데 의견 일치를 보았다"라며, 한일의 협력을 지역 및 글로벌 차원에서 자리매김할 것을 선언했다. 당시의 시대 상황에서 볼 때 한일 양국의 협력이 가장 시급하다고 여겨진 과제는 아시아외환위기(IMF 위기)와 북한 핵 문제에 대한 대응이었다. 실제로 한일 양국 정부는 공동선언과 때를 같이하여 이들 과제에서 협조와 협력을 확대했다.

그럼에도 불구하고 그로부터 20년 이상이 지난 오늘날, 한일관계가 "국교정상화 이래 최악"이라 일컬어질 정도로 악화하고 만 것은 어째서일까? 한일공동선언 이후의 20년간, 한일관계 더 나아가 양국을 둘러싼 대내외 환경에는 어떠한 변화가 일어났고, 그것이 어떻게 한일관계를 악화시키는 요인으로 작용한 것일까? 그리고 심각한 위기를 겪고 있는 한일관계를 개선하기 위해 과연 한일공동선언의 정신으로 돌아갈 수 있을까? 아니 애당초 그것은 바람직한 것일까. 혹여 20년 이상 전의 한일공동선언이 여전히 참조할 만하다면 우리는 어떠한 점을 계승하여야 할까?

본고는 이상과 같은 문제의식을 염두에 두면서 공동선언을 계기로 당시의 한일관계 업그레이드에 크게 이바지한 세 영역, 즉 (1) 역사 화해의 시도, (2) 북한 문제에서의 공조, 그리고 (3) 동아시아 지역 협력을 위한

공동 노력에 대하여 20년 전의 성과와 그 후의 상황 변화를 확인한다.[9]

결론을 잠깐 미리 말해두면, 1998년의 한일공동선언에 명기된 바와 같이 당시 위 세 영역에서 추진된 한일 양국 정부의 협조와 협력은 놀라웠다. 그러나 그 후 한일관계를 둘러싼 대내외 환경이 변화하면서 역사 화해, 대북 정책, 동아시아 지역 협력의 모든 영역에서 정체 또는 후퇴라 표현할 만한 움직임이 뚜렷하게 등장했다. 크나큰 환경 변화로 인해 한일관계는 더 이상 20년 전의 모습으로 되돌아갈 수 없다. 따라서 한일 양국은 지금까지의 변화를 토대로 한 '새로운 한일관계'를 구축할 수밖에 없다. 현 상황은 새로운 관계로 나아가기 위한 기나긴 고통의 과도기이며 더한층 관계를 발전시키기 위한 '성장통'이었다고 훗날 평가받을 수 있도록, 한일 양국 정부가 함께 노력하여 역경을 극복해나가기를 기대하는 바이다.

II. 한일공동선언의 성과

1. 역사 화해의 시도

한일공동선언의 작성에 참여한 당사자들이나 많은 전문가들이 지적하듯이 공동선언이 가지는 가장 중요한 의의는 오부치 총리가 식민지

9 본고의 일부는 니시노 준야, 2017, 「한일공동선언의 역사적 의의」, 아시아연구기금, 『한일관계 50년의 성찰』, 도서출판 오래, 181~194쪽; 西野純也, 2020, 「危機に直面する日韓関係」, 亜細亜大学アジア研究所, 『対立から対話へ--激動する朝鮮半島を読み解く』, 39~61쪽 등에서 논한 내용이다.

지배에 대하여 "통절한 반성과 마음으로부터의 사죄"를 밝히고, 김대중 대통령이 그것을 평가한 것이 한일 정상이 서명한 외교문서에 명문화되었다는 점이다.[10] 공동선언의 첫머리에서 "양국 정상은 1965년 국교정상화 이래 구축되어온 양국 간의 긴밀한 우호협력 관계를 보다 높은 차원으로 발전시켜 21세기의 새로운 한·일 파트너십을 구축한다는 공통의 결의를 선언"했다. 이어지는 제2항에서 "오부치 총리대신은 금세기의 한·일 양국 관계를 돌이켜보고 일본이 과거 한때 식민지 지배로 인하여 한국국민에게 다대한 손해와 고통을 안겨주었다는 역사적 사실을 겸허히 받아들이면서 이에 대하여 통절한 반성과 마음으로부터의 사죄를 한" 것에 대하여 "김대중 대통령은 이러한 오부치 총리대신의 역사 인식 표명을 진지하게 받아들이고 이를 평가"하는 동시에 제3항에서는 "국제사회의 평화와 번영을 위해 수행해온 역할을 높이 평가"했다.

1965년 6월의 한일기본조약에는 과거의 역사에 관한 인식 표명은 담기지 않았다. 그렇다고 과거에 대한 인식 표명이 전혀 없던 것은 아니다. 국교정상화가 임박했던 1965년 2월, 시이나 에쓰사부로(椎名悦三郎) 외상은 김포공항에 도착해 발표한 성명에서 "양국 간의 오랜 역사 중에 불행한 기간이 있었던 것은 참으로 유감스러운 일로서 깊이 반성한다"[11]고 밝혔다. 이동원 외무부장관과의 회담 후에 체결된 한일 외상 공동성명에는 "시이나 대신은 이 장관의 설명에 유념하고 그와 같은 과거 관계에

10 "(対談)日韓, 和解の誓い道半ば", 『朝日新聞』, 2018년11월14일에 열린 사사에 겐이치로(佐々江賢一郎)와 박준우의 대담. 조세영, 「[EAI 이슈브리핑] 김대중-오부치 공동선언의 탄생 과정과 그 의의」, 동아시아연구원 웹사이트, 2018년 9월 27일. 〈http://www.eai.or.kr/main/search_view.asp?intSeq=9795〉.

11 『わが外交の近況』第9號, 1965. 7., 외무성 웹사이트. 〈https://www.mofa.go.jp/mofaj/gaiko/bluebook/1965/s40-1.htm#asia-ro〉.

대하여 유감의 뜻을 표명하였으며 깊이 반성하는 바라고 말하였다"[12]고 명기되었다. 그러나 한일회담의 교섭 경위나 '구보타 발언' 등이 한국 측에 안겨준 의심 즉 식민지 지배라는 양국 간의 불행한 과거에 대해 일본 측이 진지하게 마주하지 않고 있다는 불신감은 해소되지 않았다.

이미 설명한 바와 같이, 1990년대를 전후로 한 냉전 종식과 한국의 민주화는 한일 간의 역사 문제를 다시 부상시키는 환경 요인으로 작용했다. 그렇다고 당시 정권이 한일관계 발전을 위한 노력을 게을리한 것은 아니었다. 가령 김영삼 대통령은 정권 출범 초기에 한일관계의 발전에 힘을 기울였다. 1993년에 시작되어 오늘날까지 이어지고 있는 한일포럼은 정부 주도의 시대와는 사뭇 다른 신시대의 한일 간 네트워크를 구축하는 활동이었다고 말할 수 있다. 현안이던 일본군'위안부' 문제에서는 한국 정부가 피해자 지원 조치를 하고 일본 측에는 금전 보상을 요구하지 않으며, 그 대신에 일본에 '위안부' 문제의 진상 규명과 그것을 후대에 전할 것을 요구했다. 일본 정부도 미야자와 기이치(宮澤喜一) 내각이 1993년 8월에 고노 담화를 발표했고, 같은 해 10월에는 호소카와 모리히로(細川護熙) 총리가 경주를 방문했을 때 식민지 지배에 대한 반성과 진사(陳謝)를 표명했다. 또 1995년 8월에는 무라야마 도미이치(村山富市) 내각이 종전 50년 총리담화를 발표하는 등, 냉전 이후에 역사 문제 해결에 대한 노력을 본격화하고 있었다. 그 구체적인 조치 중 하나가 1995년 7월에 발족한 아시아여성기금이었다.[13]

12 「日韓共同コミュニケ」, 『わが外交の近況』 第9號, 1965. 7., 외무성 웹사이트. 〈https://www.mofa.go.jp/mofaj/gaiko/bluebook/1965/s40-shiryou-003.htm#d〉.

13 아시아여성기금의 활동에 대해서는 「'위안부' 문제 아시아여성기금 디지털 기념관」

이와 같은 한일 양국 정부의 노력은 문제를 해결하지는 못했으나, 1998년 한일공동선언의 역사 화해 시도가 나올 수 있었던 중요한 노력이었다고 평가할 수 있다. 한일 양국 정부는 두 정상이 서명하는 공동선언에 역사 인식이 명기된 것이 역사 문제에 종지부를 찍을 결정타가 될 것이라 생각했다. 분명 식민지 지배가 초래한 한국 국민의 고통에 대하여 통절한 반성과 마음으로부터의 사죄를 표명한 오부치 총리와, 그것을 진지하게 받아들이고 나아가 전후 일본의 국제 평화와 번영에 대한 기여를 높이 평가한 김대중 대통령의 모습은 한일 간의 역사 화해를 상징하기에 걸맞은 것이었다. 또 김대중 대통령의 일본 국회 연설은 민주주의를 위해 투쟁해온 자신의 경험이 녹아든 내용으로, 일본의 정치인과 국민에게 큰 감동을 안겨주었다.

정상회담 후에 열린 공동 기자회견에서는 역사 인식의 표명에 관한 질문이 나왔으나, 두 정상은 되풀이해서 공동선언에 의한 역사 인식 표명의 무게와 의의를 설명했다. 김대중 대통령은 "이번에야말로 모든 여건, 환경이 과거와는 다르며, 과거와는 달라져야 한다고 생각하고 있습니다. (중략) 형식에 있어서 무게에 있어서 과거와 다르다고 생각하고 있습니다"고 말했고, 오부치 총리도 "극히 중요한 문서를 작성하고 여기에 서명했습니다. 이 책임은 김 대통령도 당연하지만 제 자신도 그 책임을 져야 합니다"고 답변했다.[14]

따라서 김대중 대통령의 일본 국빈 방문과 한일공동선언 발표에 의한

홈페이지 〈https://www.awf.or.jp/〉를 참조할 것.

14 「小渕内閣総理大臣 · 金大中韓国大統領 共同記者会見録」, 1998. 10. 8., 일본 총리관저 웹사이트. 〈https://www.kantei.go.jp/jp//obutisouri/speech/1998/1008nikkan.html〉 이하의 기자회견도 전부 총리관저 웹사이트에서 인용하고 있다.

역사 화해의 연출은 분명 '21세기 새로운 한일 파트너십' 구축의 기반이 되었다. 그리고 '행동계획'에서 제시된 국민 교류 및 문화 교류 증진을 위한 다양한 조치의 실천은 본격적인 국민 교류 시대의 도래를 가져오는 추진력이 되었다.

예를 들면 일본의 내각부가 매년 실시하는 '외교에 관한 여론조사'[15] 중 일본인의 한국에 대한 인식 조사 결과는 국민 차원의 관계 발전 양상을 단적으로 보여준다. 1978년의 조사 시작 때부터 1998년 조사 때까지 한국에 대하여 "친밀감을 느낀다"는 응답이 "친밀감을 느끼지 않는다"를 웃돈 시기는 서울올림픽이 개최된 1988년뿐이었다(친밀감을 느낀다-50.9%, 친밀감을 느끼지 않는다-42.9%). 그런데 한일공동선언의 이듬해인 1999년부터는 "친밀감을 느낀다"는 응답이 "친밀감을 느끼지 않는다"를 늘 웃돌고 있으며 2009년에는 63.1%로 최고치를 기록했다.

하지만 이 시대에 또 다른 흐름이 진행되고 있었음을 간과해서는 안 된다. 2001년부터 2006년까지 고이즈미 준이치로(小泉純一郎) 총리가 매년 야스쿠니신사를 참배하자 한국 정부는 민감하게 반응할 수밖에 없었다. '새로운 역사교과서를 만드는 모임'이 펴낸 교과서의 검정 통과 등을 한국 언론은 일본 사회의 '우경화'라며 부정적으로 보도했다. 반대로 일본 국내에서는 한국 측의 대일 인식이 편향되었다며 한국에 대한 불만의 목소리가 고조되었다. 그 결과, 한일공동선언이 이룩한 역사 화해는 형식적인 것에 그치고, 역사 문제에 대한 한일 양 국민의 상호 불신감은 불식되지 못했다.

---

15 과거의 조사 결과는 '외교에 관한 여론조사' 홈페이지 https://survey.gov-online.go.jp/index-gai.html를 참조할 것.

2. 북한 문제에서의 정책 공조

한일공동선언을 계기로 한 관계 발전의 두 번째 중요한 측면은 북한 문제에서의 한(미)일 협력의 진전을 들 수 있다. 냉전 종식 후, 북한 문제–핵 개발 의혹과 체제 유지 문제–에 어떻게 대응하여 보다 효과적인 국제 공조 체제를 구축할 것인가는 한일 양국을 비롯한 유관국들의 중요한 과제였다. 한일공동선언에서는 제7항에서 "대화를 통한 보다 건설적인 자세를 취하는 것이 매우 중요하다는 인식을 공유했다"고 확인한 다음 다음과 같은 문장을 넣었다.

> 오부치 총리대신은 확고한 안보체제를 유지하면서 화해와 협력을 적극적으로 추진한다는 김대중 대통령의 대북한 정책에 대해 지지를 표명했다. (중략) 또한 양국 정상은 1994년 10월 미국과 북한이 서명한 '제네바합의' 및 한반도에너지개발기구(KEDO)를 북한의 핵 계획 추진을 저지하기 위한 가장 현실적이고 효과적인 메커니즘으로서 유지해가는 것이 중요하다는 것을 확인했다. (중략) 양국 정상은 양국이 북한에 관한 정책을 추진할 때 서로 긴밀히 연대해나가는 것이 중요하다는 것을 재확인하고, 각급 차원에서의 정책 협의를 강화하자는 데 의견을 같이했다.

즉 일본 정부가 김대중 정권의 '햇볕정책'을 지지하는 동시에 한일 양국이 북미 제네바합의를 이행해가겠다고 명기한 것이다. 1990년대의 제1차 북한 핵위기 때에는 미국의 한정적인 무력 행사가 검토되는 등, 군사적 위기가 고조되었다. 다행히 카터 전 대통령의 방북과, 북미 직접 대화로 1994년 10월에 제네바합의가 체결되어 최악의 사태는 피했다. 이 합의에 따라 KEDO가 설치되어 북한에 대한 경수로 제공 프로세스가 추진됨에 따라 핵 의혹이 서서히 해소되어 남북대화를 포함한 각국과의 관계 개선이 실현될 터였다.

하지만 실질적으로 합의 이행은 지체되었고, 김일성 사후에 김영삼 정권이 이른바 '북한 붕괴론'을 전제로 한 강경 노선으로 전환하면서 1990년대 후반에 남북관계는 다시금 악화하고 말았다. 남북기본합의서나 비핵화공동선언 체결 등, 1990년대 초반의 남북관계 개선 움직임은 수년 후 후퇴하게 된 것이다. 그뿐만 아니다. 대북 강경 노선을 내세운 한국 정부와 대화 노선 유지를 지향하는 미일 간에 대북한 정책 공조도 흐트러졌다.

위와 같은 상황에서 한국에서는 1998년에 정권 교체가 이루어졌다. 그리고 김대중 대통령에 의한 '햇볕정책'은 남북관계 및 한반도를 둘러싼 국제관계를 크게 움직이는 원동력이 되었다. 김대중 정권은 한미동맹에 근거한 대북 억지 태세를 유지하면서도 냉전기와는 달리 남북 화해·협력 정책을 일관되게 추진했다. 그는 북한과 관계 각국의 관계 개선을 촉진했다.

물론 햇볕정책만이 북한의 태도 변화를 가져온 것은 아니었다. 한미일 3국의 정책 공조도 큰 역할을 수행했다. 1998년의 김대중 대통령 방일 한 달 전, 북한이 대포동 미사일을 발사하면서 일본은 대북 정책을 재고해야 할 처지에 직면해 있었다. 일본 상공을 넘어 태평양에 낙하한 대포동 미사일은 일본 국민의 안보 인식에 매우 큰 충격을 주었고 제네바합의 이행에 대한 반대 여론을 환기시켰다. 북한에 대한 냉엄한 인식이 일본 국내에서 확산되는 가운데, 김대중 대통령은 대북 관여 정책의 필요성을 오부치 총리에게 호소하고 햇볕정책에 대한 지지를 확보하는 데 성공했다.

더불어 한일공동선언의 행동계획에는 한일 안보 대화, 한일 방위 협력, 대북 정책에 관한 한일 정책 협의의 강화, 북한의 핵 개발 억지를 위한 협력과 같은 항목이 담겼다. 한일공동선언은 한일 양국이 대북 관여뿐만 아니라 억지까지 포함한 폭넓은 안보 협력의 강화를 공식화한 것이다. 지금도 양국 간의 '불행한 과거'는 한일 안보 협력을 저해하고 있는데, 한일공동선언은 안보 측면에서 정면으로 한일 협력의 필요성을 설파한 외교문서였다고 할 수 있다.

1990년대 후반 이후의 대북 정책에서 한일 협력을 설명할 때에 빼놓을 수 없는 것이 미국을 포함한 한미일 3국의 협력으로, 특히 한미일의 북한 정책 담당 국장급 모임인 대북정책조정그룹(TCOG: Trilateral Coordination and Oversight Group)의 역할이다. 2003년 8월의 6자 회담 개최 이전에는 이 TCOG가 정책 조정을 위한 중추적인 역할을 맡았다.

한미일 협력은 페리(William James Perry) 전 국방장관이 이끈 미국의 '대북정책재검토팀'에 의한 정책 재검토 프로세스(통칭 페리 프로세스)의 일환이기도 했다. 그리고 이 프로세스에서 김대중 대통령은 적극적인 이니셔티브를 발휘했다. 그는 1998년 6월의 미국 국빈 방문 때부터 대북 관여 정책의 중요성을 미국에 역설했으며, 페리 프로세스 이후 미국이 추진하는 대북 정책의 방향성에 큰 영향을 주었다.

2000년 6월에 김대중 대통령의 평양 방문과 남북정상회담이 실현되었다. 같은 해 10월에는 조명록 차수가 워싱턴을 방문하여 북미공동코뮈니케를 발표했다. 그리고 2002년 9월에는 고이즈미 총리가 방북하여 김정일 위원장과 북일평양선언에 서명했다. 남북관계의 활성화가 북미

관계와 북일관계로까지 파급된 것이다. 그러나 미국의 정권 교체와 9·11테러로 인한 국제정세의 변화 그리고 제2차 북한 핵 위기 등을 거치면서 북미, 북일 관계의 개선 움직임은 멈추고 말았다. 2003년에는 북미 제네바합의도 붕괴하면서 북한의 핵·미사일 개발을 저지하는 데 실패했다.

3. 동아시아 지역 협력을 위한 공동 노력

한일 양국의 파트너십을 양자 간 차원에 그치지 않고, 아시아 태평양 지역 더 나아가 국제사회 전체의 평화와 번영을 위해 전진시켜나간다는 한일공동선언의 취지를 실천한 것이 한일 양국이 주도한 동아시아 지역 협력이다. 아시아외환위기 직후 상황에서 한일 쌍방의 국내 경제 및 동아시아 지역의 경제 회복이라는 관점에서 협력은 출발했고, 그것은 마침내 포괄적이고도 광범위한 동아시아 지역 협력의 이니셔티브로 진화했다.

김대중 대통령이 이전 정권 말기에 악화된 한일관계 개선에 발 빠르게 움직인 커다란 이유 중 하나는 두말할 나위도 없이 경제 위기(IMF)를 극복하기 위해서는 일본의 지원이 필요했기 때문이다. 당시는 한일관계의 악화에 더하여 일본도 경제 불황에 시달리고 있어서 타국을 지원하는 것이 쉽지 않은 상황이었다. 그럼에도 김대중 대통령은 한국 경제에서 차지하는 일본의 존재와 역할을 고려할 때에 위기 탈출을 위해서는 일본의 협력이 필수 불가결하다고 인식하고 있었다. 한일 정상 공동 기자회견에서 그는 "한국의 외환위기 때에 일본이 세계 어느 나라보다 적극적으로 외환 위기를 극복하는 데에 협력해주신 점 정식으로 감사를 표한다", "일본이 자국의 상황도 매우 어려운데 한국 경제를 지원해준 그 의미에 대해 진심으로 감사를 표하고 싶다"고 발언했다.

한편 오부치 총리는 지금까지 동아시아 경제를 견인해온 일본이 위기 극복의 리더십을 발휘해야 한다고 판단하고 있었다. 아시아외환위기가 한창이던 1997년 후반, 일본은 아시아통화기금(AMF) 구상을 제안했으나, 미국 등의 소극적인 자세에 부딪혀 실현하지 못했다. 당시 오부치 총리는 외상(外相)이었는데 총리 취임 후에는 경제 위기에서 재기하기 위한 정책을 실시하고 있었다. 그 대표적인 정책이 한일공동선언이 있기 며칠 전에 발표된 '신(新) 미야자와(宮澤) 구상'–한국, 인도네시아, 태국, 말레이시아, 필리핀 5개국에 300억 달러의 자금 지원–이다(미야자와는 당시 대장상을 맡고 있었다). 한일공동선언 제8항에서는 신 미야자와 구상을 전제로 "구조적 문제에 직면한 아시아 경제의 회복을 실현해나감에 있어서 한·일 양국이 각각 안고 있는 경제적 과제를 극복하면서 경제 분야의 균형잡힌 상호 협력 관계를 보다 강화해나가는 것이 중요하다는 데 합의했다"고 명기되었다.

경제 위기 대처에서 출발한 동아시아 지역 협력은 결국 경제 분야를 넘어 인적 교류를 비롯한 사회, 문화 그리고 정치 분야까지 아우르는 포괄적 협력으로 발전했다. 그것을 위해 적극적인 이니셔티브를 발휘한 것이 김대중 정권과 오부치 정권이었다. 경제 위기 대응이라는 모멘텀에 더하여 아시아 근린 외교를 중시한 두 지도자의 정치 신조가 동아시아 지역 협력의 중요한 추진력으로 작용한 것이다.

한일 양국의 적극적인 자세는 1997년부터 시작된 아세안(ASEAN)+3정상회의에서 드러났다. 같은 해 12월에 쿠알라룸푸르에서 개최된 ASEAN정상회담에 한중일 세 나라의 정상이 참석하면서 ASEAN+3정상회의가 실현되었고, 경제 위기 극복을 위한 협력이 논의되었다. 이듬해인 1998년 12월에도 하노이에서 제2차 ASEAN+3정상회의가 개최되어 정례화의 길을 열었다.

이 제2차 ASEAN+3정상회의에서 동아시아 지역 협력의 필요성을 강하게 피력한 이가 김대중 대통령이다. 김 대통령은 동아시아의 장래 비전을 검토하기 위한 전문가 모임인 '동아시아비전그룹(EAVG)'의 창설을 주창하고 그 설치를 실현시켰다. EAVG는 2001년 11월의 제5차 ASEAN+3정상회의에 보고서를 제출하고 동아시아자유무역권의 구축과 동아시아정상회의의 개최를 제안했다. 김대중 대통령은 정부 실무급 모임인 '동아시아연구그룹(EASG)'의 설치도 제안했는데, EASG는 2002년에 최종보고서를 제출했다. 이러한 노력은 2005년의 동아시아정상회의(EAS) 창설이라는 결실로 이어졌다.

한편 한국과 보조를 맞추는 형태로 일본도 동아시아 지역 협력에 보다 전향적인 자세를 보였다. 이미 '신 미야자와 구상' 등 경제 분야의 협력을 주도하고 있던 오부치 정권은 1999년 11월, 마닐라에서 열린 제3차 ASEAN+3정상회의에서 '동아시아의 인재 육성과 교류 강화를 위한 플랜'—전문 인재의 육성, 시민 차원의 인적 교류, 유학생 교류라는 3축으로 구성된 통칭 '오부치 플랜'—을 발표하고 폭넓은 분야의 협력을 추진했다. 이 제3차 ASEAN+3정상회의에서는 공동 성명 '동아시아 협력에 관한 공동성명'이 채택되어 정치·안보·경제·문화 등 폭넓은 분야에서의 지역 협력 강화가 명시되었다. 그리고 오부치 총리의 제안으로 이때 최초로 한중일 3개국의 정상만 참석하는 회의가 개최되었다. 오부치 총리는 한중일정상회담의 정례화를 제창했고, 김대중 대통령은 여기에 찬성했다(주룽지(朱鎔基) 중국 총리는 찬성의 뜻을 표하지 않았다). 이듬해인 2000년에도 한중일만의 정상회담이 열려 매년 개최되게 되었다. 2008년부터는 ASEAN 관련 회의와 분리하여 단독으로 한중일 정상회의가 개최되었고 2011년에는 한중일 3국 협력사무국이 서울에 설치되었다.

2001년 4월에 출범한 고이즈미 준이치로 정권도 동아시아 지역 협력에 힘을 기울였지만 9·11 테러 이후에는 미일동맹을 더한층 강화했다. 역사 인식 문제로 한중 양국과의 마찰이 상존하고 또 '중국의 대두'로 인해 동아시아에서 중일 양국이 주도권 쟁탈전을 벌이는 상황에서 동아시아 협력은 일진일퇴를 반복하게 되었다.

한국에서는 김대중 정권의 뒤를 이은 노무현 정권이 대통령 자문 기구로 동북아시대위원회를 설치했다. 노 정권은 '동아시아' 지역 협력보다 북한 문제에 초점을 맞춘 '동북아시아' 지역을 더한층 중시했다. 한미 동맹에서는 상대적 자율성을 지향했는데, 미일 양국은 그것을 미국을 중심으로 한 양자 간 동맹 네트워크에 대한 불안 요소로 간주하기도 했다.

III. 2020년 한일관계의 현주소

한일관계를 둘러싼 2020년의 대내외 환경은 1998년 전후와는 크게 달라졌다. 첫째, 역사 문제에서는 한일 양국의 국내 정치와 사회의 움직임이 양국 정부의 현안 관리나 외교를 더욱 크게 제약하고 있다. 외교적 노력으로 화해를 하려고 했던 역사 문제는 그 후 한일 양국에서 국내 정치 문제로 비화하여 외교만으로는 관리나 해결이 어려워졌다. 둘째, 대북 정책에서는 대화나 관여에 중점을 두는 한국 정부와, 압력에 역점을 둔 일본 정부가 공동 보조를 맞추기 쉽지 않은 상황이다. 일본이 2000년대 후반 이후 압력을 중시해온 것은 일본인 납치 문제에 기인하나, 동시에 북한의 핵·미사일 능력의 고도화도 간과할 수 없는 원인이다. 지금까지 6차례에 걸친 북한의 핵 실험에 더하여 각종 미사일의 개발 성공은 일본의 안보 환경을 크게 악화시켰다. 일본은 미사일방어체제 도입이나 안보법제 개정으로 북한의 군사적 위협에 대비해왔으나, 한국은 일본의 방어력 강화를 '군사대국화' 움직임이라며 경계하고 있다. 그리고 2019년에는 일본의 대한 수출 규제 엄격화에 맞서 한국이 일시적으로 한일GSOMIA의 종료를 결정하는 등, 안보 영역에서도 양국의 신뢰 관계는 크게 훼손되었다. 셋째, 동아시아 지역 협력에서는 '중국의 대두'에 대한 한일의 상이한 대응이 2000년대와 같은 한일 협력을 저해하고 있다. 대체로 1998년 이후 최근 20년간, 이들 세 요인 곧 한일 양국의 국내 정치, 북한의 핵·미사일 능력의 고도화 그리고 중국의 대두가 한일관계의 발전에 부정적으로 작용해왔다고 말할 수 있다. 이들 세 요인을 염두에 두면서 이하에서는 한일관계의 현황을 고찰한다.

1. 역사 문제의 재연과 상호 불신의 고조

우선 두말할 필요도 없이 역사 문제 특히 일본군'위안부' 문제와 '징용공' 문제가 재연되면서 한일관계에서 큰 현안으로 떠오르고 있다. 애당초 '위안부'와 징용공 문제는 한국의 법원(재판소)이 내린 결정이나 판결로 유발되었다. 행정부(한국 정부)의 결정이 직접적인 계기가 아니었다는 점에 유의할 필요가 있다.

일본군'위안부' 문제는 2011년 8월에 한국 헌법재판소가 일본군'위안부' 피해자 배상청구권이 소멸되지 않았음에도 '한국 정부가 분쟁해결 절차 이행을 위해 충분히 노력하지 않은 것은 부작위이며, 더 노력해야 한다'는 결정을 내린 것이 재연의 직접적 계기가 되었다. 헌법재판소의 결정 이후 당시의 이명박 대통령은 같은 해 12월 교토에서 열린 한일정상회담에서 "헌재의 결정으로 한국 정부는 이 문제에 대응할 수밖에 없다. 일본 정부의 선처를 요구한다"는 입장에서 노다(野田佳彦) 총리의 대응을 촉구했다. 하지만 결과적으로 노다 정권은 전향적인 대응을 취하지 않았고 이명박 대통령은 실망하여 8월에 독도(다케시마) 방문을 단행하고 말았다. 그 후 한일관계는 악화 일로다.

이 헌법재판소의 결정은 한국 사회의 다양화와 그에 수반한 대일 인식의 변화를 반영하고 있다. 한국에서는 1980년대까지 권위주의적 체제 아래 민주 정치와 인권이 심각하게 제한되었다. 한국의 사법 기관에는 과거 권위주의적 정권의 입맛에 맞는 결정이나 판결을 내려왔다는 부채의식이나 반성이 있다고도 한다. 그러한 상황에서 커진 진보의 목소리를 판결에 반영하는 경향이 짙어진다. 특히 '위안부' 문제나 '징용공' 문제는 일본의 통치로 인한 피해자의 구제 문제로 강하게 인식되기에 이르렀다. 그래서 최근 피해자 구제 관점에 선 결정이나 판결이 증가하고 있는 것이다.

한국 사회에서 발생한 대일 인식의 변화는 이명박 정권 말기에 들어 표면화되었다. 단적으로 말해 한국 국민은 자국의 발전에 자신감이 커졌다. 동시에 '잃어버린 20년'이라는 장기 침체가 이어지던 일본을 과거만큼 평가하지 않게 되었다. 특히 이명박 정권 5년간, 한국은 '글로벌 코리아'라는 전략으로 국제적 지위를 제고한 반면, 일본은 정치경제적으로 불안정한 상황이 이어지고 있었다. 이명박 대통령의 카운터파트인 일본의 총리는 후쿠다 야스오(福田康夫), 아소 다로(麻生太郎), 하토야마 유키오(鳩山由紀夫), 간 나오토(菅直人), 노다 요시히코(野田佳彦), 아베 신조(安倍晋三)로 무려 6명이나 되었다. 그리고 2011년 3월의 동일본대지진과 후쿠시마원전사고도 한국의 대일 인식에 큰 영향을 주었다. 일본 국민의 질서 있는 대응을 칭찬하는 한편, 당시 일본 정부의 사고 대응이나 사회경제적 타격에 대해서는 비판적인 시선을 보냈다. 이 대통령이 2012년 8월에 "국제사회에서 일본의 영향력도 예전 같지 않다"고 말한 것도 어떤 의미에서 이러한 한국 사회의 대일 인식 변화를 대변하고 있는 것이다.[16]

한국 사회에서 일어난 또 다른 중요한 변화는 한일관계에 대한 재검토 움직임이다. 이는 김대중 정권에 이어 진보 세력을 기반으로 노무현 정권이 탄생하면서 한국 사회의 이념적 스펙트럼이 확대된 점, 즉 진보 세력이 확대된 현상에 따른 것이다. 그 후 이명박·박근혜 정권이라는 보수정권이 이어졌지만, 박근혜 대통령의 탄핵·파면으로 보수 세력의 힘은 축소되었고 문재인 정권하에서 진보 세력은 사회의 주류 세력으로까지 일컬어지게 되었다. 진보 세력이 1965년에 박정희 정권이 일본의 충분한 사죄 없이 국교를 정상화한 것을 문제시하면서 이른바 한일 '1965년 체제'에 대한 부정적 시각이 한국 사회에 퍼졌고, 사법기관의 판단에도 영향을 미쳤다.

가장 큰 현안인 '징용공' 문제는 이미 2012년 5월에 대법원에서 파기환송 선고가 내려졌다. 그 시점에서 2018년 10월의 최종 확정 판결 내용이 예정되어 있었다. 그래서 박근혜 정권은 판결이 한일관계에 심각한 영향을 미칠 것을 우려하여 양승태 전 대법원장에게 손을 썼다고 알려졌

16 「MB "일 영향력 예전같이 않아"」, 동아닷컴, 2012. 8. 14., 〈https://www.donga.com/news/Politics/article/all/20120814/48613776/1〉

다. 그것이 '사법농단'으로 지탄을 받으면서 양승태 전 대법원장은 체포되었다. 따라서 문재인 정권에서 보자면, 판결이 이미 나온 '징용공' 문제에 행정부가 움직이는 것은 박근혜 정권과 마찬가지로 정치 개입이 되므로 피해야 했다. 그로 인해 여론의 반발을 사고 싶지 않다는 생각도 강했을 것이다. 실제로 문 대통령은 취임 2주년 특별대담(2019년 5월)에서 질문에 답하는 형식으로 "이 문제는 사법의 판결이 나온 문제이며, 삼권분립의 관점에서 행정부가 개입하는 것은 바람직하지 않다"고 밝혔다.[17] 문 대통령이 이러한 입장을 취하는 가장 큰 이유는 문 정권 탄생의 프로세스에 있다. 문 정권은 국민의 분노가 발단이 되어 탄핵·파면된 박근혜 정권 뒤에 탄생했다. 따라서 역대 어느 정권보다 국민의 목소리, 여론에 귀를 기울여야만 했다. 박 대통령의 탄핵·파면을 요구하는 촛불시위에서 반복적으로 터져 나온 구호는 "대한민국의 주권은 국민에게 있다"는 헌법 제1조의 문구였다. 문 정권은 그 외침을 무시할 수 없다.

더욱이 탄핵 과정에서 대다수의 국민은 박근혜 정권이 시행한 정책은 모조리 틀렸다는 인식을 갖게 되었다. 특히 2015년 12월의 한일 '위안부 합의'는 박 정권이 피해자(전 '위안부')와 국민이 모르는 곳에서 아베 정권과 비밀리에 교섭하여 타결한 것으로, 피해자의 뜻을 무시하고 국민에게도 충분하게 설명하지 않았다, 따라서 받아들일 수 없다고 인식되었다. 그런 까닭에 '징용공' 문제를 둘러싸고 문 정권이 사태 수습에 나선다면, 국민 비판의 다음 표적은 문 정권으로 향할지도 모른다. 문 정권이 '피해자중심주의'를 내걸고 판결을 존중한다는 입장을 고수하는

17 「문재인 정부 2주년 특집대담-대통령에게 묻는다」, 2019. 5. 9., 청와대 웹사이트. 〈https://www1.president.go.kr/articles/6263〉.

것은 그 때문이다.

한편 이상과 같은 한국 사회의 변화와 그에 수반한 대일 인식의 변용, 그리고 그에 입각한 한국 정부의 대일 정책은 반대로 일본 사회의 한국에 대한 인식에 심각하고 부정적인 영향을 미치고 있다. 앞서 언급한 내각부의 여론조사 결과에 단적으로 드러난다. 한국에 "친밀감을 느낀다"는 일본인은 1999년 이후 줄곧 "친밀감을 느끼지 않는다"를 웃돌았으며, 2009년 조사에서는 "친밀감을 느낀다"가 사상 최고치인 63.1%에 달했다고 이미 언급했다. 하지만 2012년 그 수치는 39.2%로 급락했고, "친밀감을 느끼지 않는다"가 59%로 역전했다. 그 후에도 "친밀감을 느끼지 않는다"는 응답은 매년 60% 안팎에 이르며, 2019년에는 71.5%까지 상승했다. 최근 10년간 일본 국민의 한국에 대한 인식은 매우 심각할 정도로 악화하고 있다.

일본 사회의 한국에 대한 인식이 꾸준히 악화하고 있는 이유는 한국 정부 및 언론이 일본의 '역사 인식'에 대한 비판을 되풀이하면서 1990년대 이후 일본이 역사 문제에 기울여온 노력을 무시하거나 제대로 평가하고 있지 않다고 많은 일본인이 느끼고 있기 때문이다. 일본에서는 혐한 서적이나 한국 비판 기사가 급증했고, '한국에 대한 피로감'이나 '골포스트를 움직이는 한국'과 같은 표현이 퍼져 나갔다. 일본 측은 2012년 이후의 한일관계 악화 원인이 한국 측에 있다.

반면 한국에서는 일본의 '우경화'가 한일관계를 악화시킨 주된 요인이며 더 나아가 지역 불안정화의 요인이 되고 있다고도 보고 있다. 특히 2012년 말에 제2차 아베 정권이 출범한 이후, 일본의 '우경화'에 대한 한국 내 경계심과 거부감은 고조되었다. 예를 들면 2014년 2월부터 3월에 거쳐 『아사히신문(朝日新聞)』이 실시한 한중일 3개국 여론조사에 따르면, "일본이 전후 약 70년간, 평화국가의 길을 걸어왔는가"라는 질문에 한국 측 응답은 "걸어왔다" 19%, "걸어오지 않았다" 79%라는 결과가 나왔다. 또 "향후 걸을 것이라 생각하는가"라는 질문에는 82%가 "걷지 않을 것이다"고 대답했다. 이들 수치는 중국 측 응답("걸어왔다" 36%, "걸어오지 않았다" 62%, "걷지 않을 것이다" 77%)보다 부정적이었다.[18] 1998년의 21세기 새로운 한일 파트너십 공동선언에서 김대중 대통령이 표명한 전후 일본의 행보를 높이 평가한 대일 인식은 한국 국내에서 극히 소수의 의견이 되고 만 것이다.

2. 국제질서 인식의 변화와 한일 외교안보 정책의 괴리

한일관계의 악화는 비단 역사 문제의 재연에만 기인하지 않는다. 최근 20년 동안에 전개된 동아시아 국제정세의 변화에 대하여 한일 양국의 인식과 정책 간에 괴리가 발생한 것이 한일 협력을 저해하고 양국 관계의 악화를 초래한 중요한 요인이 되고 있다.

동아시아에 그치지 않고 세계 정치의 가장 큰 정세 변화는 정치, 경제, 군사 등 모든 영역에서 중국이 대두한 것이다. 2000년대 초반, 일본에서 중국의 대두는 일본에 경제적 혜택을 가져올 기회라는 시각이 강했다. 실제 2002년 4월에 보아오 포럼 연설에서 고이즈미 총리는 "중국의 경제 발전을 '위협'으로 보는 경향도 있습니다만, 저는 오히려 중국의 역동적인 경제 발전이 일본에게도 '도전', '찬스'라 생각하고 있습니다"[19]고 발

---

18 『朝日新聞』, 2014. 4. 7.

19 「『ボアオ・アジア・フォーラム』における小泉総理演説『아시아の新世紀—挑戦と機会』」, 2002. 4. 12., 일본 총리관저 웹사이트. 〈http://www.kantei.go.jp/jp//

언했다. 그러나 2020년 현재 많은 일본인에게 중국은 군사적 위협으로 인식되고 있다. 예를 들면 2020년 6월에 발표된 『요미우리신문(読売新聞)』과 『한국일보』의 한일 공동 여론조사에 따르면, 일본 측 응답자의 77%가 중국을 군사적 위협이라고 응답했다(복수 응답, 북한을 군사적 위협이라고 답한 사람은 79%. 한편 한국 측에서 중국을 군사적 위협이라고 답한 사람은 51%, 북한이 군사적 위협이라는 응답은 63%였다).[20]

2010년 9월의 일본 해상보안청과 중국 어선 간의 충돌 사건 이후, 센카쿠열도를 둘러싼 중일의 갈등은 일본의 안보에 최대의 불안 요소 중 하나로 부상했다. 중국이 활발하게 해양 진출을 가속화하면서 일본뿐 아니라 필리핀, 베트남과도 마찰을 빚고 있는 현 상황이 동아시아 지역의 불안정화를 초래하고 있다고도 보고 있다. 따라서 2010년 이후 일본의 안보 정책은 중일 간의 위기 관리 메커니즘 구축을 지향하는 것이다. 동시에 만일의 사태에 대비하여 남서 방면의 방위력을 강화하여(억지력 구축), 경찰력과 방위력 행사의 틈새(그레이존 사태)에서 발생할 수 있는 문제에 대비해왔다. 이러한 방향은 이미 민주당 정권기 후반에 제시되었다.

2012년 12월에 제2차 아베 정권이 출범하자 이와 같은 안보 정책은 착실히 실행되었다. 한국에서는 일본의 안보 정책을 아베 총리의 보수적 성향의 산물로 간주하는 경향이 있으나, 이는 어디까지나 원인 중 하나에 불과하다. 일본의 현 안보 정책은 기본적으로 중국의 군사적 대두에 대한 방어적 조치이며, 아베 정권이 아니어도 일본의 안보 정책은 큰 틀에서 지금의 방향으로 나아갔을 것이다. 집단적 자위권 행사에 관한 헌

---

koizumispeech/2002/04/12boao.html〉

20 『読売新聞』, 2020. 6. 9.

법 해석의 변경(2014년 7월 각의결정), 미일 방위협력을 위한 지침(가이드라인) 개정 그리고 평화안보법제의 정비 등, 일본의 안보 정책이 일대 전환기를 맞고 있는 것은 사실이나, 그것을 '우경화'라는 용어로만 설명하는 것은 일본의 외교안보 정책에 대한 본질적 이해를 포기하는 것으로 이어질 우려가 있다.

한편 한국의 외교안보 정책도 기본적으로 동아시아의 국제정세에 따라 수립되고 있다. 다만, 한국의 국제적 지위 향상에 근거한 외교 공간의 확대와 자기 인식의 변용 그리고 자국을 둘러싼 국제질서에 대한 인식의 변용이 한국 외교를 2000년대 이전과 다른 양상으로 변화시키고 있다.

특히 한국에서 새로운 국제질서 인식이 등장한 것은 중요한 변화이다. 한국에서는 이명박 정권 때인 2010년 무렵부터 국제질서 인식이 '4강'에서 '미중 G2'로 옮겨졌다. 즉 청일전쟁, 러일전쟁 그리고 한국전쟁 등의 경험에 근거한, '4강'이 한반도의 운명을 크게 좌우한다는 전통적 질서 인식은 미중 두 나라가 한반도의 장래에 결정적인 영향을 미친다는 새로운 질서 인식으로 대체되었다. 미중관계의 향방이 자국에 있어 사활적으로 중요하다는 인식에 기반한 한국의 새로운 외교안보 정책에서 과거에 '4강' 중 한 자리를 차지하고 있던 일본의 위상은 애매해지고 말았다. 그 결과 한국의 국가안보전략에서 대일관계는 계속해서 '표류'하게 된다.

새로운 국제질서 인식과 맞물려 한국 스스로에 대한 자기 규정, 자기 인식에서도 큰 변화가 나타나고 있다. 냉전기에 한국은 대국 간의 권력정치에 농락당하는 소국이라는 자기 인식이 강했다. 그러나 고도경제성장과 민주화 그리고 1990년대 말의 아시아외환위기를 극복하였다는 성공 경험에 힘입어, 한국은 미들 파워 외교를 전개할 수 있는 '중견국'의 지위에 올라섰다고 자국을 규정하기에 이른다. 그러한 자기 규정에 근거한 외교는 이명박 정권의 '글로벌 코리아' 전략에서 가장 명쾌하게 드러나나, 사실은 노무현 정권기에 그 맹아를 포착할 수 있다. 바로 2005년의 '동북아 균형자론'이다. 당시 중일 양국이 대립하는 상황에서 힘을 기른 한국은 과거와 같이 중일 대립에 휩쓸리지 않고 오히려 지역 질서 구축을 위해 의미 있는 역할을 수행할 수 있다고 노무현 대통령은 판단했다.

박근혜 정권이 들어서면서 '미중 G2'라는 질서 인식에 기초하여 한미동맹과 함께 중국과의 관계 구축을 도모하는 정책이 적극적으로 추진되었다. 2015년 9월에 베이징에서 열린 항일전승기념식에 박 대통령이 참석하면서 그 정책은 절정을 맞이하나, 동맹국인 미국의 강한 견제로 한미동맹과 한중관계의 양립이 성공하기는 어려웠다. 일본도 역시 박근혜 정권의 외교를 '중국 경도'라며 비판했다. 왜냐하면 2010년 이후, 센카쿠열도를 둘러싸고 중국과 긴장이 고조되면서 일본은 중국을 군사적 위협으로 인식하고 남서 방면의 방위력을 강화하는 등, 중국과 '경쟁' 또는 '경합'하는 경우가 많았기 때문이다. 그에 반해 한국의 대중 정책은 '순응' 측면이 강해, 일본은 한일 간에 대중 정책의 벡터가 다른 방향을 향하고 있다고 인식하고 있었다.

정책뿐 아니라 국민 여론에서도 한일은 질서 인식에서 차이를 드러내고 있다. 가령 앞서 언급한 『요미우리신문』과 『한국일보』의 공동 여론조사에서는 '향후 자국에 미중 양국 중 어느 쪽이 더 중요해질 것인가'라는 질문에 2016년 조사에서 일본 측 응답이 미국 75%, 중국 15%이었는 데 반해 한국 측 응답은 미국 48.6%, 중국 44.3%이었다. 일본 측은 정책적으로 미일동맹 중시를 강하게 지지하고 있는 한편, 한국 측 응답은 정책적으로 한미동맹뿐만 아니라 대중관계에 대한 배려도 필요하다는 것을 시사하고 있다.

이러한 한일의 여론과 궤를 같이하여 대중 인식·정책에 그치지 않고 대미 동맹 관리 방식에서도 한일 양국의 차이는 두드러지고 있다. 2000년대 이후 미일동맹에서는 '통합'과 '심화'가 진전된 반면, 한미동맹은 큰 흐름에서 볼 때 한국이 미국으로부터 상대적으로 '자립'하는 프로세스가 진전된다. 주한미군이 한국군을 지원하는 '한국 방위의 한국화' 진전이나 노무현 정권기인 2007년에 합의한 전시작전통제권의 전환(그 후 이명박, 박근혜 정권이 전환 연기를 요청)은 그 프로세스의 일환이었다. 문재인 정권은 2022년의 전시작전통제권 전환을 목표로 한국군의 국방력 강화를 서두르고 있다.

다만, 2020년 현재 한일 양국 여론의 대중 인식은 가까워지는 경향을 보이고 있다는 점에 유의해야 할 것이다(표 1 및 표 2를 참조. 『요미우리신문』·『한국일보』 공동 여론조사 결과를 토대로 필자가 표로 정리한 것). 이러한 국민 차원의 대외 정세 인식 접근을 한일관계의 개선에 활용하려는 의식적 노력이 정권 차원에서 필요하다.

대중 인식에 더하여 한일 양국의 대북 인식 및 정책도 차이가 두드러진다는 것은 주지하는 바와 같다. 다만, 한국의 대북 정책은 정권에 따라 크게 요동치고 있는 것도 사실이다. 일본은 2000년대 이후 납치 문제의 해결을 목표로 북한에 엄격한 태도를 취했다. 더불어 북한의 핵·미사일 개발을 냉전 이후 등장한 새로운 군사적 위협으로 판단하고, '방위와 억지' 강화에 힘을 쏟아왔다. 한편 한국은 보수정권 때는 방위와 억지에 중점을 두었으나 문재인 현 정권은 '관여(engagement)와 안심공여(reassurance)'에 힘을 기울이고 있다. 한국의 진보 진영은 북한의 핵 개발은 한반도의 정전 체제 즉 냉전 구조에 기인하기 때문에 한반도

〈표 1〉 향후 자국에 미중 어느 쪽이 중요해질 것이라 보는가(%)

		2016	2017	2019	2020
일본 측 응답	미국	75	74	69	67
	중국	15	17	18	19
한국 측 응답	미국	48.6	53.3	66.1	61.3
	중국	44.3	39.7	27.4	29

(주) 2018년은 설문 없음

〈표 2〉 중국을 신뢰할 수 있는가(%)

		2016	2017	2018	2019	2020
일본 측 응답	신뢰할 수 있다	12	15	21	17	14
	신뢰할 수 없다	85	83	78	81	84
한국 측 응답	신뢰할 수 있다	39.7	18.8	24.4	19.3	19
	신뢰할 수 없다	59	79.7	74.1	79.1	78.8

가 현재 여전히 분단되어 있고 군사적 대치가 이어지고 있다는 것이야말로 안보 문제의 근원이라 판단해왔다. 그렇기에 문 대통령은 한국전쟁의 '종전 선언'을 통한 냉전 구조의 해체를 우선적으로 추진하고 있다.

우리는 한일관계의 위기를 전적으로 역사 문제와 결부 지어 이해하려는 경향이 있으나, 사실은 국교정상화 이후 현재에 이르기까지 한일 양국 사이에는 역사 문제가 줄곧 상존하고 있었다. 역사 문제가 능숙하게 관리되던 때도 있었으나, 현재는 관리 자체가 극히 어려운 상황이다. 잘 관리하지 못한 이유 중 하나는 한일 양국의 사회 변화에 연유하는 상호 불신의 고조에 있으나, 또 다른 이유는 한일의 외교안보 정책이 다른 방향으로 나아가고 있기 때문이다. 만일 대국적 관점에서 한일 양국의 외교안보 정책의 방향을 맞출 수 있다면, 역사 문제의 (해결은 무리일지라도) 관리 정도는 가능할 것이다. 지금의 한일 양국은 모두 외교안보 전략의 목표나 방향을 접근시키려는 노력이 부족하다.

Ⅳ. 맺음말

1. 상대국 사회의 변화에 보다 눈을 돌려라

그럼 이 위기를 극복하기 위해서는 무엇이 필요할까? 안타깝게도 특효약은 없다. 그러므로 기본에 충실할 수밖에 없다. 일본이나 한국이나 상대국 리더의 언동만으로 상대방을 파악하기 일쑤인데, 상대국 사회는 보다 다양하다는 당연한 사실에 더욱 주의해야 할 것이다. 한국에서는 아베 총리의 언동을 일본 전체의 의사 표시로 단순화하는 경향이 있으며, 일본에서는 문재인 대통령을 보고 마치 한국 여론 전체가 문 대통령과 같은 생각인 것처럼 오해하기 일쑤이다. 하지만 이러한 리더십에만 주목하지 않고 상대방 사회에서 일어나고 있는 구조적 변화에 더욱 주의를 기울일 필요가 있다. 이는 상대방을 이해하기 위해 필수 불가결하다. 상대방에 동의하든 동의하지 않든 우선은 상대방을 잘 알아야 한다.

2. 상대국의 전략 인식을 이해하라

더 나아가 상대방이 어떠한 국제질서 인식을 가지고 있고, 그를 토대로 어떠한 전략이나 정책을 전개하고자 하는지를 이해하는 것도 중요하다. 그 이해 없이는 '공통 기반(common ground)'을 형성할 수 없기 때문이다. 환언하면 서로의 전략이나 정책을 이해하는 데 있어 공통분모를 모색하고, 그것을 늘려나가는 노력이 필요하다. 국제질서가 크게 요동치고 있다고 일컬어지는 상황에서야말로 상대국의 질서 인식이나 전략

인식을 확인하는 것은 출발점으로 중요하다. 현재 스가 정권은 아베 정권의 외교를 계승하여 '자유롭고 열린 인도 태평양(Free and Open Indo-Pacific)' 구상을 내걸었다. 한편, 문재인 정권은 '한반도 평화 체제' 수립을 지향하고 있다. 쌍방이 내걸고 있는 구상은 서로 융화될 수 없는 상호 배타적인 것으로 보이기도 하나, 실질적으로는 상호보완적이다. 어느 부분에 공통분모가 있는지를 확인하기 위해서는 이른바 '전략대화'라 일컬어지는 커뮤니케이션을 더욱 활성화하고 긴밀히 해야 한다. 2012년에 한일관계가 악화한 이후, 한일 간의 전략적 커뮤니케이션은 그 이전에 비해 상당히 약해지고 말았다.

현재 한반도의 안보 체제가 큰 전환기를 맞고 있는 만큼, 일본의 입장에서 한국과의 전략대화를 통해 그 전환 방향을 정확하게 파악하는 작업은 중요하다. 앞서 언급한 바와 같이, 한미 양국은 2020년대 중반에 전시작전통제권을 미군에서 한국군으로 전환하고자 준비하고 있으며, 그것이 실현된다면 한·미 연합방위체제는 새로운 형태로 발전해나갈 것이다. 한반도의 새로운 안보체제는 일본의 안보에 직접적이고도 큰 영향을 준다.

3. 위기 '관리'와 '새로운 관계'의 구축

마지막으로 한일관계를 더 이상 악화시키지 않기 위해 한일 양국 정부는 관계를 '관리'하면서 '새로운 관계'를 구축해야 할 필요성을 자각해야 한다. 한일관계의 '복원'이 주창되고도 있으나, 2012년 이후의 한일관계를 둘러싼 다양한 변화를 고려할 때에 이제는 한일관계를 이전 상태로 되돌릴 수 없다. 따라서 과거 20년의 변화를 전제로 한 새로운 관계를 구축해나갈 수밖에 없다. 지금은 그 새로운 관계로 향하는 기나긴 과도기이다. 이 과도기를 어떻게 헤쳐나가는가가 미래의 한일관계를 결정 짓는다. 유감스럽게도 이대로는 한일관계의 미래가 밝다고 단언할 수 없다. 어떻게 하면 건설적 관계를 구축할 수 있을지를 진지하게 고민할 때이다.

새로운 관계로 향하기까지의 위기 관리라는 관점에서는 최근까지 양호했음에도 급속히 훼손된 영역, 즉 경제, 안보, 인적·문화 교류라는 세 영역의 상처를 치료할 필요가 있다. 대한 수출 관리 엄격화나 GSOMIA 연장과 같은 정치 차원의 결정이 한일관계에 커다란 영향을 준 것을 감안하면, 정치적 리더십의 중요성을 부정할 수는 없다. 다만, 한일 모두 민주주의 국가인 만큼, 정치적 리더의 결단이나 이니셔티브의 발휘는 국민 여론, 국내 사회의 분위기, 실무급 조정이나 축적과 같은 환경 속에서 이루어진다는 것을 잊어서는 안 된다.

참고문헌

한국어

니시노 준야, 2017, 「한일공동선언의 역사적 의의」, 아시아연구기금, 『한일관계 50년의 성찰』, 도서출판 오래.

이원덕, 1996, 『한일 과거사 처리의 원점-일본의 전후처리 외교와 한일회담』. 서울대학교 출판부.

일본어

木宮正史, 2015, 「構造変容に直面し漂流する日韓関係」, 木宮正史·李元徳 편, 『日韓関係史 1965-2015 I政治』, 東京大学出版会.

西野純也, 2020, 「危機に直面する日韓関係」, 亜細亜大学アジア研究所, 『対立から対話へ-激動する朝鮮半島を読み解く』.

신문

"社説 日韓55年の積み重ねを生かせ", 『日本経済新聞』, 2020. 6. 22.

"社説 日韓共同宣言20年 後世に恥じぬ関係構築を", 『朝日新聞』, 2018. 10. 8.

"社説 日韓共同宣言から20年 相互理解の精神生かそう", 『毎日新聞』, 2018. 10. 8.

"社説 朝鮮半島外交 対話を重ね関係修復を", 『朝日新聞』, 2020. 9. 12.

『朝日新聞』, 2014. 4. 7.

『読売新聞』, 2020. 6. 9.

인터넷 자료

「문재인 정부 2주년 특집대담-대통령에게 묻는다」, 2019. 5. 9., 한국 청와대 웹사이트. 〈https://www1.president.go.kr/articles/6263〉.

「『ボアオ·アジア·フォーラム』における小泉総理演説『아시아の新世紀―挑戦と機会』」, 2002. 4. 12., 일본 총리관저 웹사이트. 〈http://www.kantei.go.jp/jp//koizumispeech/2002/04/12boao.html〉.

「21세기 새로운 한·일 파트너십 공동선언(전문)」〈http://www.korea.kr/news/policyNewsView.do?newsId=148746505〉.

「21世紀に向けた新たな日韓パートナーシップのための行動計画」, 1998. 10. 8., 일본 외무성 웹사이트. 〈https://www.mofa.go.jp/mofaj/kaidan/yojin/arc_98/k_kodo.html〉.
「MB "일 영향력 예전같이 않아"」, 동아닷컴, 2012. 8. 14., 〈https://www.donga.com/news/Politics/article/all/20120814/48613776/1〉.
「小渕内閣総理大臣・金大中韓国大統領 共同記者会見録」, 1998. 10. 8., 일본 총리관저 웹사이트. https://www.kantei.go.jp/jp//obutisouri/speech/1998/1008nikkan.html〉
「日韓共同コミュニケ」, 『わが外交の近況』 第9號, 1965. 7., 일본 외무성 웹사이트. 〈https://www.mofa.go.jp/mofaj/gaiko/bluebook/1965/s40-shiryou-003.htm#d〉.
「日韓共同宣言--21世紀に向けた新たな日韓パートナーシプ」, 1998. 10. 8., 일본 외무성 웹사이트. 〈https://www.mofa.go.jp/mofaj/kaidan/yojin/arc_98/k_sengen.html〉.
『わが外交の近況』 第9號, 1965. 7., 일본 외무성 웹사이트. 〈https://www.mofa.go.jp/mofaj/gaiko/bluebook/1965/s40-1.htm#asia-ro〉.
조세영, 「[EAI 이슈브리핑] 김대중-오부치 공동선언의 탄생 과정과 그 의의」, 동아시아연구원 웹사이트, 2018년 9월 27일.〈http://www.eai.or.kr/main/search_view.asp?intSeq=9795〉.

제3부

동아시아 국제질서와 역사 화해

7장

동아시아 지역질서 재편과 한일 역사 갈등

: 한미일 관계에서 본 동맹과 과거사 문제

조양현

I. 머리말

현재의 한일관계는 이중의 의미에서 뒤틀린 구조(二重のねじれ)의 제약하에 있다고 할 수 있다. 하나는 탈냉전 이후 현저해진 한일 간의 위협 인식의 괴리이다. 북한 및 중국에 대한 한일의 위협 인식은 탈냉전을 거치면서 역전(逆轉)되었는데, 이는 미일동맹을 재편·강화하여 지역 및 글로벌 차원에서 동맹의 일체화를 추진하는 일본과, 한미동맹의 지역동맹화에 신중한 한국 간의 전략적 협력을 어렵게 하고 있다. 다른 하나는 안보와 경제 분야의 실질 협력과 역사 문제를 둘러싼 갈등 사이에 나타나는 뒤틀림이다. 한일 양국은 국익 극대화를 위해 전통 및 비전통 안보 이슈와 국제경제 문제 등 다양한 현안에서 상호 협력을 필요로 하지만, 과거사 갈등이 이를 가로막고 있는 것이 한일관계의 현실이다.

2010년대에 들어 중국의 부상에 따른 동아시아 파워 밸런스 변화 즉, 미·중 전략경쟁의 가시화는 한일 과거사 문제에 미·중·일 3국 간의 전략 게임의 성격을 더하고 있다. 중국은 일본의 역사수정주의를 한·미·일 공조를 견제하는 '역사 카드'로 활용하고자 하는 의도를 감추지 않고 있다. 이에 대해 일본은 한국의 '중국경사론'을 제기하며, 한·중 연대에 의한 '일본 제국주의' 비판을 경계하고 있다. 미일동맹과 한미동맹을 동아시아 안보 전략의 핵심으로 삼는 미국은 '동맹의 관리'를 위해 한일 간

* 본고는 제2회 역사화해를 위한 한일포럼(2018년 12월 16일, 서울)에서 발표한 「동아시아 국제질서 변화와 한일 과거사 문제: 과거사 문제의 다자화(多者化) 및 전략화(戰略化)가 한일관계에 주는 함의」를 수정 보완한 것으로, 拙稿, 「東アジア國際秩序の変化と日韓関係−歴史問題と安保の2重葛藤の構造」, 菅英輝 編著, 『競合する歴史認識と歴史和解』, 晃洋書房, 2020의 일부 내용을 참고하였음을 밝혀둔다.

의 지나친 과거사 마찰에 주의를 환기하고, 필요하다면 역사 갈등의 중재에 나서는 노력을 아끼지 않았다. 과거사 문제와 관련한 한국의 대일외교는 미·중·일 3국의 전략 게임의 자기장 속에서 전개될 수밖에 없는 상황이 되었다. 한일 간의 역사 문제는 양자 문제의 성격을 넘어 미중일 3국 간의 전략 경쟁과 연동되는 다자 이슈로서의 성격이 강해지고 있다.

한일 간의 과거사 문제는 동아시아 국제체제와 어떤 관계에 있는 것일까? 중국의 부상에 따른 동아시아 국제관계의 변화는 한일관계에 어떠한 영향을 미치며, 과거사 문제와 어떤 관계에 있는 것일까? 본고는 2010년대 이후 동아시아 파워 밸런스 변화 속에서 한일 과거사 문제가 갖는 전략적이고 다자적인 성격을 한미일 관계의 시각에서 고찰하고, 우리의 대일외교에의 함의를 제시하는 것을 목적으로 한다.

II. 동아시아 세력 재편과 한일의 위협 인식 변화

1. 중국의 부상과 미·중·일 관계의 재편

중국 부상에 따른 동아시아의 파워 밸런스 변화는 미·중·일 간의 전략적 삼각관계는 물론 한·일의 위협 인식에 큰 영향을 끼쳤다. 2010년을 전후로 중국의 공세적인 대외 태도가 노골화하면서 미국의 동아시아 전략은 중국에 대한 견제적 성격이 강화되었다. 탈냉전 이후 20년간 '일극(一極) 시대' 시대를 주도했던 미국의 절대적 지위는 리만 쇼크와 세계 금융경제 위기를 계기로 상대적인 퇴조를 보인 반면, 중국의 영향력은 동아시아는 물론 글로벌 차원에서 확대되었다.

2011년에 오바마 미국 정부는 자국의 우월적 지위를 유지하고자 대외관계의 중심축을 중동에서 아시아태평양으로 전환한다는 '재균형(rebalancing)' 정책을 제시했다. 미국은 안보와 경제의 두 분야에서 역내의 동맹관계의 재편·강화 및 환태평양경제동반자협정(TPP)의 체결을 추진했다. 미국은 중국에 대한 경제적 관여를 유지하는 한편, 중국의 안보 위협에 대응하기 위해 군사전략과 동맹관계를 재편하고자 했다.[1]

2010년은 일본이 중국의 부상과 그 충격을 직접 확인한 해였다. 탈냉전 이후 20년간 외교안보 분야에서 일본의 최대 고민은 중국 문제였다.[2] 중국의 부상으로 동아시아의 파워 밸런스가 급변하는 과정에서 일본의 안정과 번영을 어떻게 확보할까에 관한 것이었다. 2010년에 경제적으로 중일의 국내총생산(GDP)이 역전되고, 댜오위다오(센카쿠) 사건이 발생하여 일본은 중국의 위협을 피부로 느끼게 되었다. 이후 일본 내의 중국 논의에서 '중국위협론'이 대세가 되었고, 일본 국민의 대중국 인식은 급속히 악화되었다.

제2차 아베 신조(安倍晋三) 내각의 출범 후 1년 만에 채택된 국가안전보장전략 문서는 아시아태평양 지역의 안보 위협으로서 특히 중국의 위협을 강조하였다.[3] 중국의 영해 침범과 동중국해 상공의 방공식별구역 설정 등은 "힘에 의한 현상변경 시도"로서 국제법 질서와 배치되며, 이와 같은 중국의 행동이 국제사회의 우려라고 기술했다. 일본 정부는 중국

---

1 김준형, 2015, 「아베 정부의 안보정책 전환과 미국의 재균형전략: 한·미·일 관계를 중심으로」, 『아세아연구』 58, 4.

2 조양현, 2012, 「중국의 부상과 일본의 대중(對中)정책: 일본 민주당 정부 출범 후의 일·중 관계를 중심으로」, 『정책연구과제』, 외교안보연구원.

3 國家安全保障會議決定·閣議決定, 2013. 12. 7, 「國家安全保障戦略について」, 平成 25年 12月 17日.

을 현상변경 국가로 규정하고, 중국에 대한 억지력의 확보를 위해서는 집단적 자위권이 필요하다는 논리를 공공연히 강조하기에 이르렀다.[4]

2015년 4월에 아베 총리는 버락 오바마(Barack Obama) 대통령과 정상회담을 갖고, 안보, 경제, 역사, 지역 및 글로벌 문제 등 제 분야에서 양국 간의 협력 강화에 합의하였다. 두 정상은 미일관계가 전전(戰前)의 적대관계에서 벗어나 '부동(不動)의 동맹(unshakable alliance)'으로 거듭났다고 규정하였다. 바로 전날 개정된 미일방위협력지침(가이드라인)에는 중국의 해양 진출과 군사력 증강에 대응하려는 의도가 강하게 반영되었다.[5] 이후 미일 양국은 자위대와 미군의 공동대응 역량강화 차원에서 공동훈련·연습의 확대, 시설의 공동 사용, 우주 및 사이버 분야를 포함하는 정보 공유 및 공동의 정보 수집·정찰 활동의 확대를 추진해왔다. 양국은 또한 TPP를 통해 높은 수준의 무역 자유화를 위한 규칙을 선점하여 중국의 영향력을 견제하고, 미·일 양국의 경제적 우위를 유지하고자 하였다.

2. 한일의 위협 인식 변화

2010년대 들어 미중일 간의 전략적 경쟁 관계가 심화되는 상황은 주변국과의 우호협력 관계를 통해 한반도의 안정과 평화를 확보하고자 하는 한국 외교에 큰 도전으로 다가왔다. 한국은 중국과의 관계를 비약적으로 발전시켰고, 이는 결과적으로 한국의 전통적인 우방인 미국, 일

4 서승원, 2015, 「일본 아베 정권의 집단적 자위권과 중국」, 『아세아연구』 제58권 4호.

5 조양현, 2015, 「4월 미·일 정상회담 이후 동아시아 전략구도와 한국 외교」, 『주요국제문제분석』, 국립외교원.

본과의 관계를 상대화했다. 한국 외교는 미국, 중국과의 관계 설정을 어떻게 조정할 것인가라는 난제를 안게 되었다.

냉전기에는 정경분리 원칙에 근거해 우호협력 관계를 유지했던 중일 관계는 탈냉전 이후 전략적 이해관계가 충돌하는 경쟁구도로 전환되었다. 특히 2010년과 2012년에 발생한 센카쿠열도(댜오위다오)를 둘러싼 중일 갈등, 2013년에 중국의 방공식별구역(ADIZ) 선언으로 중일 간의 전략적 경쟁 구도는 선명해졌다. 전술한 대로, 이후 일본은 미일동맹 강화를 통해 중국에 대한 억지력의 확보에 주력해왔다. 탈냉전 이후 20년 동안 일본은 미일동맹을 중시하면서도 중국에 대한 명확한 견제(balancing)는 자제해왔지만, 이제는 미국과 연대하여 중국에 대한 적극적인 헷징(hedging)에 나서고 있다.

반면 한국 사회에서 중국의 부상은 '위협'이라기보다는 '기회'로서의 성격이 강하다. 1992년의 한중 수교 이후 양국은 경제, 정치·안보, 사회·문화 등 제반 분야에서 양적, 질적으로 비약적인 성장을 거듭하였다. 양국 간의 인적 교류는 국교 수립 이후 20년 동안 60배 이상 늘어났고, 양국 국민의 상호 인식은 꾸준히 개선되었다. 이를 바탕으로 양국은 2014년에 '성숙한 전략적 협력동반자관계'에 합의했고, 냉전기의 '잠재적 적대관계'를 청산하고 북한 문제의 해결과 한반도 통일을 위한 협력을 확대해왔다. 한·미동맹이 한국 안보의 핵심축이라는 점에는 변함이 없지만, 한국 정부는 '안보는 미국, 경제는 중국, 북한 문제는 미·중'이라는 식으로, 대미외교와 대중외교의 균형을 유지하면서 미·중 간 세력 경쟁에 말려들지 않으려고 고심하였다.[6]

---

6 木宮正史, 2015,「日本の安全保障と朝鮮半島-安全保障における非対称性」, 木宮正

이와 같이 박근혜 정부 출범 이후 한일관계가 냉각되고 한중관계가 강화된 데 대해 일본은 민감한 반응을 보였다. 일본은 한국 외교의 무게 중심이 '한미일 관계'에서 '한미중 관계'로 옮겨가고 있으며, 한중 양국의 접근이 '일본 외교의 고립' 내지는 '반일 연대'로 이어지는 것은 아닌가 하고 경계하였다.[7] 2016년 이후 사드(THAAD) 배치 문제를 둘러싸고 한중관계가 냉각되면서 일본이 한국에 대해 제기한 '중국경사론'은 수그러들었지만, 2017년 문재인 정부 출범 이후에도 한국 사회에서 중국의 부상은 여전히 '위협'이라기보다는 '기회'로서의 이미지가 강하다고 할 수 있다.

냉전기에 한국은 북한을 '주적'으로 규정하여 최대 위협으로 인식하였고, 일본이 '두 개의 코리아'라는 대한반도 정책의 연장선에서 정경분리 원칙을 내세워 북한에 접근하려는 것에 불만이었다.[8] 탈냉전을 거치면서 한국이 북한과의 체제경쟁에서 사실상 승리하고 남북한 간의 군사적 균형이 한국에 유리하게 변화함으로써 북한에 대한 한국의 위협 인식은 점차 민족적 동질성으로 대체되었다. 반면 북일 간에 북한의 핵, 미사일 위협과 납치 문제 등이 불거지면서 일본 사회에서 북한은 지역질서를 위협하는 '불량국가'로서의 이미지가 강해졌다.

한국은 김대중 정부 이래 대북 포용정책을 우선한 반면, 일본의 고이즈미 정권은 대화와 압박을 병행하였다. 당시 한일 양국은 북미 간의 직접 대화를 촉구하는 등 북한 문제에 대한 이해관계가 상당 부분 일치했

史 編著, 『朝鮮半島と東アジア』, 岩波書店.

7 이종원, 2015, 「한일 관계 정상화, 어떻게 이룰 것인가」, NEAR재단, 『한일관계, 이렇게 풀어라』, 김영사.

8 신정화, 2004, 『일본의 대북정책(1945-1992)』, 오름.

었다. 그러나 2006년에 제1차 아베 정권의 출범과 북한 핵·미사일 사태를 계기로 일본의 대북정책 기조가 압박 우선으로 선회하였다. 6자회담 참가국 중에서 북한에 가장 유화적인 한국과 가장 강경한 일본 간의 대립 구도가 선명해졌고, 북한 문제야말로 한일관계 전체를 소원하게 하는 주된 요인이 되었다.[9]

2017년에 문재인 정부 출범 이후 북한 문제와 관련한 한일의 입장 차이는 한층 선명해졌다. 한국 정부는 2018년, 북한의 평창동계올림픽 참석과 남북 정상회담 및 북미 정상회담의 개최를 전후해서 대화를 통한 북한 비핵화에 주력했다. 이에 대해 일본 정부는 대화보다는 북한의 완전한 비핵화가 선결이라는 강경론을 견지하였다.

이와 같이 일본은 한국에서 진보정권의 출범을 계기로 남북관계, 한중관계가 긴밀해진 반면, 전통적인 우방국인 미국, 일본과의 관계는 상대화되었다고 본다.[10] '386세대'로 대표되는 노무현 정권의 진보적인 이념 성향이 반미, 대북유화정책, 자주국방정책에 반영되었고, 그 결과 한국 내의 북한에 대한 위협 인식이 감소하였다고 본다.

3. 미국과의 동맹전략에 대한 한일의 입장

미국은 21세기 들어 미군의 전 세계적인 재배치와 동맹전략을 조정 중에 있는바, 한일 간의 위협 인식의 차이는 미국과의 동맹 조정에 대한

9 기미야 다다시, 2007. 5, 「일본의 대북한 인식과 한·일관계」, 국민대 일본학연구소, 『일본공간』 창간호.

10 西野純也, 2006. 3, 「盧武鉉政権の安全保障政策と國內要因-『協力的自主國防』をめぐる機會と制約」, 『國際安全保障』 第33卷 第4號.

대응에서도 차이를 가져왔다. 전술한 대로 2010년대 들어 중·일 경쟁이 심화되면서 일본은 지역 및 글로벌 차원의 안보 역할 확대를 위해 미일동맹의 글로벌화 및 일체화를 추진했다. 그 제도적 종착점은 2015년을 전후하여 성립된 집단적 자위권의 행사를 전제로 한 가이드라인의 개정과 안보법제의 정비였다.

반면 한국은 한미동맹의 재조정에 신중한 입장을 견지해오고 있다. 한미동맹은 한반도에서 대북한 억지력에 중점을 둔다는 점에서 미일동맹과는 차이가 있다는 것이 한국 정부의 입장이다. 냉전기에 미일동맹은 북한뿐만 아니라 소련, 중국의 위협을 염두에 둔 '지역동맹'의 성격이 강했다고 한다면, 한·미동맹은 북한 위협에 특화한 '국지(局地)동맹이었다.[11] 9·11 테러 이후 미군은 전 세계에 주둔하고 있는 미군의 재편을 추진하면서 주둔국의 승인 없이 신속히 이동할 수 있는 '전략적 유연성'을 요구했지만, 노무현 정부는 한국의 의지와 무관하게 지역분쟁에 연루될 수 있음을 우려하여 소극적으로 대응하였다.

오바마 정부 시기에 한미 양국은 '포괄적 전략동맹(comprehensive strategic alliance)'에 합의했다. 이는 한미동맹이 협의의 군사동맹을 넘어 정치, 경제, 사회, 문화 면에서 공통의 가치와 상호신뢰에 기반한 광의의 포괄적 동맹이며, 한미 양자 간의 동맹을 넘어 지역 및 글로벌 차원에서 전략적으로 협력하는 동맹으로 이해되었다. 한국은 '룰에 기초한 국제질서(rules-based international order)'의 구축이라는 맥락에서 오바마 정부가 추진한 아시아 재균형(rebalancing) 정책에 협조하여 아시

---

11 倉田秀也, 2013, 「『地域』を模索する米韓同盟: 同盟変革と『リバランス』」, 『東亜』 555號.

아태평양 지역의 평화와 안전에 중심적인 역할을 담당하였지만, 이것이 공공연한 중국 봉쇄를 의미하는 것은 아니었다.

한일 양국은 미국과의 동맹관계를 공유하고 있지만, 한일 간에는 실질적인 안보협력은 진전되지 않았다. 일본은 한미동맹을 지역동맹화하고 한미일 안보협력을 강화함으로써, 실질적 의미에서 미일동맹의 전략공간을 한반도까지 연장하는 효과를 기대하고 있는 것으로 보인다.[12] 즉, 미국과 일본은 한미동맹을 미일동맹과 연계하여 한미일 안보연대의 효과가 극대화되기를 기대하고 있다. 한미동맹이 한반도에서 대북 억지력의 기능을 넘어 지역동맹화할 경우, 한미동맹과 미일동맹의 동질성과 상호 보완성이 커질 것이기 때문이다. 일본은 한국이 적극적으로 대중국 견제정책을 펼 경우, 한미동맹은 지역질서의 안정요인으로서 일본의 전략적 종심 확보에 유리하게 작용할 것으로 기대한다.[13] 반대로, 한미동맹이 지역동맹화로 나아가지 않고 한반도에서 대북억지력으로서의 기능에 머무르거나, 한국이 한미동맹을 상대화하고 미중관계에서 균형을 유지하는 방향으로 전환되는 것에 대해서 우려한다. 노무현, 박근혜 정부의 대외 태도에 대해 일본이 '중국경사론'을 제기한 데서 알 수 있듯이, 일본은 한반도 통일이 한반도에 대한 중국의 영향력 증대로 이어질 가능성을 경계하고 있다.

반면 한국에서는 한일 간의 안보협력을 반대하는 목소리가 강하다.[14]

---

12 阪田恭代, 2016, 「米國のアジア太平洋リバランス政策と米韓同盟: 21世紀『戦略同盟』の三つの課題」, 『國際安全保障』 44巻1號.

13 道下徳成 · 東清彦, 2015, 「朝鮮半島有事と日本の対応」, 木宮正史 編著, 『朝鮮半島と東アジア』, 岩波書店.

14 서동만, 2006, 「한 · 일 안보협력에 관하여」, 김영작 · 이원덕 편, 『일본은 한국에게 무엇인가』, 한울아카데미.

그 근거로는, 우선 냉전 시기에도 일본을 끌어들이지 않고 한미동맹으로 대북 억지력을 확보했는데, 냉전이 끝난 상황에서 일본과의 안보협력을 추구하는 것은 시대역행적이며, 남북한 관계 개선 및 한반도 통일에 부정적으로 작용할 수 있다는 우려가 있다. 다음으로, 미일동맹과 한미동맹은 목적이 상이한 바, 한일 혹은 한미일 간의 군사협력에 들어갈 경우, 한국의 의도와 관계없이 중국을 자극하거나 미중일 간의 패권 경쟁에 말려들 수 있다는 지적이 있다. 뿐만 아니라, 일본의 과거사 반성이 미흡한 상황에서 한일 안보협력을 추진하면 일본의 군사대국화나 역사 수정주의에 면죄부가 될 수 있다는 우려가 있다.

III. 한미일 관계에서 본 동맹과 과거사 문제

1. 일본의 '탈(脫)전후체제'론과 동아시아 역사 논쟁

1990년대 들어 일본 사회 전반에 걸친 보수화 현상이 나타나면서 이른바 '보통국가'로 대표되는 대대적인 체제 전환이 시도되었다.[15] 2000년대 들어 고이즈미 준이치로(小泉純一郞) 내각과 아베 신조 정권하에서 국민통합을 위해 이념과 사상을 강조하는 '정체성 정치(identity politics)'가 대세로 자리 잡았는데, 이는 전후 일본 정치에서 새로운 패러다임 변화라고 할 수 있다. 특히 아베 내각은 복고적인 '탈(脫)전후체제론'을 제창하여 헌법이나 미일안보조약과 같은 '전후체제'를 규정하는 기본 틀을

15 박철희, 2014, 「일본정치 보수화의 삼중구조」, 『일본비평』 제10호.

벗어나려는 시도를 터부시했던 과거의 관행에 정면으로 문제제기하고, 그 대안을 찾아 제도화하고자 했다는 점에서 역대 내각과 차이가 있다.[16]

아베 총리가 추구하는 정체성 정치는 국수주의적이고 민족주의적인 색채가 농후하였다.[17] 제1차 아베 내각 출범 당시 아베 총리는 스스로의 정권 창출을 '전후체제로부터의 새로운 출범(船出)'이라고 명명하였다. 아베에 따르면, 제2차 세계대전 이후 일본의 국가체제는 연합국의 점령 정책에 의해 강요된 것이며, 그 상징적 존재가 바로 '평화헌법'이다. 아베 정권의 항해(航海)는 패전의 굴레인 전후체제를 해체하고 그 자리에 일본 국민이 "자신감과 자긍심을 가질 수 있는 국가"의 기초를 놓는 작업이다. 이 항해의 해도(海圖)는 일본의 역사, 전통, 문화 등이며, 그 목적지는 천황제를 비롯한 일본 고유한 전통에 기반한 국가이다.

메이지 이후부터 패전까지 일본의 국력이 강했던 시기를 동경하고 있다는 점에서 아베 내각의 이념 성향은 미래지향적이라기보다는 복고주의적인 색채가 다분하다. 아베 내각이 추구하는 정책은 대내적으로는 헌법개정과 애국심 고취를 위한 교육개혁, 자위대의 군대화, 국가위기관리체제의 강화, 대외적으로는 집단적 자위권 행사의 확보를 통한 미일동맹의 강화, '강한 일본'의 건설을 중장기적으로 추진하는 것을 핵심으로 하고 있다.

아베 총리의 탈전후체제론은 역사수정주의적인 요소가 강하여 한국, 중국 등 주변국과의 긴장 요인이 되었다.[18] 아베 총리와 자민당은 일본의

16 조양현, 2019, 「21세기 일본의 국가 정체성 변화와 한일관계: 아베 내각의 '탈(脫)전후체제론'을 중심으로」, 동북아역사재단 한일역사문제연구소 편, 『일본의 국가정체성과 동북아 국제관계』, 동북아역사재단.

17 조양현, 2015, 「한국의 시각에서 본 역사인식과 한일관계: 아베내각 보수 이념과 한일관계」, NEAR재단 편저, 『한일관계, 이렇게 풀어라』, 김영사.

18 이면우, 2018, 『일본 보수주의 분석: 아베 재등장의 배경과 일본 정치의 향방』, 세종

식민지배에 대한 사과를 담은 '무라야마(村山) 담화'와 일본군 '위안부' 강제동원을 인정한 '고노(河野) 담화'의 수정을 공공연하게 거론하였고, 보수 이념의 각료와 정치인들은 A급 전범들이 합사된 야스쿠니신사를 집단 참배하였다. 제2차 아베 내각 시기인 2014년에 일본 정부는 고노 담화의 검증을 추진하였고, 2015년에 아베 총리는 종전 70주년 기념 총리 담화(아베 담화)를 발표하여 이른바 '적극적 평화주의'를 표방하였다.

일본의 과거회귀적이고 수정주의적인 역사 인식이 표출될 때마다 주변국은 반발하였고, 이른바 '동아시아 역사논쟁'이 일상화하였다. 야스쿠니 참배 문제, 역사 교과서 문제 및 '위안부' 문제 등을 매개로 하여 일본과 한국·북한·중국 간에는 일제의 한반도·중국 침략 및 식민지배에 대한 역사 인식의 차이가 노정되었으며, 일본의 역사수정주의 움직임과 맞물려 동아시아에서 민간 및 정부 차원의 역사 논쟁이 가열되어왔다. 특히 '위안부' 문제와 관련하여 일본 학계의 연구와 한일의 '위안부' 관련 단체의 활동 등으로 '위안부' 문제가 한일 간의 최대 외교현안으로 부상하였을 뿐만 아니라, 유엔과 국제사회를 중심으로 전시 여성인권 문제로 다루어지면서 전 지구적 민간 네트워크가 구축되었다.

2. 미일동맹과 역사 문제

아베 내각하에서 현저해진 일본의 역사수정주의 행태는 미일동맹을 동아시아 안보전략의 핵심축으로 여기는 미국의 입장을 곤란하게 했다. 일본의 군사적 보통국가화에 대한 미국의 시각은 이중적이었다. 탈냉전

연구소, 제2장.

이후 미국의 대일(對日) 인식은 '강한 일본론(proactive Japan)'과 '신중한 일본론(prudent Japan)'으로 대별할 수 있는바, 이들 논의는 미국의 대중(對中) 정책과 밀접히 연관되어 있다.[19] 전자는 중국에 대한 견제를 위해 미일동맹의 강화를 통한 일본의 정치·안보적 역할 확대를 주장한다. 반면 후자는 일본이 역사·영토 문제로 주변국들과 충돌을 자제해야 하며, 미일동맹 강화가 노골적인 대중봉쇄로 비치지 않도록 해야 한다는 입장이다.

미국의 동아시아 안보전략의 관점에서 보자면, 아베 내각이 지향하는 미일동맹 강화와 이를 뒷받침하기 위한 군사적 의미에서의 보통국가화 작업은 미국의 '전략적 자산'이었다. 아베의 보수적 담론은 일본이 동아시아에서 안보 역할을 확대하기 위한 촉진제로서의 효용이 있었다. 미국이 예산 제약으로 동아시아 안보 관여에 어려움을 겪고 있는 상황에서 독자적인 방위력 정비와 미일동맹 강화를 외치며 지역적 안보 역할 확대를 지향하는 아베 내각은 미국의 중요한 파트너였다.

2010년대 들어 중국의 공세적 외교가 노골화하면서 오바마 정부의 '아시아 재균형' 정책과 아베 내각의 '적극적 평화주의' 간에 공통의 이해관계를 토대로 미일동맹이 재편·강화되는 상황에서 미국의 대일 정책은 '강한 일본론(proactive Japan)'으로 경사하였다. 미일관계 관련 미 의회조사국 보고서에 따르면, 아베 총리의 역사관은 제2차 세계대전의 성격 및 책임, 원폭 투하, '위안부' 문제 등에서 미국의 인식과 충돌할 위험성이 있었다. 뿐만 아니라 '위안부' 문제를 둘러싸고 한일관계가 냉각되

19 조양현, 2012, 「동아시아 파워 밸런스 변화와 미일관계」, 『정책연구과제』, 외교안보연구원.

었듯이, 일본의 역사수정주의는 "역사와 관련한 증오"를 재연시킴으로써 지역의 안전보장을 동요시킬 수 있는 위협 요인이었다.[20] 그럼에도 불구하고 이 보고서는 역사수정주의가 미일동맹 강화에 도움이 될 수 있다고 보고, 이를 위한 아베 총리의 노력을 높이 평가하였다.

반면 아베 내각의 역사수정주의는 미국의 '전략적 부담'이기도 했다. 미국 정부는 한일관계 악화에 따른 한미일 공조의 이완, 중일관계 악화와 물리적 충돌 가능성에 따른 미국의 안보 비용 증가를 우려했다. 아베 내각이 보수우익세력의 주장에 밀려 독도 영유권의 현상변경을 시도하거나, '위안부' 문제 등으로 한일관계가 악화될 경우, 한미일 공조를 약화시켜 북한 핵 문제의 해결을 어렵게 하거나, 미중 간의 세력경쟁 구도 속에서 중국에게 어부지리를 안겨줄 수 있기 때문이었다. 일본 내에서 일정 정도의 중국위협론은 미일동맹 강화 및 일본의 방위력 정비의 촉진제가 될 수 있지만, 중일 간 물리적 충돌은 지역의 안정을 결정적으로 훼손하고 미국의 추가적 안보 비용을 의미한다. 미국은 역사·영토 문제로 중일 대립이 격화될 수 있음을 경계하였다.

오바마 정부는 일본의 과도한 역사수정주의를 견제하여 미국의 안보 전략에 대한 부정적 영향을 관리하고자 하였다. 2016년 5월에 오바마 대통령의 히로시마 방문은 일본의 과도한 역사수정주의에 대한 미국 정부의 견제라는 의미 부여가 가능하다. 전후 미일 양국은 안보조약을 맺고 동맹관계에 들어갔지만, 제2차 세계대전에서는 적대관계였다. 미국으로서는 일본의 진주만 기습 공격과 미군 포로의 비인도적 취급 문제가,

---

20 CRS Report for Congress, 2014, "Japan-U.S. Relations: Issues for Congress," February 20.

일본으로서는 미국의 히로시마와 나가사키에의 원폭 투하, 전쟁 중에 일본계 미국인의 강제 수용 등이 양국 간 역사관 충돌과 불신의 씨앗이었다. 이와 같이 과거사 갈등의 가장 상징적인 장소인 히로시마를 오바마 대통령이 아베 총리와 공동으로 방문한 것은 '핵 없는 세상' 실현에 대한 오바마의 의지 외에, 과거사 문제가 미일동맹의 '가시'로 남아서는 안 된다는 전략적 판단에 따른 것이었다.[21] 즉, 양국 간의 불편한 역사관 충돌에 따른 상호불신을 최소화하여 동아시아 안보질서의 불투명성이 증가하는 상황에서 미일협력을 강화하겠다는 정책적 의도가 고려되었다고 할 수 있다.

3. 한일 과거사 갈등과 미국의 동맹 관리

2010년대 들어 미국이 일본의 과도한 역사수정주의를 경계하면서도 중국의 부상에 대응하기 위해 미일동맹을 강화한 것과 달리, 한국에서는 중국의 군사굴기보다 일본의 군사적 보통국가화 내지는 아베 내각의 역사수정주의적 행태가 더 큰 국민적 관심사였다. 제2차 아베 내각의 출범과 때를 같이하여 한국에서는 박근혜 정부가 출범하였고, 이후 3년 가까이 한일 양국은 '위안부' 문제를 둘러싸고 대립하였다.

2011년에 한국에서 헌법재판소의 '위안부' 문제 관련 판결 이후 '위안부' 문제는 줄곧 한일관계의 최우선 현안으로 남아 있었다. 2012년에 이명박 대통령의 독도 방문과 천황 관련 발언도 사실상 '위안부' 문제에

21 조양현, 2016, 「2016년 미·일 정상의 히로시마·진주만 공동방문 평가 및 함의」, 『주요국제문제분석』, 국립외교원.

대한 일본 정부의 무성의에 대한 실망에서 비롯된 것이었다고 할 수 있다. 박근혜 정부는 출범 직후부터 대통령의 3·1절 기념사, 8·15 경축사 등을 통해 일본 정부에 대해 '위안부' 문제의 해결을 촉구하였고, 워싱턴 D.C와 유엔 등 국제사회를 무대로 '위안부' 관련 '역사전쟁'을 전개하는 등 한국의 대일외교는 '위안부' 문제의 프레임에서 자유롭지 못했다.

박근혜 정부 출범 이후 한국은 유엔과 같은 국제기구 그리고 미국 등 국제사회를 상대로 '위안부' 문제 관련 일본의 무성의한 대응을 비판했고, 일본도 이에 맞대응하는 경우가 늘어났다.[22] 당시 일본 정부가 추진한 유네스코 세계유산 등재 문제는 국제사회를 전장으로 하는 한일 과거사 전쟁으로 비화했다.

박근혜 정부는 한일관계에서 '위안부' 문제의 해결을 우선한 결과, 모든 분야에서 한일 간의 교류와 협력이 소원해졌다. 과거사 문제를 둘러싼 한일 갈등은 경제협력 및 안보협력에 심각한 악영향을 초래했다. 한일 통화스왑의 중단, 양국 간의 무역과 투자의 감소, 사회문화·인적 교류의 위축, 재일한국인의 민생 피폐 및 한일 안보협력의 정체 등이 대표적이다. 특히 북한의 핵, 미사일 위협에 대한 한미일 3국 간의 공조 기반이 약화되었다.

한편 중국은 미일동맹과 한미일 안보협력에 대한 경계심이 깊어질수록 일본의 역사수정주의에 대한 비판을 강화하는 모습을 보였다. 중국은 냉전기에는 일본의 침략전쟁에 대해 관용적인 태도를 취했지만, 탈냉전 이후에는 반일 역사교육을 강화하고 일본의 전쟁 책임에 대한 반성

22 Kent E. Calder, *Asia in Washington: Exploring the Penumbra of Transnational Power*, Brookings Institution Press, 2014, ch. 5.

과 사죄를 요구하는 경우가 늘어나고 있다.[23] 이는 대만, 센카쿠, 남중국해 등에서 중일 간의 전략적 이해관계의 충돌과 무관하지 않은 것으로 보인다.[24]

중국은 2010년대 들어 야스쿠니신사 참배나 '위안부' 문제 등의 역사 문제의 대응에 있어서 한국과 연대하여 일본을 압박하려는 태도를 선명히 했다. 2014년 7월에 방한한 시진핑 주석은 한중 양국의 항일의 역사를 강조하였고, 중국 관영 언론은 항일전쟁, 광복 70주년 공동행사 제안 등을 부각시켰다. 이후 중국 정부와 지방 정부들은 상하이 임시정부 청사와 충칭 광복군 총사령부, 하얼빈 안중근 의사 기념관 등 중국 각지의 한국 독립운동 사적지 보호 문제에 있어 적극적인 대응을 이어갔다. 중국은 한미일 안보 협력을 견제하기 위해 '약한 고리'인 한일관계에 쐐기를 박기 위해 '역사 카드'로 동원하고 있다는 해석이 가능하다.[25]

미국은 한일 간의 역사 갈등이 한미일 안보협력체제에 미치는 부정적인 영향을 최소화하기 위해 일본의 과도한 역사수정주의적인 행태를 견제하고, 한일 간의 역사 갈등을 관리하여 미국의 안보전략에 미치는 부정적 영향을 최소화하고자 하였다. 오바마 정부는 한일 양국의 역사수정주의적 행태나 비타협적인 태도를 견제하고, 한일 간의 역사 갈등을 중재하는 모습을 보였다.[26]

---

23 服部龍二, 2013, 「歴史認識問題」, 井上壽一ほか 編, 『日本の外交 第5巻』, 岩波書店.

24 読売新聞政治部, 2014, 『「日中韓」外交戦争』, 新潮社, 제3장.

25 金子秀敏, 2014, 「中國の台頭と日韓関係」, 小倉和夫ほか, 『日韓関係の争点』, 藤原書店, 309~312쪽.

26 Chen Liu, 2018, "Obama's Pivot to Asia and its Failed Japan-South Korea Historical Reconciliation", *East Asia: An International Quarterly*, Vol. 35, No. 4, December, pp. 293~316.

2013년 12월에 아베 총리는 전격적으로 야스쿠니신사를 참배하였는데, 이는 미일관계에 악재로 작용하였다. 미국은 제2차 아베 내각 출범 이후 고노 담화와 무라야마 담화의 수정, 그리고 야스쿠니신사 참배를 자제하도록 일본 정부에 요청했었다. 미국 정부는 아베의 야스쿠니신사 참배에 대해 "실망하였다"는 입장을 발표하였고, 일본 정치인들의 '위안부' 관련 발언에 대해서 정부, 의회, 언론을 중심으로 비판의 수위를 높였다. 리차드 아미티지, 커트 캠벨, 마이클 그린 등 지일파 인사들은 강경한 어조로 아베 총리의 참배를 비판하였다. 미국은 아베 내각에 대해 '위안부' 문제를 해결하라고 압박하였고, 이후 아베 총리는 야스쿠니신사 참배를 자제하였다.

아베의 야스쿠니신사 참배 이후 미국에서는 일본 정치인들의 퇴행적 역사인식과 발언이 한일관계와 중일관계의 악화를 초래하고, 이는 결과적으로 미국의 동아시아 전략에 역행한다는 우려가 강해졌다. 특히 미국의 안보전략가들은 한일 간 역사 갈등이 심화되면, 중국이 종래의 '경제'라는 레버리지 외에 '역사'라는 새로운 카드로 일본을 고립시킴으로써 한미일 공조를 무력화시키고, 결과적으로 한국을 영향권하에 두려는 중국의 구심력이 강화될 수 있음을 우려하였다.

오바마 정부는 한일 역사 갈등의 최대 현안이었던 '위안부' 문제의 해결을 위해 중재에 나서는 모습을 보였다. 이전부터 미국 정계에는 민주당 인사들을 중심으로 '위안부' 문제 관련해서 일본의 적극적인 대응이 필요하다는 것에 대해 대체적인 공감이 있었다. 제1차 아베 내각 시기인 2006년에 일본 정부가, '위안부'의 강제연행을 인정하는 고노 담화를 부정하려는 움직임을 보이자, 미국 하원은 '위안부' 결의안을 채택하여 일본 정부의 태도를 비판하였다.[27] 오바마 정부 시기에 '위안부' 동원의 강제성을 부인하는 일본 정치인들의 발언이 잇따르자, 힐러리 클린턴 장관은 '위안부'를 전시 '성노예(sex slave)'로 규정하였다.

2014년 3월, 오바마 대통령은 헤이그 핵안보정상회의를 계기로 한일 관계의 개선을 위해 박근혜 대통령과 아베 총리를 현지의 미국 대사관으로 불러 중재에 나섰다. 오바마 정부가 3자 회동의 자리를 마련한 것은 미국이 한일 간의 역사 문제에 개입한 최초의 사례였으며, 미국 정부는 '위안부' 문제의 해법 마련을 위해 노력을 기울였다.[28] 이후 한일 간에 '위안부' 문제를 다루기 위한 10여 차례의 국장급 회의가 개최되었지만, 한일 간의 합의는 쉽게 도출되지 않았다. 그 과정에서 미국 정부는 '위안부' 문제 관련 박근혜 정부의 강경한 입장을 견제했다. 2015년 2월, 웬디 셔먼 미국 국무부 정무차관은 "정치지도자가 과거의 적을 비난함으로써 값싼 박수를 얻는 것은 어렵지 않다. (중략) 이 같은 도발(provocations)은 진전이 아니라 마비를 초래한다"고 발언하였다. 국제사회는 이에 대해 미국 정부가 '위안부' 문제에 대한 박근혜 정부의 비타협적인 태도를 경고한 것으로 받아들였다.

결국 2015년 12월 말에 한일 양국 정부는 '위안부' 문제의 해결을 위해 합의하였다. 일본 정부가 '일본 정부의 책임 인정과 사죄, 보상'이라는 한국 정부의 요구를 명시적으로 인정하지 않았음에도 양국은 합의에 도달하였다. 즉, '법적 해결'이 아닌 '정치적 해결'로 타협하였다. 합의의

---

27 조양현, 2007. 6, 「동아시아 歷史論爭과 美 下院의 慰安婦 決議案 論議: 최근의 동향과 미·일관계에의 함의를 중심으로」, 『한일민족문제연구』 제12호.

28 손열, 2018, 「'위안부' 합의의 국제정치: 정체성-안보-경제 넥서스와 박근혜 정부의 대일외교」, 『국제정치논총』 58:2, 157~159쪽.

배경에는 한일 국교정상화 50주년이 지나가기 전에 '위안부' 문제 해결의 전기를 마련하고 한일관계를 정상화시켜야 한다는 양국 지도자의 절박감 외에, 외부 요인으로서 미국 정부의 중재자 역할이 결정적으로 중요했다고 할 수 있다.

Ⅳ. 맺음말

1. 한일 과거사 문제의 전략성

탈냉전 이후 동아시아 국제관계에서 과거사 문제의 비중이 증가하고, 최근에는 미중일 간의 전략경쟁의 맥락에서 역사 인식과 안보전략이 연계되는 경향이 두드러지고 있다. 한일 간의 역사 갈등은 동아시아의 파워 밸런스 변화와 밀접히 연동되어 전개되어왔다. 한일관계가 냉전기의 '특수관계'에서 탈냉전 이후 '보통의 국가 간 관계'로 이행하면서 과거사 문제가 분출하였고, 대일외교에서 역사와 안보·경제 문제의 비중이 역전되었다.[29]

2010년대 들어 전 세계적으로 경제적 상호의존과 글로벌화에 따른 경쟁 격화 및 부작용, 경기침체의 장기화 등 국제경제의 불투명성이 증가하고, 이민, 난민, 테러 등 새로운 안보 이슈가 등장하면서 초국가적인 탈근대 가치체계에 대한 회의와 함께 국가 주체성이 중시되었다. 동아시아에서는 '강한 국가'에의 국민적 염원을 자극하는 '정체성의 정치'가 시

29 淺羽祐樹, 2019, 「『普通』の日韓関係へ」, 『外交』 Vol. 53.

대적 대세가 되면서, 역내 국가들 간에 국가 정체성과 밀접한 관계에 있는 역사 논쟁이 치열해졌다. 배경에는 미국 우위의 국제체제가 이완되는 파워의 확산(다극화)이 두드러지고, 이른바 '강대국 정치' 내지는 '지정학의 부활'이 회자되는 시대적 상황이 있다.

이와 같이 국익, 세력 균형, 패권 등 현실주의 국제관계관과 근대국가적 가치체계가 우선하는 동아시아에서 '역사 내셔널리즘'이 확산될 경우 지역협력이 위축되고 역내 안보질서가 심각하게 훼손될 우려가 있다. 과거사 문제는 민족주의 정서를 바탕으로 지지율 확보, 국민통합의 수단으로서 효용이 있는바, 중국, 일본 등 역내 주요국의 역사 인식은 보수적이고 공세적인 성향이 두드러지고 있다. 외교관계에서 과거사 문제를 다룸에 있어 장기적인 국익의 관점보다 국민정서가 우선할 유인이 커지고 있다. 과거사 문제에서 타협하면 정권이 유지될 수 없다는 인식 즉, '영토문제의 성역화'와 결부된 민족주의의 발호가 우려된다.

2010년대 들어 미중 간의 전략경쟁이 가시화하면서 한일 과거사 문제는 한일 양자 관계의 현안을 넘어 미국, 중국이 가세한 전략 게임과 연동되고 있다. 미국은 과거사 갈등으로 한일관계가 악화되고 나아가 이러한 동맹 내 균열이 국제사회로 확대되는 것을 경계하였다. 오바마 미국 대통령이 2014년 3월에 헤이그 핵안보정상회의를 계기로 한·일 관계의 개선을 위해 중재에 나선 것은 이러한 미국의 이해관계를 반영한 것이었다. 오바마 정부는 일본의 역사수정주의를 경계하였지만, 미중 간 세력경쟁의 심화에 따라 미국은 미일동맹의 중요성을 제고하였고, 일본의 역사수정주의를 정면 비판하기보다는 일정한 범위 내에서 용인하는 태도를 취했다. 전술한 대로 2016년 5월에 오바마 대통령의 히로시마 방문과 12월에 아베가 진주만을 방문한 것은 제2차 세계대전에 대해 양국 간에 시각 차이가 있음에도 불구하고, 동아시아 안보질서의 불투명성이 증가하는 상황에서 미일협력을 강화하겠다는 정책적 의도가 작용하였다고 볼 수 있다.[30] 즉, 중국에 대한 미국의 위협 인식 증대가 미국의 대일정책 및 대한정책에 반영되었다고 할 수 있다.

미국의 지역전략의 관점에서 볼 때, 이후에도 미국과 동맹관계에 있는 한일 간의 협력 관계의 중요성에는 변함이 없을 것이다. 도널드 트럼프(Donald Trump) 미국 정부는 한일 간의 역사 갈등에 대해 직접적인 개입은 자제하고 있지만, 한미일 협력 관계의 중요성에 대해서는 거듭 강조해오고 있다.[31] 2019년 4월 19일, 미일안보협의회(SCC, 이른바 2+2)에서 양국의 국방장관과 국무장관은 "미국, 일본 및 대한민국 간의 협력의 중요성을 강조하고, 함께 협력하여 3국간 안보 협력과 연습을 증진하기로 약속했다"고 선언했다.[32]

2. 한국 외교에의 함의

동아시아에서 패권경쟁이 구조화할수록 한국의 대외관계는 미중일 간의 전략적 대결 구도와 연동되는 성격이 강해질 것이다. 한미일/한일/

---

30 Yanghyeon Jo, "Assessment and Implications of 2016 Joint Visits by Obama and Abe to Hiroshima and Pearl Harbor," IFANS FOCUS(2016-108E), Korean National Diplomatic Academy.

31 Robert E. Kelly, 2019, "As South Korea and Japan pick a fight, don't expect Trump to care", *The Interpreter*, Lowy Institute.

32 Ministry of Defense, "Joint Statement of the Security Consultative Committee", 19 April 2019. ttps://www.mod.go.jp/e/d_act/us/201904_js.html(검색일: 26 April 2019).

한미 안보협력(한일정보보호협정(GSOMIA), 집단적 자위권, THAAD), 무역 자유화 혹은 지역금융기구(TPP, 한중일 FTA, AIIB), 역사 인식(일본군'위안부', 야스쿠니 참배 등) 등 안보, 경제, 역사 관련 제 현안에 대한 한국의 대응은 미중일 3국간 전략 게임의 자기장 속에서 한국의 포지션 선택으로 해석되는 경우가 늘어날 것이기 때문이다.

향후 한미동맹의 지역동맹화 및 다자적 안보연대 참여와 관련하여 한국에 대한 미일의 요구가 거세질 수 있다. 2015년 말의 한일 정부 간의 '위안부' 문제의 타결과 2016년 들어 북한에 의한 일련의 핵과 미사일 도발은 한일 및 한미일 공조를 강화하는 계기가 되었다. 일본이 중국·북한 위협론을 내세워 미국의 안보 파트너로서 자리를 잡아갈수록 한일 관계의 개선 및 한미일 안보협력 강화에 대한 미국의 요구가 거세지고, 아시아태평양에서 미국과 호주, 인도, 동남아 국가들과의 안보연대에 한국도 동참하라는 압력이 강해질 수 있다.[33] 미국과 일본은 일본의 새로운 안보법제와 미일방위협력지침에 근거하여 한미일 3국간의 안보협력 강화에 한층 적극적으로 나올 것으로 예상된다. 이에 대한 한국의 선택은 우리가 북한의 군사적 위협에 대해 어떠한 수단과 방법으로 대처할 것인가, 미중일을 상대로 어떠한 외교안보 노선을 취할 것인가에 대한 국가전략의 문제라고 할 수 있다.

오바마-아베 정부 시기의 마지막 해인 2016년에 미일 정상은 제2차 세계대전(태평양전쟁)의 가장 상징적 장소인 히로시마와 진주만을 공동 방문하여 양국 간의 불편한 역사 문제에 암묵적인 화해를 시도하였다.

---

33 조양현, 2017, 「인도·태평양 전략(Indo-Pacific Strategy) 구상과 일본 외교」, 『주요국제문제분석』, 국립외교원.

이념보다 실리 위주의 트럼프 정부하에서 과거사 문제는 미일관계의 주요 현안에서 탈락하고, 한일 간 과거사 문제에 대해 미국 정부의 직접적인 중개는 가시화되지 않았다. 트럼프 정부가 오바마 정부와 달리 한일 간 과거사 마찰이 재연될 경우 무관심으로 대응할 경우, 아베 내각의 역사수정주의적인 언행으로 한일관계가 악화되고 한국이 불편한 상황이 초래될 수 있다. 또한 미일 양국이 미일동맹의 유지·강화를 토대로 한국에 대해 한미일 안보협력의 강화를 요구할 경우, 안보와 과거사 문제의 이해관계 괴리에 따른 한국의 외교 비용이 증가할 수 있다.

'가깝고도 먼 나라'라는 말에 대표되듯이 해방 이후 한국의 대일 인식은 이중적이었다. 일본은 우리에게 '청산의 대상'이자, 냉전체제에서 살아남고 경제를 발전시키는 데 없어서는 안 될 '준(準)동맹국(quasi-alliance)'이었다. 세계적인 냉전체제가 해체되면서 한일관계가 이완되었다고는 하지만, 경제와 안보 분야에서 양국 간에 원활한 의사소통이 되지 않으면 쌍방이 손해를 보는 관계에 있다는 데는 변함이 없다. 급변하는 국제 정세를 감안할 때 양국은 과거사 문제 관련 상충하는 이해관계를 최소화하고 신뢰관계를 구축해야 하는 상황에 있다.

한일관계의 지난 50년 즉, '1965년 체제'가 식민지배의 가해자와 피해자, 혹은 선진국과 개도국이라는 수직적인 특수 관계의 성격이 강했다면, 새로운 50년의 한일관계는 수평적인 보통의 국가관계를 특징으로 할 것이다. 이는 중국 부상을 배경으로 역내 국제관계가 빠르게 재편되는 상황에서 한일 양국이 상대방의 전략적 가치를 느끼지 못하면 협력하기 어려운 시대로 접어들었다는 것을 의미한다. 미국과의 동맹관계(미국의 아태지역 관여) 및 자유무역체제에 사활적 이해관계를 공유하는 한일 양국은 전통적으로 안보와 경제 분야에서 국제 정세의 불투명성이 증가할 때 상호 협력을 강화해왔다. 북핵 문제, 국제 경제의 불투명성, 한중관계의 냉각, 미중 전략경쟁의 가속화 등 최근의 국제 정세를 감안한다면, 그 어느 때보다 한일 간의 전략적 협력의 필요성이 요구되는 시기라고 할 수 있다.

과거사 문제 관련 박근혜 정부의 대응은 한국의 대외관계 설정의 어려움을 상징적으로 보여주었다. 문재인 정부 시기에도 대일정책의 연속성 확보 문제가 한일관계의 핵심 현안임에는 변함이 없다. 2017년 5월 문재인 정부가 출범하면서 한일 간에 과거사 갈등이 재연되었다. 문재인 정부는 '위안부' 피해자와 국민들의 의견이 충분히 반영되지 않았다는 이유에서 박근혜 정부가 합의한 '위안부' 합의를 인정하지 않았다. 한국 정부는 한일관계의 악화를 피하기 위해 일본에 대해 '위안부' 문제와 관련한 재교섭을 요구하지 않았고, 이 문제를 더 이상 대일 외교의 이슈로 제기하지 않는다는 방침을 밝혔다. 그렇지만 2018년에 식민지배 시기의 강제징용 피해자 문제가 한일 외교의 새로운 현안으로 부상하였고, 2019년에 한일 갈등은 일본 정부의 대한국 수출규제의 시행, 한일 GSOMIA 연장 문제에 대한 한국 정부의 재검토 선언 등 경제와 안보 분야로까지 확대되었다.

향후 한국 외교가 그동안 소원했던 한일관계를 극복하고 전통적인 우호협력 관계를 복원할 수 있을지, 아니면 역사와 영토 문제를 둘러싼 대립과 갈등이 지속될지는 예단하기 어렵다. 과거에도 한일의 역대 정부는 '미래지향적 관계'를 추구하였지만, 결국은 대립과 갈등으로 점철되었다. 이러한 역사적 교훈에 비추어볼 때, 급변하는 동아시아 정세 속에서 과거사 문제의 복합성(다자적 성격 및 안보와의 연계성)과 정책 연속성을 감안한 대일 전략이 절실하다고 하겠다.

참고문헌

한국어

기미야 타다시, 2007,「일본의 대북한 인식과 한·일관계」,『일본공간』 창간호.

김준형, 2015,「아베 정부의 안보정책 전환과 미국의 재균형전략: 한·미·일 관계를 중심으로」,『아세아연구』 58:4.

박철희, 2014,「일본정치 보수화의 삼중구조」,『일본비평』 제10호.

서동만, 2006,「한·일 안보협력에 관하여」, 김영작·이원덕 편,『일본은 한국에게 무엇인가』, 한울아카데미.

서승원, 2015,「일본 아베 정권의 집단적 자위권과 중국」,『아세아연구』 제58권 4호.

손열, 2018,「위안부 합의의 국제정치: 정체성-안보-경제 넥서스와 박근혜 정부의 대일외교」,『국제정치논총』 58:2.

신정화, 2004,『일본의 대북정책(1945-1992)』, 오름.

이면우, 2018,『일본 보수주의 분석: 아베 재등장의 배경과 일본 정치의 향방』, 세종연구소.

이종원, 2015,「한일 관계 정상화, 어떻게 이룰 것인가」, NEAR재단,『한일관계, 이렇게 풀어라』, 김영사.

조양현, 2012,「동아시아 파워 밸런스 변화와 미일관계」,『정책연구과제』, 외교안보연구원.

______, 2012,「중국의 부상과 일본의 대중(對中)정책: 일본 민주당 정부 출범 후의 일·중 관계를 중심으로」,『정책연구과제』, 외교안보연구원.

______, 2015,「4월 미·일 정상회담 이후 동아시아 전략구도와 한국 외교」,『주요국제문제분석』, 국립외교원.

______, 2015,「한국의 시각에서 본 역사인식과 한일관계: 아베내각 보수 이념과 한일관계」, NEAR재단,『한일관계, 이렇게 풀어라』, 김영사.

______, 2016,「2016년 미·일 정상의 히로시마·진주만 공동방문 평가 및 함의」,『주요국제문제분석』, 국립외교원.

______, 2017,「동아시아 歷史論爭과 美 下院의 慰安婦 決議案 論議: 최근의 동향과 미·일관계에의 함의를 중심으로」, 한일민족문제학회,『한일민족문제연구』 제12호.

______, 2017,「인도·태평양 전략(Indo-Pacific Strategy) 구상과 일본 외교」,『주요국제문제분석』, 국립외교원.

______, 2019,「21세기 일본의 국가 정체성 변화와 한일관계: 아베 내각의 '탈(脫)전후체

제론'을 중심으로」, 동북아역사재단 한일역사문제연구소 편, 『일본의 국가정체성과 동북아 국제관계』, 동북아역사재단.

일본어

國家安全保障会議決定 · 閣議決定, 「國家安全保障戰略について」, 平成 25年 12月 17日(2013년 12월 17일).

金子秀敏, 2014, 「中國の台頭と日韓関係」, 小倉和夫ほか, 『日韓関係の争点』, 藤原書店.

道下徳成 · 東清彦, 2015, 「朝鮮半島有事と日本の対応」, 木宮正史 編著, 『朝鮮半島と東アジア』, 岩波書店.

読売新聞政治部, 2014, 『「日中韓」外交戦争』, 新潮社.

木宮正史, 2015, 「日本の安全保障と朝鮮半島-安全保障における非対称性」, 木宮正史 編著『朝鮮半島と東アジア』, 岩波書店.

服部龍二, 2013, 「歴史認識問題」, 井上寿一ほか 編, 『日本の外交第5巻』, 岩波書店.

西野純也, 2006, 「盧武鉉政権の安全保障政策と國内要因-『協力的自主國防』をめぐる機会と制約」, 『國際安全保障』 第33巻 第4號.

拙稿, 2020, 「東アジア國際秩序の変化と日韓関係-歴史問題と安保の2重葛藤の構造」, 菅英輝 編著, 『競合する歴史認識と歴史和解』, 晃洋書房.

倉田秀也, 2013, 「『地域』を模索する米韓同盟: 同盟変革と『リバランス』」, 『東亜』 555號.

浅羽祐樹, 2019, 「『普通』の日韓関係へ」, 『外交』 Vol. 53.

阪田恭代, 2016, 「米國のアジア太平洋リバランス政策と米韓同盟: 21世紀『戦略同盟』の三つの課題」, 『國際安全保障』 44巻 1號.

영어

Liu, Chen, 2018, "Obama's Pivot to Asia and its Failed Japan-South Korea Historical Reconciliation", *East Asia: An International Quarterly*, Vol.35, No.4.

CRS Report for Congress, "Japan-U.S. Relations: Issues for Congress," February 20, 2014.

Calder, Kent E. 2014, *Asia in Washington: Exploring the Penumbra of Transnational Power*, Brookings Institution Press.

Ministry of Defense, "Joint Statement of the Security Consultative Committee", 19 April 2019.

Kelly, Robert E. 2019, "As South Korea and Japan pick a fight, don't expect Trump to care", *The Interpreter*, Lowy Institute, 1 April 2019.

Jo, Yanghyeon, 2016, "Assessment and Implications of 2016 Joint Visits by Obama and Abe to Hiroshima and Pearl Harbor," *IFANS FOCUS*(2016-108E), Korean National Diplomatic Academy.

8장

역사 갈등을 넘어서는 21세기 정치·외교의 길

추규호

I. 한반도의 지정학

한일 간의 역사 갈등을 넘어서기 위한 논의를 전개할 때에 우리는 과거 역사를 멀리 돌아볼 필요가 있다. 과거의 역사를 멀리 돌아볼수록 미래가 잘 보인다는 말에 유의할 필요가 있다. 지난 천년 이상의 역사에서 한반도와 일본열도의 관계는 적대적이고 나쁜 관계에 있었던 것은 짧은 기간이고, 교류와 협력의 역사가 대부분을 차지했다고 볼 수 있다.

한일관계사에서 흔히 신라의 삼국통일을 계기로 한반도와 일본열도 간 긴밀한 교류에 근본적인 변화가 있었다는 주장이 제기된다. 신라가 한반도에서 삼국을 통일한 7세기 중반 이후, 한반도의 역사는 전반적으로 대외적인 팽창보다는 한반도 내부의 정치체제를 유지하려는 내향화(內向化)의 경향이 강해졌다는 가설이 그것이다. 한편 일본은 663년 백제 부흥운동에 부응하여 총 2만 7,000명의 원군을 파견한 백강(현재의 금강 하구라 추정됨)전투에서 수적 우세에도 불구하고 신라·당나라 연합군에게 완패한다. 백강전투의 패배가 그 후 일본의 대내외 정책에 지대한 영향을 미쳤으며, 이를 계기로 일본은 백제를 중심으로 한 한반도 정권과의 유대가 단절된 것으로 보인다. 김용운은 백강전투 후 '일본인의 집단무의식의 깊은 곳에는 백제에 대한 한과 복수심'이 도사리고 있다고 진단한다.[1] 장재진에 의하면, 구한말 종교지도자 강증산은 당시 일본의 한반도 침략을 일본 측의 해원(解冤)이라는 종교적인 관점에서 이해하

1 김용운, 2014, 『풍수화』, (주)맥스교육, 68쪽. "『니혼쇼키』는 663년에 '오늘로서 백제의 이름은 끝났다. 고향 땅 곰나루에 있는 조상의 묘를 언제 다실 찾을까?'라는 비통한 글로 백제의 한을 기록하고, 그 좌절감을 '일본신국론'으로 조작해 억지스러운 우월의식으로 전환했다."

고 있었다고 분석한다.[2]

지정학적인 면에서 한반도는 외세를 끌어들이는 지남철(磁石)과 같은 작용을 해왔다고 볼 수 있다. 한반도는 지정학적으로 해양세력과 대륙세력이 교차하는 지점에 위치해서 양 세력 간의 싸움에 쉽게 휘말릴 수밖에 없었다.[3]

전 주한 일본대사 오구라 가즈오(小倉和夫)에 의하면 중국과 일본 간의 중요한 다섯 차례의 전쟁이 모두 한반도와 관련되어 있었다. 즉 663년 백강전투, 1274년과 1281년 여몽연합군의 일본 원정, 1592~1598년 임진전쟁, 1894년 청일전쟁, 1937년 중일전쟁 등이다.[4] 가장 가까운 과거인 1950~1953년간 한반도에서 전개된 '한국전쟁'도 여러 가지 명칭에서 드러나듯이 냉전 시기에 자유진영과 공산진영 사이에 전개된 '열전'(熱戰)의 하나로서, 한반도에 미증유의 살육, 파괴와 후유증을 남긴 국제전이었다.

메이지 유신의 시기에 일본은 '정한론' 등을 통해 한반도를 통한 국권의 팽창을 본격적으로 추구하게 된다. 청일전쟁에 이어 러일전쟁(1904~1905)에서 승리한 제국주의 일본은 당시 열강인 영국, 미국 등의 외교적 지원을 업고 1910년 조선의 '강제병합'에 성공한다. 일본의 한반도 식민지 지배는 1945년 제2차 세계 대전에서 연합군에게 무조건 항복할 때까지 계속된다. 1945년 8월 15일 일본의 항복은 갑작스러운 것으로 미군, 소련군은 전쟁의 원만한 조속 종결을 위해 편의상 한반도를

---

2 「근대기 한국 신종교경전에 나타난 일본인식」, 한국일본근대학회 제40회 국제학술대회 발표집, 2019. 10. 19.

3 서현섭, 2019, 『일본 극우의 탄생 메이지유신 이야기』, 라의눈, 28쪽.

4 서현섭, 2019, 29쪽.

북위 38도선을 경계로 하여 분할 점령함으로써, 한반도 분단의 단초를 제공하였다. 또한 한때 한국 내에서도 '한일합방'으로 불렸던 1910년의 '강제병합'은 제2차 세계대전 이후 한일 간 국교협상 과정, 수교 문서의 서명 과정, 그리고 현대에 이르기까지 식민지배의 불법성과 관련하여 양측 간 극명한 입장차를 노정하는 것이다.

한국전쟁의 휴전 이후 대한민국은 미국과 동맹을 맺음으로써 역사상 최초로 역외 국가와 연합 방위체제를 구축하게 된다. 이 한미동맹은 동북아에서 열강에 둘러싸인 대한민국에 있어서 안보 면에서 전략적인 생존을 보증해주는 것으로 작용하게 되었다. 또한 이를 기반으로 대한민국은 '브레튼우즈 체제'라 불리는 자유무역 제도를 적극 활용하여 경제적인 도약을 이룩하고 세계 10대 무역국가로 성장하였다.

한편 지정학적인 면에서 볼 때 미국이 적극적으로 중재하였던 1965년 한국과 일본의 수교는 동북아에서 미국을 중심으로 한 사실상의 군사동맹적인 성격을 띠고 있었다. 1965년 당시 한국 내 수교 반대세력은 일본이 식민지 지배의 불법성을 전혀 인정하지 않는 것을 반대의 가장 큰 명분으로 삼았다. 한국 내 반대세력 중 일부는 중국, 일본, 미국과 같은 '종주국'이 없이 '민족 해방과 자주 독립'을 목표로 삼자고 주장하였는데,[5] 이러한 '종주국'에 관한 인식(콤플렉스)은 21세기에 들어와서도 한국의 대외정책에 영향을 미치고 있다.

5 요시자와 후미토시, 2019, 『현대 한일문제의 기원』, 일조각, 340~341쪽.

II. 일본의 한반도관

고대로부터 한반도가 일본에 불교, 한자 등 문화를 전달하는 젖줄 역할을 해온 것은 주지의 사실이다. 그러나 다른 한편으로 안보 면에서 일본은 한반도가 일본 열도의 심장을 겨누는 비수(匕首)의 역할도 한다는 인식이 강하다. 이러한 인식의 뿌리는 '백강전투'에 맞닿아 있다고 본다. 16세기 임진전쟁이 일어나기 전인 1471년 조선의 재상 신숙주(申叔舟)는 일본을 방문한 다음 『해동제국기(海東諸國記)』를 저술하여 일본을 소개했다. 그는 일본과 교류의 중요성을 강조하며 '일본과의 화(和)를 유지할 것'을 당시 왕인 성종에게 유언으로 남긴다.[6]

현대에 이르러서도 일본의 전략가들은 한반도의 안정이 일본의 안보에 직결된다는 인식을 공유하고 있다. 이러한 인식은 제2차 세계대전 이후 일본의 정치지도자인 이케다, 사토 등 역대 총리의 발언에서도 쉽게 확인할 수 있다.[7]

그러면 현재 일본의 아베 신조(安倍晋三) 총리의 한반도관은 어떤 것일까? 아베 총리는 미국과 동맹관계에 있는 일본의 보수 자민당 출신의 총리로서 역대 자민당 출신 총리들과 맥을 같이하는 안보관을 가지고 있는 것으로 보인다. 대한민국도 미국과 동맹관계에 있는 만큼, 한국과 일본은 유사(類似) 동맹관계에 있다 해도 과언이 아니다. 따라서 안보 정책 면에서 한국과 일본 사이에는 갈등의 요소가 별로 있을 수 없다고

6 김용운, 2014, 459쪽.

7 사토 총리는 닉슨 미 대통령과의 정상회담에서 '대한민국의 안보가 일본 자신의 안전에 필수적인 것임을 표명'함.("미·일 공동성명문", 1969. 11. 21; 『조선일보』 1969. 11. 22, 1면.

생각해볼 수 있다. 다만, 아베는 전후세대를 대표하는 정치 지도자로서 역사 인식의 면에서는 한국과의 갈등 양상이 드러나고 있다.

후술하겠지만 아베 총리는 '전후체제 탈각'이라는 정치적 입장을 가지고 있으면서, 한반도 침략에 대한 인식은 결여된 것으로 보인다. 메이지 정한론의 뿌리는 『니혼쇼키(日本書紀)』에 기술된 진구황후(神功皇后)의 삼한 정벌설인데 이것을 하나의 사상으로 정립한 인물이 죠슈번(長州藩, 지금의 야마구치현)의 요시다 쇼인(吉田松陰)이다. 아베 총리는 죠슈번의 정신을 이어받은 것을 자랑스럽게 이야기한다.[8] 아베 총리의 역사관은 제2차 세계대전 종전 70주년을 맞아 2015년에 발표된 총리명의 담화에서 읽어볼 수 있다. 이 담화에서 아베 총리는 '일본은 대전(大戰)을 일으킨 것에 대해 반복해서 통절한 반성과 마음으로부터의 사죄를 표명했다'고 언급하였으나, '식민지 지배'나 '침략'에 관한 언급은 회피한다(첨부 1 참조). 이는 1995년에 있었던 무라야마 도미이치(村山富市) 총리의 담화나 2010년에 있었던 간 나오토(菅直人) 총리의 담화와는 다른 것이다.

III. 남북 간 평화 공존과 화해의 문제

한일 간 역사 갈등을 극복하고 화해를 추구함에 있어서 이 문제를 남북 간 갈등이나 관계 개선의 어려움과 비교·고찰해볼 필요가 있다. 왜냐 하면 대한민국과 조선민주주의인민공화국은 통일을 지향하는 별개

8 서현섭, 2019, 138·141쪽.

의 정치체로서 70년이 넘는 분단의 역사 속에서 많은 화해·협력의 합의를 이뤄낸 바 있으나, 합의사항 이행의 면에서는 '65년 수교 이후의 한일 관계에 미치지 못한다고 생각되기 때문이다.

한국인들은 흔히 동서독(東西獨)의 통일 과정과 비교하여 남북한의 평화와 화해를 논의하는 경향이 있다. 그러나 남북 간에는 동서독의 관계와는 달리 간단(間斷) 없이 진행되는 접촉과 이에 수반되는 신뢰의 축적이 부족하다는 큰 차이점이 존재한다. 대한민국의 입장에서 보면 평화와 화해를 향한 정책의 일관성과 함께 정치지도자들의 의지가 단절됨이 없이 결집되지 않는 한 달성하기 어려운 과제라고 생각된다.

한반도는 1945년 제2차 세계대전이 종결되면서 한민족의 의사에 반하여 외세에 의하여 분단되었다. 또한 현재 남북이 겪고 있는 분단의 질곡(桎梏)은 한국전쟁을 거치면서 더욱 고착된 것이다. 전쟁의 상흔(傷痕)이 남겨놓은 불신의 뿌리가 남북 간 평화와 화해의 착근을 결정적으로 방해하고 있기 때문이다.

남북은 1980년대 말까지 진행된 세계적인 냉전(冷戰)을 거치면서 적대적인 공존 상태를 고착시킨 바 있다. 1990년대 들어서서 독일의 통일, 소련 연방의 해체, 그리고 냉전 종식이라는 국제정치상의 변혁이 일어나면서 남북 간의 화해와 평화공존 논의가 본격화하게 되었다.

1990년대 탈냉전 이후 지금까지 단속적(斷續的)으로 이루어져온 남북 간의 대화와 교류의 실적을 화해의 측면에서 어떻게 평가해야 할까? 우선 지적할 수 있는 것은 냉전 종식을 계기로 대한민국은 1990년대 초반 러시아, 중국 등 구공산권 국가와 국교를 수립하였으나, 북한의 경우 미국, 일본 등 자유진영 국가와 수교하지 못한 체 외교적인 고립 상태를 벗어나지 못하고 있는 점이다. 이런 환경은 북한으로 하여금 남북 대화에 나서게 하는 유력한 동인의 하나가 되었다고 본다. 그러나 1990년 이후 본격화된 북한의 핵무기 개발 문제가 그간 남북 간, 북미 간, 그리고 다자 간 회담을 통하여 많은 합의가 있었음에도 불구하고 아직까지 '비핵화'의 입구에서 더 이상 나아가지 못하고 있다. 그간 남북 간에 합의되었던 화해와 협력의 다양한 내용을 냉정히 되돌아볼 필요가 있다.

1990년 가을 이후 남북은 총리 간 회담(고위급회담)을 서울과 평양에서 수차례 개최하는 등 다양한 경로의 협의를 통해 수개의 의미 있는 합의문을 채택한 바 있다. 남과 북이 1991년 12월~1992년 9월 사이에 채택한 화해와 불가침 및 교류·협력에 관한 기본합의서와 부속합의서에 따르면 '서로 상대방의 체제를 인정하고 존중하며, 상대방에 대한 비방, 중상을 하지 않게' 되어 있다. 또한 '상대방에 대하여 무력을 사용하지 않으며 상대방을 무력으로 침략하지 않기로' 하고, '상대방에 대한 사실을 왜곡하지 않으며 허위 사실을 조작, 유포하지 않기로'도 합의한 바 있다.[9] 한편, 1992년 1월 20일 남북한이 채택한 '한반도의 비핵화에 관한 공동선언'은 서로 '핵 재처리 시설과 우라늄 농축 시설을 보유하지 않기로' 하는 등 핵전쟁 위험을 제거하기 위한 광범위한 합의 내용을 담고 있다.[10]

2000년 최초로 개최된 남북 정상회담에서 채택한 '6·15 남북공동선언'은 '통일 문제를 그 주인인 우리 민족끼리 서로 힘을 합쳐 자주적으로 해결해나가기로' 하고, 북한 김정일 국방위원장이 적절한 시기에 서

9 외교통상부, 2009, 『한국외교 60년』, 436~441쪽.

10 외교통상부, 2009, 445쪽.

울을 방문하기로 합의한 바 있으나,[11] 김정일 위원장이 2011년 12월 사망할 때까지 서울을 방문하지 않은 것은 주지의 사실이다.

신뢰와 화해를 축적해나가는 길은 실천 가능한 것에 우선 합의하고 이를 착실히 이행해나갈 때에 상대적으로 쉽게 열린다고 생각된다. 이러한 면에서 2018년에 열렸던 남북정상회담 결과 채택된 판문점 선언(2018. 4)과 평양 공동선언(2018. 9)의 내용[12]은 남북 간의 협력과 평화정착의 측면에서 포괄적인 내용을 담고 있으나, 2018년 중 약속되었던 종전선언을 비롯하여 합의사항의 이행은 미진한 상황이다.

2019년 11월 24일~11월 25일 간 부산에서 열렸던 한·아세안 특별정상회담 시 주최국인 한국 정부는 북한 김정일 위원장을 특별 손님으로 공개 초청한 바 있으나, 북한 측은 냉소적인 대응으로 일관한 바 있다.[13] 2020년 상반기 현 상황에서 한국의 정책 결정자들은 현실을 냉정하게 읽을 필요가 있다. 한일관계와 같은 대외 관계든 남북관계와 같은 특수한 관계든 서로 다른 정치체 간의 협상과 합의는 고착된 사고를 탈피하여 창의적이고 미래지향적 자세로 추진하는 것이 바람직하다. 그러나 국가 간의 협상에서는 '리얼리즘'에 기초한 냉철한 상황 분석이 이뤄질 때 의미 있는 진전이 실현될 수 있다.

---

11 외교통상부, 2009, 448쪽.

12 '전쟁위험을 실질적으로 해소하기 위해 공동 노력', '상대방에 대한 모든 적대행위 전면 중지', '2018년 중 종전선언, 정전협정의 평화협정으로의 전환, 항구적 평화체제 구축 위한 3자 또는 4자회담 개최', '완전한 비핵화 통한 핵 없는 한반도 실현', '이산가족 상설면회소 설치', '김정은 위원장의 조기 서울 방문'.

13 "모든 일에는 때와 장소가 있는 법이다", 『조선중앙통신』, 2019. 11. 21; "남한이 '남북사이의 모든 문제를 민족공조가 아닌 외세의존으로 풀어나가려는 그릇된 입장에서 탈피하지 못하고 있다'면서 남북 정상 간 만남을 거부", 『연합뉴스』, 2019. 11. 21.

Ⅳ. 한일 간 갈등 구조의 해부

1990년대에 냉전이 종식된 이후, 21세기에 들어선 지금 한일관계에서 갈등이 상수화되고 장기화되고 있다는 분석이 설득력을 얻고 있다.[14]

이와 같은 상황은 크게 두 가지 측면에서 비롯된 것으로 보인다. 그 하나는 냉전의 종식으로 공통의 적이라는 존재가 희미해진 국제정치상의 국가 관계에서 전략적 이익을 공유할 필요성이 약화된 점이다. 또 하나는 제2차 세계대전 후 국가 간의 관계를 규율해온 체제-한일관계에서는 1965년의 조약 체제-에 대하여 각 국가별로 수정주의적 움직임이 일어나고 있는 점이다. 몇 가지 주요한 분야별로 고찰해보면 다음과 같다.

1. '한일 기본관계 조약'은 타협의 산물

한일 간 국교를 정상화하기 위한 한일회담은 1951년 10월부터 1965년 6월까지 14년에 걸쳐 중단과 재개를 되풀이하며 개최된 것으로 세계에서 유례를 찾기 어려운 마라톤회담이었다.[15]

1951년 10월 전쟁 중인 대한민국이 일본과의 국교 재개 교섭에 임하게 된 것은 냉전이 깊어가던 당시 미국의 세계전략과 무관하지 않다. 미국으로서는 제2차 세계대전 이후 심화되는 냉전 상태에서 동아시아에서 일본을 공산주의 세력과 맞서는 동반자로 키우고자 하였으며, 한국을

14 양기호, 「문재인정부 한일 갈등의 기원」, 동북아역사재단 주최, 제4회 역사화해를 위한 한일포럼, 2019. 12. 14, 251쪽.

15 정재정, 2015, 『한일회담 · 한일협정, 그 후의 한일관계』, 동북아역사재단, 17쪽.

반공의 방파제로 구축하는 정책을 펼치게 된다. 1951년 10월 첫 한일회담은 미국의 요청을 받아들여 한국의 대표단이 도쿄의 맥아더 미군사령부를 방문하여 일본 측과 대화함으로써 시작된다.

10여 년이 넘게 진행된 한일 기본관계 조약의 협상에서 가장 큰 걸림돌의 하나는 일본제국의 한반도 지배의 불법성 문제였다. 한국은 1910년 '한국강제병합조약'과 그 이전의 협약이 원천적으로 무효라고 주장했다. 일본은 과거 조약이 일본의 패전 또는 대한민국의 수립 때까지는 유효하며, 합법적이었다고 주장했다.[16] 종국에 한국의 박정희 정부는 후술하는 '청구권 협정'에서 청구권을 완전히 최종적으로 해결하는 포괄적 합의에 동의하게 된다. 결국 식민지 지배의 청산을 다룬 '기본조약'은 한국과 일본이 식민지 지배 그 자체를 어떻게 이해하고 평가하는가에 대해서조차 의견의 일치를 보지 못한 채 마무리되었고, 이 역사 인식의 문제는 양국에 두고두고 논쟁과 갈등을 불러일으키는 화근으로 남게 된다.[17]

일본제국의 한반도 지배의 불법성에 관하여 서로 용납할 수 없는 이견을 그대로 두고 국제 정치상의 필요에 따라 채택한 이 조약은 진정한 화해는 도외시한 타협의 산물이었기 때문에 내재된 문제점이 언젠가는 폭발할 수밖에 없는 것이었다(식민지 지배나 화해 문제가 일체 언급되지 않은 '기본관계 조약'의 전문(前文), 일부 조문은 각주[18] 참조).

16 정재정, 2015, 30쪽.

17 정재정, 2015, 31쪽.

18 '대한민국과 일본국 간의 기본관계에 관한 조약'의 전문, 조문 일부 : 대한민국과 일본국은, 양국 국민 관계의 역사적 배경과, 선린관계와 주권 상호 존중의 원칙에 입각한 양국 관계의 정상화에 대한 상호 희망을 고려하며, 양국의 상호 복지와 공통 이익을 증진하고 국제평화와 안전을 유지하는 데 있어서 양국이 국제연합 헌장의 원칙에

2. 21세기의 새로운 한일 파트너십 공동선언(1998)의 화해 추구

1965년 기본조약에서 무시한 일본의 식민지 지배에 대한 반성과 사죄는 1990년대에 들어서서 일본 정부와 총리 차원에서 어느 정도 이루어지게 된다. 특히 일본 사회당 출신의 무라야마 도미이치 총리는 1995년 8월 15일 전후 50주년을 맞아 각의 결정을 통해 다음과 같은 담화를 발표한다.

> 우리나라는 멀지 않은 과거의 한때 국책을 그르쳐 전쟁으로의 길을 걸어서 국민을 존망의 위기에 빠뜨렸고, 식민지 지배와 침략으로 인해 각국, 특히 아시아 여러 나라 사람들에게 막대한 손해와 고통을 주었습니다. (중략) 이에 다시 한 번 통절한 반성의 뜻을 표하고, 진심으로 사죄의 마음을 표명하겠습니다.[19]

그러나 한일 간 화해의 측면에서 획기적인 것은 1998년 10월 김대중 대통령의 일본 국빈 방문을 계기로 오부치 게이조(小渕恵三) 일본 총리와 채택한 '21세기의 새로운 한일 파트너십 공동선언'이다. 한일관계사에서 일본 정부 대표가 처음으로 문면을 통해 한국에 대하여 반성과 사죄를 표명하여 양국 간 화해의 큰 전환점이 되었기 때문이다.[20] 이 공동

합당하게 긴밀히 협력함이 중요하다는 것을 인정하며, (중략) 조약을 체결하기를 결정한다. (중략) 제2조 : 1910년 8월 22일 및 그 이전에 대한제국과 대일본제국 간에 체결된 모든 조약 및 협정이 이미 무효임을 확인한다.

19 정재정, 2015, 87쪽.

20 21세기의 새로운 한일 파트너십 공동선언의 관련 내용(외교통상부, 2009, 389쪽) : (제2항) 양국이 21세기의 확고한 선린 우호협력 관계를 구축해나가기 위해서는 과거

선언은 김대중 대통령의 국빈 방일에 앞서서 한국 정부가 일본 정부에 먼저 제의하여 이뤄진 것이다. 일제의 식민지 시대에 태어나 청년기를 보낸 김대중 대통령은 피해자 측이 먼저 손을 내미는 것이 한일 간 화해를 이루는 데 있어서 첩경이 된다는 정치적 신념을 가지고 있었다고 본다. 김대중 정부는 집권 첫해에 일본 대중문화(大衆文化)에 대하여 거의 전면적인 개방 조치를 취하였는데, 이는 일본에 대하여 먼저 화해의 신호를 보낸 것으로 해석된다.

김대중의 정치, 외교에서 주목할 만한 점의 하나는 화해의 정신이다. 김대중은 대통령 선거전에 임하면서 집권하는 경우에 정치 보복은 하지 않을 것임을 천명하였고, 실제로 집권 이후에 국내 정치적으로 보복을 하지 않은 것으로 평가된다. 김대중의 화해 정신은 남북관계에서는 '햇볕정책'으로 나타난다. 북한의 김정일 위원장이 햇볕정책을 이용하여 핵 개발을 성공적으로 진행시켰다는 비판이 제기되기는 하나, 김대중의 정책은 안보 면에서는 기본적으로 보수적인 것이었다. 햇볕정책의 제1원칙이 '북한의 무력사용 불용(不容)'이었으며, 북한의 핵 개발을 포기시키기 위하여 한미일 대북정책조정감독 그룹(TCOG : Trilateral Coordination and Oversight Group)을 운용하는 등 전략적으로 국제적인 협력을 적극적으로 활용하고자 하였다.

를 직시하고 상호 이해와 신뢰에 기초한 관계를 발전시켜나가는 것이 중요하다는 데 의견이 일치하였다. (중략) 오부치 총리대신은 (중략) 일본이 한때 식민지 지배로 인하여 한국 국민에게 다대한 손해와 고통을 안겨주었다는 역사적 사실을 겸허히 받아들이면서, 이에 대하여 통절한 반성과 마음으로부터의 사죄를 하였다. (중략) 김대중 대통령은 오부치 총리대신의 역사 인식 표명을 진지하게 받아들이고, 이를 평가하는 동시에 양국이 과거의 불행한 역사를 극복하고 화해와 선린 우호협력에 입각한 미래지향적 관계를 발전시키기 위하여 서로 노력하는 것이 시대적 요청이라는 뜻을 표명하였다.

'파트너십 공동선언'이 화해의 면에서 획기적인 내용을 담고 있기는 하나, 양국 정상은 진정한 화해가 뿌리를 내리고, 이를 되돌릴 수 없는 것으로 하기 위해서는 양측이 끊임없이 주의하고 노력해야 한다는 사실을 잘 알고 있었다고 생각한다. 김대중 대통령이 오부치 총리에게 일본 내 일부 인사들이 돌출적인 발언으로 국민감정을 건드리는 일이 없도록 해달라고 요청한 데 대해, 오부치 총리는 '문서로 해놓았으니 앞으로 이를 왜곡하는 발언을 하지 않을 것'이라고 공동 기자회견에서 밝힌다.[21] 2009년 9월 탄생한 민주당 정부는 역사인식에서 한 걸음 더 나아갔다. 간 나오토 총리는 일본의 한국병합 100년에 즈음해 2010년 8월 10일 다음 내용의 담화를 발표한다. "3·1 독립운동 등의 심한 저항에서 보였던 대로, 정치적·군사적 배경 아래 당시의 한국인들은 그 뜻에 반하여 행해진 식민지 지배로 인해 나라와 문화를 빼앗기고 민족의 자긍심에 깊은 상처를 입었다"고 하고, "이에 통절한 반성과 마음속으로부터의 사죄"도 표명한다.[22] 이런 흐름에서 볼 때 김대중-오부치 공동선언은 21세기의 질서변동에 요구되는 새로운 규범의 출현을 감지하면서 한일 파트너십의 새로운 방향을 제시한 것으로 평가할 수 있다. 다만, 2020년 상반기 현재에도 일본군'위안부' 문제, 강제징용 문제를 둘러싸고 한일관계가 크게 악화된 상태임에 비춰볼 때 이 선언은 질서 변동에 수반될 역사 문제의 정치화와 갈등을 예상치 못한 낙관적 전망이었다고 비판될 수도 있다.[23]

---

21 『조선일보』, 1998. 10. 9, 3면.

22 정재정, 2015, 89쪽.

23 장인성, 2019, 「화해를 향한 불화의 긴 여정」, 동북아역사재단 주최 '제4회 역사화해를 위한 한일포럼', 274쪽.

3. 일본 측의 역사수정주의적 움직임

21세기에 들어서서 중국의 빠른 국력 신장은 'G-2시대'의 도래라고 설명되기도 하였다. 중국의 부상으로 동북아에서 세력 전환이 일어나고 있으며, 이는 기존의 전략적 균형을 깨뜨리고 있어서 전략 환경을 예측 불가능하고 불안정하게 만든다.[24] 한편, 일본은 1990년대 초부터 약 20년간 '잃어버린 20년'이라는 장기 디플레이션으로 침체를 거듭하면서, 자민당 중심의 1955년 정치체제가 흔들리는 양상을 보이게 되었다. 2009년 역사적 정권교체로 수립된 민주당 정부가 3년간의 실정으로 정권이 다시 자민당으로 넘어오면서, 야당 세력은 크게 약해지고 분열된 상태다. 2012년 12월 재집권에 성공한 아베 총리하의 일본은 이러한 정치적, 경제적, 사회적 불안정을 배경으로 '강한 일본'에 대한 사회적 욕구가 증대하면서 보수우경화 경향을 보이고 있으며, 역사수정주의를 추구함으로써 한국, 중국 등 인근 국가들과 충돌을 초래하고 있다.[25]

일본의 역사수정주의적인 생각과 움직임의 뿌리는 종전을 계기로 점령군 미군의 군정하에서 만들어진 '평화헌법'과 정치체제 아래서 항상 존재해왔다고 볼 수 있다. 예를 들어 일본의 패전 이후에 대전을 일으킨 전범에 대하여 단죄한 극동군사재판(도쿄재판)에 대한 일본 사회 일각의 비판적인 시각이 그것이다. 1985년 8월 15일 나카소네 수상이 야스쿠니신사를 공식 참배함으로써 1978년 이래 조용히 야스쿠니신사에 합사(合祀)되어 있었던 A급 전범 문제가 불거지고 야스쿠니신사 참배 문제

24 신각수, 2015, 『중국의 부상은 한일관계를 어떻게 바꿔놓는가』, 김영사, 43쪽.

25 신각수, 2015, 50쪽.

는 외교문제로 비화된다.[26]

그러나 21세기에 들어서서 가해의 역사에 대한 일본 측의 복잡한 인식을 좀 더 강하게 각인시킨 정치인은 고이즈미 총리였다. 제2차 세계대전을 겪지 않은 세대로서 2001년에 집권한 고이즈미는 2006년까지의 임기 중 매년 참배를 거듭하면서, 과거 잘못된 국책에 의거한 식민지 지배와 침략에 대한 깊은 반성과 함께 전몰자에 대한 애도의 뜻을 표하는 것이라고 설명하였으나, A급 전범의 존재와 연관된 역사 인식의 시비를 비켜갈 수는 없었다.

고이즈미는 독특한 정치 자세를 지닌 정치인이었다. 2001년 자민당 총재 선거에 출마한 고이즈미는 수상에 취임하면 반드시 8월 15일에 참배한다고 공약했다. 그가 공언한 대로 야스쿠니신사를 참배한 이후 한국, 중국 등 인근국의 반발을 이유로 참배를 중단하는 것은 남자답지 못하다는 고집이 총리 재임 중 매년 신사를 참배하게 만들었다는 분석도 있다.[27] 고이즈미 총리는 1972년 자민당 공천을 받아 중의원에 당선, 정계에 입문한 이래 2001년 총리에 취임할 때까지 한국을 방문한 적이 없었다. 필자는 1998년 도쿄에서 주일 한국대사의 고이즈미 면담에 동석할 기회를 가졌다. 면담 시 고이즈미는 정치인으로서 그간 방한할 수 있는 기회가 몇 번 있었으나 방한을 피해왔다면서, 그 주된 이유는 분단된 한반도의 한쪽 당사국을 먼저 방문하게 되면 다른 쪽에 대한 편견을 갖게 될 것이기 때문이라고 설명하였는데, 이해하기 어려웠다.

고이즈미의 첫 방한은 결국 총리로서 2001년 10월 15일에 이뤄진다.

---

26 남기정 엮음, 2017, 『일본 정치의 구조 변동과 보수화』, 박문사, 80쪽.

27 남기정 엮음, 2017, 106쪽.

고이즈미 총리는 하루 일정으로 서울을 방문하였는데, 그 이전 8월 13일에 야스쿠니신사 참배, 일본 측의 역사교과서 왜곡 문제 등이 불거져 한국의 여론이 방한에 매우 부정적인 가운데 이루어졌다.[28] 10월 15일 김대중 대통령과의 첫 정상회담에 이어 중국 상하이에서 열린 아시아·태평양협력체 정상회의를 계기로 한 양자 정상회담에서 한일은 야스쿠니신사 참배 문제를 포함한 몇 가지 현안에 관한 합의 내용을 발표한다. 야스쿠니신사 문제와 관련하여 일본 측은 "내외국인이 거리낌 없이 참배할 수 있는 추도 시설의 설립을 검토한다"는 것이었다.

2001년 후쿠다 야스오 관방장관의 사적 자문기관으로 출범한 '추도·평화 기념을 위한 기념비 등 시설을 생각하는 간담회'는 2002년 12월 '국립 무종교의 항구적인 시설의 필요'와 추도 대상으로서 구(舊) 군인, 군속에 더하여 아시아의 희생자까지 추도 범위를 확대해야 한다는 내용의 보고서를 제출한다. 그러나 일본 보수 측의 논단은 대부분 'A급 전범'의 분사는 신도제사상 불가능한 일이라고 비판하며, 분사를 인정하면 곧 도쿄재판의 판결을 인정하는 결과가 되기 때문에 반대한다는 주장을 전개한다.[29] 결국 새로운 추도시설 설립 문제는 몇 년째 논의만 진행되다가 지지부진하게 끝났다.

2006년 9월 총리로 취임한 아베는 야스쿠니신사 참배의 의향을 가지고 있었으나 외교문제와 정치문제로 비화하는 것을 피하기 위해 명확한

28 김대중 대통령은 2001년 9월 4일 일본 『아사히신문』과의 회견에서 "한국의 국민감정이나 여론에는 고이즈미 총리를 만나기 전에 교과서나 야스쿠니신사 참배 문제에 대해 납득할 만한 일본 정부의 조치가 있어야 한다는 생각이 있다"고 언급(『중앙일보』, 2001. 10. 5, https://news. joins. com. article, 2019. 12. 17 접속).

29 남기정 엮음, 2017, 101쪽.

참배 입장은 밝히지 않고 있다가 1년 만에 사임하기까지 참배하지 못하였다.

2012년 12월 총리대신으로 재집권한 아베는 내각 출범 후 만 1년이 되는 2013년 12월 26일에 야스쿠니신사에 전격적으로 참배한다.[30] 아베 총리가 참배를 계기로 발표한 담화는 고이즈미 총리가 참배 시 도쿄재판을 인정하고 A급 전범에 대한 참배가 아니라는 것을 강조한 것과는 달리 '가해의 역사'를 언급하지 않아 인식의 차이를 선명하게 드러내고 있다.[31]

아베 총리는 일본 보수의 최종적 목표인 '전후체제로부터의 탈각'을 지향하고 있다. 아베 총리의 이러한 정치 자세가 외할아버지인 기시 노부스케 전 총리(1957~1960년 재임)의 영향을 받았다는 것은 주지의 사실이며 이는 본인도 인정하는 것이다. 기시가 재임 중 '자주헌법', '자주군비', '자주외교'를 제창한 점은 아베 총리를 이해하는 데 도움이 된다. 평화헌법을 기반으로 경무장에 머물면서 경제대국으로 성장한 일본에 있어서 군사적, 정치적으로 미국에 대한 의존도가 높은 것은 항상 주체성의 문제의식을 갖게 해왔다. 전후에 태어나 진정한 전후세대로서 처음 수상에 취임한 아베는 아베노믹스, 집단적 자위권 인정, 국방력 강화, 헌법 개정 등 '강한 일본'을 통해 미일동맹을 대칭적 관계로 전환하며 일본의 주체성을 강화하고자 하고 있다.[32]

---

30 남기정 엮음, 2017, 119·120쪽(아베는 2012년 9월 14일 자민당 총재선거 후보자 합동기자회견에서 수상 재임 중에 참배를 못한 것은 '통한의 극치'라고 언급).

31 남기정 엮음, 2017, 120쪽(아베 담화는 한국과 중국에 대한 사죄와 반성을 언급하지 않은 채, "중국, 한국에 대하여 경의를 가지고 우호관계를 구축해가고자 한다"고 표명).

32 최희식, 2016, 『전후 한일관계 70년』, 도서출판 선인, 245쪽.

아베 총리는 2015년 8월 14일자 종전 70주년 담화에서 "일본은 지난 대전(大戰)에서의 행동에 대해 반복해서 통절한 반성과 진심어린 사죄의 마음을 표명했다"고 언급하였으나, 전임자들인 무라야마 총리(1995년 전후 50주년 특별담화, 사회당 출신), 고이즈미 총리(2005년 종전 60주년 담화, 자민당 출신), 간 총리(2010년 8월 10일 한일 합병조약 100주년 계기 담화, 사회당 출신)의 담화에 포함되었던 일본의 한반도 식민지배나 침략에 관한 언급은 회피하고 있다(별첨 1 전문 참조).

한국의 박근혜 대통령은 2015년 8월 15일 제70주년 광복절 경축사에서 "일본의 침략과 식민지 지배가 아시아의 여러 나라 국민들에게 많은 손해와 고통을 준 점과 '위안부' 피해자들에게 고통을 준 데 대한 사죄와 반성을 근간으로 한 역대 내각의 입장이 앞으로도 흔들리지 않을 것이라고 국제사회에 분명하게 밝힌 점을 주목한다"고 평가하면서도 "앞으로 일본 정부는 역대 내각의 역사 인식을 계승한다는 공언을 일관되고 성의 있는 행동으로 뒷받침해 이웃 나라와 국제사회의 신뢰를 얻어야 할 것"이라는 지적도 빼지 않는다.[33]

이는 일본이 보수우경화를 추구하면서 역사 인식의 퇴행을 보이고 있는 데 대한 한국 사회 일각의 우려를 반영한 것이다.

4. 한국의 역사 문제 이슈화

앞에서 살펴본 바와 같이 1990년대 말 한일 양국은 21세기 세계 질서의 변동, 특히 중국의 부상(浮上)으로 인한 동북아의 세력 전환을 앞

33 m. mediaus. co. kr〉news 2019. 12. 18 접속.

에 두고 새롭게 '파트너십 공동선언'을 채택하여 양국 간에 전면적으로 우호협력 관계를 한 차원 높게 발전시켜나갈 것을 다짐한 바 있다.

그러나 2017년 5월 문재인 정부 출범 이래 한일 양국의 관계는 갈등과 대립이 더욱 심화되는 양상을 보이고 있다. 2018년 10월 한국 대법원이 징용피해자에 대한 일본 기업의 위자료 지급을 판결한 이후, 일본 정부가 국제법 위반이라고 반발하면서 갈등은 다기화(多岐化)하고 있다. 일본 정부는 2019년 7월 1일 대한국 수출규제를 발표하고, 8월 7일 백색국가(화이트리스트) 배제 시행령을 공포하였으며, 이에 대해 한국 정부는 8월 22일 한일 군사정보보호협정(GSOMIA) 종료를 선언하고, 9월 11일 일본을 상대로 세계무역기구(WTO)에 제소하면서 갈등은 더욱 심화되었다.[34] 한국 정부가 11월 22일 한일 군사정보보호협정의 조건부 연장과 WTO 제소 중단을 발표하면서 한일 간 역사 갈등이 안보 분야에까지 악영향을 미치는 상황은 피했으나, 2020년 5월 현재 대법원의 위자료 지급 판결은 집행되어야 하는 상황에 있어 외교적인 문제는 그대로 남아 있다.

역사 갈등과 관련하여 문재인 정부는 소위 '투 트랙' 기조를 강조해왔다. 역사와 영토 면에서 국익 우선과 보편적인 국제규범의 원칙을 중시하는 한편, 정치·안보와 경제·사회 면에서 미래지향적인 양국 관계를 구축한다는 대일 전략이다.[35] 일본의 아베 수상도 2018년 한일 파트너십 선언 20주년을 기념하는 발언 등에서 양국 관계 강화를 강조하기도 하였다. 그러나 현실적으로는 양국 관계가 악화를 면치 못하고 있는데,

---

34 양기호, 「문재인정부 한일 갈등의 기원」, 동북아역사재단 주최, 제4회 역사화해를 위한 한일포럼(2019. 12. 14), 234쪽.

35 장인성, 2019, 237쪽.

근본적인 이유는 어디에 있는 것일까? 한국 측에서 본다면, 일차적으로 일본 측에 근본적인 원인이 있다고 말할 수 있다. 불법적인 식민지 지배와 이에 대한 진정한 반성의 결여, 그리고 최근 일본 보수가 보이고 있는 역사수정주의적 태도가 될 것이다. 그러나 한편 한국 내에서도 정치 민주화가 심화되면서 시민사회의 요구가 냉전체제하의 한일관계에서 잠복해 있던 역사 갈등의 요소를 현재화(顯在化)하고 있다고 진단된다. 장인성에 의하면 동북아에서 탈냉전은 '역사의 종언'이 아니라 '역사의 시작'을 의미한다.[36]

한국 정부가 대일 역사 화해를 추구하는 데 있어서 역사 문제를 제기하는 시민사회의 요구를 어디까지 수용해야 하는 것일까? 또한 최근 한국 대법원 판결의 예에서 보듯이 사법적 판단이 있게 되면 정부는 그것을 대외 교섭에 그대로 반영해야 하며, 또한 현실적으로 반영할 수 있는 것인가? 한국의 사법 판단에 따라서 더욱 큰 외교 이슈가 된 두 가지 사례를 살펴본다.

1) 일본군'위안부' 문제

2011년 8월 30일 한국의 헌법재판소는 한국 정부가 '위안부' 문제를 1965년 청구권 협정상 절차에 따라 해결치 않고 있는 것은 정부의 부작위에 해당하며 이는 '위헌'이라고 결정하였다.[37] 한국의 헌법재판소가 상

---

36 장인성, 2019, 262쪽.

37 헌법재판소 홈페이지 '대한민국과 일본국간의 재산 및 청구권에 관한 문제의 해결과 경제협력에 관한 협정 제3조 부작위 위헌확인' 판결문(일부) : (전략) 피청구인(한국 정부)이 위 (청구권협정) 제3조에 따라 분쟁해결의 절차로 나아갈 의무는 일본국에 의해 자행된 조직적이고 지속적인 불법행위에 의하여 인간의 존엄과 가치를 심각하게 훼손당한 자국민들이 배상청구권을 실현하도록 협력하고 보호하여야 할 헌법적

대국이 있는 외교 문제에서 조약문의 해석을 통해 한국 정부의 부작위를 이유로 위헌 판결을 내린 것은 초유의 일이었다(한일 청구권협정문(발췌 편집)은 별첨 2 참조).

1990년대 초부터 외교현안이 되어왔던 일제하 한국인 여성 일본군'위안부' 문제가 양국 간에 피해자들이 납득할 수 있는 외교적 해법이 도출되지 않은 것에 대하여 피해자들에게 승소 판결을 내린 것이다.

한편, 헌법재판소의 판결에 따른 한국 정부의 외교적인 해결 요구에 직면한 제2차 아베 내각(2012년 12월 발족)은 2014년 1993년에 발표된 일본 정부의 '고노 담화'(관방장관 담화)를 재검증, 이 담화가 '위안부'의 강제동원을 인정한 것은 한국과의 외교적 절충의 결과라고 그 내용의 폄하를 시도한다. 그러나 담화 작성 과정에 어떠한 문제점도 없었다는 결론을 내리고 담화의 계승을 천명한다.[38]

박근혜 정부는 일본군'위안부' 문제의 해결을 대일 외교의 최상위 목표로 내걸고 이 문제의 원만한 해결 없이는 양자 정상회담을 할 수 없다는 입장하에 일본 정부를 압박, 2015년 12월 28일 한일 간 '위안부' 문제의 합의에 도달하였으며, 그 내용은 양국 외교장관이 서울에서 회담 후 기자회견을 통해 밝힌다.[39] 일본 정부는 아베 총리대신 명의로 '마음으로부터의 사죄와 반성의 마음'을 표명하고, 10억 엔 규모의 정부 예산으로 '위안부' 지원 조치를 취하기로 하였으며, 한국 정부는 재단을

요청에 의한 것으로서 (후략).

38 최의식, 2016, 257쪽.

39 한일 외교장관 발표 요지: 일본군의 관여 적시, 일본 정부의 책임 통감 표명, 아베 총리대신 명의로 '마음으로부터의 사죄와 반성의 마음' 표명, 일본은 10억 엔 규모의 정부 예산으로 '위안부' 지원 조치, 한국 정부는 재단 설립, 한일 협력하에 지원 사업 시행, 이 문제의 '최종적이고 불가역적인 해결' 확인.

설립하여 관련 지원사업을 하기로 하였다. 이에 따라 한국 내에서 '화해·치유재단'이 설립되고, 47명의 생존자 중 70% 이상이 지원금을 수령하기도 하였으나, 일부 피해자들은 수령을 거부하기도 하여 양국이 합의한 '문제의 불가역적 해결'에는 이르지 못하였다.

2017년 5월 출범한 문재인 정부는 상기 합의에 대한 검증단(T/F)을 구성, 합의 절차와 내용에 관한 광범위한 조사와 검토를 거쳐, 2017년 12월 27일 검토 결과 보고서를 발표한다. 이 보고서는 2015년 양국의 합의가 전시 여성 인권에 관해 국제사회의 규범으로 자리 잡은 피해자 중심적 접근이 협상 과정에서 충분히 반영되지 않았으며, 피해자들이 수용하지 않기 때문에 문제의 '최종적, 불가역적 해결'을 선언했더라도 문제는 재연될 수밖에 없다고 비판한다. 2018년 1월 9일 외교부장관은 발표문에서 피해자, 관련 단체 등의 의견을 광범위하게 수렴하면서 피해자 중심의 조치들을 모색해가겠다고 하는 한편, 일본 정부에 대해서는 재협상을 요구하지는 않을 것임을 천명한다. 또한 화해·치유재단은 2019년 1월 22일에 여성가족부의 설립허가 취소에 따라 해산되며 지원사업은 중단된다.

2015년 '위안부' 합의는 일부 피해자의 반발이 있었고, 또한 일본 측 기금을 수령하는 것은 한국 정부가 이 문제를 다룸에 있어서 1993년 이래 견지해온 '금전 불요구' 방침에서 벗어나는 문제점이 있었다.

그러나 문재인 정부가 '피해자 중심주의'에 입각하여 '위안부' 문제에 임하고 있는 2020년 현재에도 궁극적인 외교적 해결은 이루어지지 못한 것이 현실이다. 외교 관계에서는 영토 문제 이외에도 이와 같이 '피해자의 마음'에 관련된 것은 정부가 일률적으로 해결할 수 없는 영역이 존재하기도 한다는 것을 인식하고 정부 차원에서 일관되고 적절한 대응을 숙고해나갈 필요가 있다.

2) 한국 대법원의 강제징용 배상 판결

2018년 10월 30일 한국 대법원 전원합의체는 일제 강점기 강제동원 피해자들(4명)이 일본 기업을 상대로 손해배상을 청구한 사건에 대해 원고들에게 1억원 씩 위자료를 지급하라는 판결을 확정하였다. 이후 강제동원 피해자 변호인단은 미쓰비시 중공업의 국내 자산에 대하여 압류를 신청하고, 또한 해당 기업인 신일철주금, 후지코시사의 국내 자산의 매각을 신청하였으며, 이들 일본 기업의 한국 내 자산의 현금화는 2020년 중에는 실현될 전망이다.

한국 대법원은 1965년에 체결된 '청구권협정'은 한일 간 재정, 민사적 채권채무 관계에 관한 합의일 뿐, 일본의 불법적 식민지배에 대한 배상을 청구하기 위한 협상의 결과가 아니었던 만큼, 강제동원 위자료 청구권은 동 협정의 적용 대상이 아니라고 최종 판결을 내린 것이다(한일 청구권협정문(발췌 편집)은 별첨 2 참조).

이에 대해 일본 정부는 청구권협정은 양국 간에 청구권 문제를 '완전히 최종적으로 해결'하기로 합의한 것으로서 한국 측의 판결은 국제법 위반에 해당한다고 반발하면서, 해당 일본 기업들은 국가 간 합의로 종료된 사안에 대해 배상 의무가 없다고 주장한다.

한국 정부는 민주주의의 3권 분립 원칙에 입각하여 대법원 판결을 존중하여야 하며, 이 판결은 1965년 한일기본조약을 전제로 적용 범위를 판단한 것이라고 평가하고, 법원의 강제집행 등 조치에 대해 원칙적으로 행정부로서는 개입할 수 없다는 입장이다. 이 판결과 관련한 한일 양국 정부의 입장이 첨예하게 대립하게 됨에 따라 2020년 5월 현재 양국 정부는 외교적인 해결 방안 도출을 위한 협상을 계속 진행 중이나, 해결책이 조속히 마련되기는 어려운 것으로 관측된다.

이 판결은 1965년 수교 이후 한일관계의 근간이 되어왔던 조약체제의 운용상 근본적인 변경을 요구하는 것으로서 양국 정부에 엄중한 외교적인 과제를 던지는 것이다. 또한 이를 계기로 한국 정부에게는 중요 외교 사안을 다룸에 있어서 삼권분립을 존중하면서도 사법부와 원활히 소통하고 의견을 전달하는 국정운영의 체제를 재점검할 필요가 생겼다.

5. 동북아 지역 안보전략에 있어서 한일 간의 간극

한일 양국의 동북아 지역 안보전략에 있어서 중국과 북한은 공통적인 고려 요소다. 21세기에 들어와 북한의 핵 개발과 중국의 급격한 부상으로 세력 전환이 일어나는 가운데 한국과 일본의 안보전략상 위협평가(threat assessment)의 면에서 간극이 커진 것은 주목해야 할 점이다.

북한은 2017년 11월 29일 화성 15호 미사일 발사 이후 '핵무력 완성'을 선언하고, 2018년에 들어서서 4월 20일 당 중앙위원회 전원회의를 개최하여 새로운 사회주의 경제건설 총력노선을 발표한다. 핵 개발을 완성한 만큼 앞으로는 경제 문제에 집중하겠다는 것이다. 문재인 정부는 2018년 4월 28일 남북정상회담 등을 통하여 북한이 경제 회생의 강력한 필요에 따라 전략적으로 비핵화를 결심했다고 보고 있다. 2018년 6월 12일 싱가포르에서 김정은 위원장과 트럼프 대통령 간 역사상 최초의 북미 정상회담이 열려, 북한의 비핵화에 대한 기대를 고조시킨 바 있다. 그러나 2019년 2월 28일 하노이에서 열린 제2차 북미 정상회담은 공동성명을 채택하지 못하고 끝나고 말았다. 북한 측이 전면적인 제재 완화를 요구하면서 영변지구 핵시설 폐기를 제시한 데 대해, 미국은 핵무기, 탄도미사일 및 신고 목록과 같은 '과거 핵'에 관한 폐기도 약속하지 않으면 비핵화의 길이 열리지 않는다는 입장이었던 것으로 분석된다.[40]

2020년 상반기 현재 문재인 정부는 정권 출범 이해 지속적으로 추구하고 있는 한반도 평화프로세스가 어려운 상황에 봉착해 있으나, '기회의 창'은 열려 있다는 입장이다. 그러나 현 상황은 김정은이 핵무기 포기라는 전략적 결정을 내렸다기보다는, 체제 안전을 보장하는 조건에 따라 핵무기를 포기할 수 있다는 의지를 표명한 것으로 보는 것이 합리적이다.

한편 일본은 북한의 비핵화 약속을 의심하며 북한에 대해 엄격한 대응을 우선해야 한다는 입장을 취하고 있다. 한국 정부로서는 남북 간 평화공존의 관리가 궤도에 오르는 데 대해 일본이 방해 세력으로 작용한다는 불만을 가질 수 있다.[41]

또한 중국에 대한 인식에 있서도 한일 양국은 괴리를 보이고 있다. 일본 측은 한국이 중국에 대항하는 선택지에 종종 우유부단한 입장을 보이는 것은 중국에 대한 경제적인 의존도가 높기 때문만 아니라 북한에 대한 중국의 영향력을 기대하기 때문이라는 인식을 갖기도 한다.[42]

---

40 조성렬, 2019, 『한반도 비핵화 리포트』, 백산서당, 385·386쪽.

41 기미야 다다시, 2019, 「한일 역사화해를 둘러싼 정치학」, 동북아역사재단 주최, 제4회 역사화해를 위한 한일포럼, 334쪽.

42 기미야 다다시, 2019, 330쪽.

V. 역사 갈등을 넘어서는 정치·외교의 길

첫째. 한일관계에서 갈등은 해소하는 것이 가장 바람직하지만, 갈등의 내용에 따라서는 관리해나가는 것이 보다 현명하고 현실적이라는 점에 양국 정부가 합의할 필요가 있다. 국가 간에는 영토 문제가 주로 이에 해당될 것이나, 1998년 한일 파트너십 공동선언의 화해 추구 IV. 2항에서 살펴본 바와 같이 한일 간 역사 인식의 문제도 이에 해당된다. 어느 개인이나 사회의 인식 체계는 개인의 생활 환경과 경험, 그 사회의 역사, 문화, 그리고 정치체제나 가치관 같은 다양한 요소가 결합되어 형성되는 것이다. 갈등의 근저에 있는 인식의 차이를 좁히는 방법은 서로 상대방을 깊이 알고 학습할 수 있도록 교류와 공론의 장을 강화해나가는 외에 왕도는 없다고 생각된다.

둘째, 2018년 징용피해자 판결로 야기된 문제는 단기 과제로서 조속한 해결을 도모해야 한다.

(1) 양국 정부가 협력하여 피해자에 대한 구제 기금을 조성하는 방안은 1965년 수교 이래 원폭피해자 지원 문제나 사할린 동포 귀환 문제 등 과거사 문제가 불거질 때마다 양국이 외교협상을 통해 해결해온 역사와 맥을 같이하는 것이다. 그러나 2020년 5월 현재 한일 간 외교 교섭은 별 진전이 없는 것으로 보인다. 이 기금의 조성 방안은 한국 측으로서는 명분상 일본 측에 책임이 있는 사안인데도 일본 측에 기금 제공을 부탁해야 하는 외교적 어려움을 주는 것이다.

(2) 일본 기업의 한국 내 자산이 현금화되기 이전에, 양국 정부는 국제사법재판소(ICJ)에 공동 제소하여 해결을 도모할 수도 있다.

이 방안에 따른다면 한국은 법적 강제집행을 보류하게 되며, 외교 분쟁은 냉정한 법리 논쟁의 구도로 전환되는 장점이 있다. 그러나 1965년 수교 이후 양국 정부는 역사 관련 이슈를 다룸에 있어서 청구권협정상의 중재위나 국제사법재판소의 판단에 맡기는 데에 합의해본 적이 없다는 현실적인 제약이 있다.

(3) 한국 정부의 일방적인 조치로 문제를 종결시키는 방안을 검토할 필요가 있다. 한국 정부는 일본의 불법적인 식민지배에 대해 반성과 사죄를 요구하는 한편, 피해자 구제는 정부의 책임하에 할 것임을 선언하고, 관련 입법 등을 통해 광범위한 국내적인 조치를 취하는 것이다. 한국 내 피해자들을 설득하는 절차가 필요할 것이나, 이는 과거 한국 정부가 두 차례에 걸쳐 입법을 통해 피해자들에 대해 보상을 실시한 것과 맥을 같이한다. 일본 측에 물질적인 부담을 지우지 않는 것인 만큼 한일관계를 극적으로 호전시킬 수도 있는 방안이다.[43]

셋째, 일반 과거사 문제에 대해서 양국은 좀 더 협력하여 해결할 여지가 있다.

고이즈미 정부 시기인 2005년 야스쿠니신사에 있던 '북관대첩비'를 한국이 반환받아서 2006년 3월 북한에 인도한 것은 좋은 예이다. 아직도 일본에는 봉환을 기다리는 한국인 유골이 산재해 있고, 문화재 추가 반환 등 진지하게 협력해나가야 하는 과거사 관련 문제가 상존한다.

넷째, 미중 간 전략 대립이 심화되고 세계적 차원에서 자유주의 국제질서의 기반이 침하되고 있는 전환기적 상황에서 한일은 상호 협력이 절실히 필요하다. 2010년대에 들어 한일관계가 더욱 악화되어온 원인을

43 『외교』 제129호(2019. 4, 한국외교협회, 진창수 논문, 114쪽, '문 정부의 징용공문제에 대한 최선책은 한국정부가 징용공의 보상을 하고 일본정부에게는 반성과 사죄를 요구하는 도덕적인 대일정책일 것이다.').

많은 전문가들은 동북아 세력 균형의 변화에서 찾는다.

한일관계의 전략적 가치가 저하되었고, 일본의 우경화로 인한 역사전쟁이 시작되어 관계 악화가 불가피하다는 것이다.[44]

그러나 한일 간의 분열은 안보 면에서 한일 양국은 물론 장기적으로 동맹국인 미국의 이익에도 부정적인 영향을 미치게 된다. 또한 이러한 분열은 한일 양국에는 전략적으로 실익이 없는 것으로서, 오히려 주변의 제3국들에게 이익을 안겨주는 것이다.[45]

2018년 이래 북한의 비핵화 움직임, 남북 정상회담, 북미 정상회담의 성사로 '한반도 평화 프로세스'가 시작되었다는 희망을 갖게 되었다. 그러나 아직도 한반도 비핵화는 북한의 진정성 여부에 달려 있으며, 한국의 비핵평화 외교는 실질적인 진전을 보지 못하고 있다. 한국 정부는 한반도 평화에 대한 위협인식(threat perception)에 관하여 냉정하게 재점검하고 대외관계를 재정비할 필요가 있다. 한편, 한반도 평화 프로세스를 더욱 본격화하기 위하여는 일본 정부도 미국의 경우와 같이 북한에 대해 관계 개선 교섭 등 관여 정책을 적극적으로 전개하는 것이 바람직하다. 한반도의 평화, 나아가서 동북아시아의 평화는 결국 관련국 간의 중층적인 관계 개선에 달려 있기 때문이다.

44 최희식, 2016, 255쪽.

45 『외교』 제131호 (2019. 10, 한국외교협회, 박철희 논문, 148쪽).

첨부 1-일본 아베 총리 전후 70년 담화 전문

종전 70년을 맞아, 앞선 대전(大戰)에의 길과 전후의 걸어온 길, 20세기라고 하는 시대를 저희들은 마음으로 조용히 돌아보며, 그 역사의 교훈으로부터 미래를 향한 지혜를 배우지 않으면 안 된다고 생각합니다.

백 년 이상 전의 세계에는 서양 여러 나라를 중심으로 한 나라들의 광대한 식민지가 확산하고 있었습니다. 압도적인 기술 우위를 배경으로, 식민지배의 파도는 19세기 아시아에도 들이닥쳤습니다. 그 위기감이 일본에 근대화의 원동력이 되었던 것은 틀림없습니다. 아시아에서 최초로 입헌정치를 세우고, 독립을 지켰습니다. 러일전쟁은 식민지 지배 아래에 있던 많은 아시아와 아프리카 사람들에게 용기를 북돋워주었습니다.

세계를 둘러싼 제1차 세계대전을 걸쳐, 민족자결의 움직임이 확대되면서 그때까지의 식민지화에 제동이 걸렸습니다. 이 전쟁은 1천만 명의 전사자를 낸 비참한 전쟁이었습니다. 사람들은 평화를 강하게 원했으며, 국제연맹을 창설했고, 부전조약(전쟁방지조약)을 체결했습니다. 전쟁 자체를 위법화하고, 새로운 국제사회의 조류가 생겨났습니다.

당초에는 일본도 보조를 맞췄습니다. 그러나 세계공황이 발생하고, 구미 여러 나라가 식민지 경제를 둘러싼 경제블록화를 진행하면서 일본 경제는 큰 타격을 입었습니다. 그런 와중에 일본은 고립감이 심화되었으며 외교적·경제적인 교착상태를 힘을 사용해 해결하려고 시도했습니다. 이렇게 해서 일본은 세계의 대세를 놓쳤습니다.

만주사변, 그리고 국제연맹 탈퇴. 일본은 차제에 국제사회가 장렬한 희생 위에 구축한 '새로운 국제질서'에의 '도전자'가 되었습니다. 가야 할 침로를 그르치며, 전쟁에의 길로 전진해갔습니다.

그리고 70년 전, 일본은 패전했습니다.

전후 70년에 즈음해, 국내외에서 숨진 모든 사람들의 목숨 앞에 깊이 머리를 숙이고, 통석의 념을 나타내는 것과 함께 영겁의, 애통의 마음을 올립니다.

앞선 대전에서는 300여만 명의 동포가 생명을 잃었습니다. 조국의 나아갈 미래를 찾으며, 가족의 행복을 바라면서, 전쟁의 진지에서 흩어졌던 사람들.

종전 후 혹한 또는 작렬하는 먼 타향의 땅에서 굶거나 아픈 고통으로 숨진 사람들. 히로시마와 나가사키에서의 원폭 투하, 도쿄를 시작으로 각 도시에서의 폭격, 오키나와에서의 지상전 등으로 인해 많은 곳에서 사람들이 남김없이 희생되었습니다.

전화를 거친 나라들에서도, 장래가 있는 젊은이들의 생명이, 셀 수도 없이 상실되었습니다. 중국, 동남아시아, 태평양의 섬들 등 전장이 되었던 지역에서는 전투뿐 아니라 식량난 등으로 인해 많은 무고한 백성이 고통받고 희생되었습니다. 전장의 그늘에서는 깊이 명예와 존엄에 상처를 입은 여성들이 있었다는 사실도 잊혀져서는 안 됩니다.

아무 죄도 없는 사람들에게 헤아릴 수 없는 손해와 고통을 일본이 준 사실. 역사는 실로 돌이킬 수 없는 가혹한 것입니다. 한 사람 한 사람에게 각각의 인생이 있고, 꿈이 있고, 사랑하는 가족이 있었다는 당연한 사실을 음미할 때, 지금도 말을 잃고 그저 단장(斷腸)의 마음을 금할 수 없습니다.

이토록 고귀한 희생 위에 현재의 평화가 있다. 이것이 전후 일본의 원점입니다.

다시는 전쟁의 참화를 반복해서는 안 된다. 사변, 침략, 전쟁, 어떠한 무력의 위협이나 행사도 국제 분쟁을 해결하는 수단으로서는 두 번 다시 사용해선 안 된다. 식민지 지배로부터 영원히 결별하고 모든 민족의 자결권이 존중되는 세계를 만들지 않으면 안 된다. 지난 대전에 대한 깊은 회개의 마음과 함께 우리나라는 그렇게 맹세했습니다. 자유롭고 민주적인 국가를 만들고, 법의 지배를 중시하고 오로지 부전(不戰)의 맹세를 견지해왔습니다. 70년간의 평화 국가로서의 행보에 우리는 조용한 자부심을 품고 이 부동의 정책을 앞으로도 견지하겠습니다.

우리나라는 지난 대전에서의 행동에 대해 반복해서 통절한 반성과 진심어린 사죄의 마음을 표명했습니다. 그 생각을 실제 행동으로 보여주기 위해 인도네시아, 필리핀을 비롯한 동남아 국가, 대만, 한국, 중국 등 이웃인 아시아 사람들이 걸어온 고난의 역사를 가슴에 새기고 전후 일관되게 그 평화와 번영을 위해 힘을 다해왔습니다.

이러한 역대 내각의 입장은 앞으로도 흔들리지 않을 것입니다.

그러나 우리가 어떠한 노력을 해도, 가족을 잃은 분들의 슬픔, 전화(戰禍)에 의해 도탄의 고통을 맛본 사람들의 아픈 기억은 앞으로도 결코 치유되지 않을 것입니다.

그러므로 우리는 명심해야 합니다.

전후 600만 명이 넘는 귀환자가 아시아·태평양 각지에서 무사히 귀환해서 일본 재건의 원동력이 된 사실을. 중국에 방치된 3천 명 가까운 일본인의 아이들이 무사히 성장해 다시 조국의 흙을 밟을 수 있었다는 사실을. 미국과 영국, 네덜란드, 호주 등의 옛 포로 여러분이 오랫동안 일본을 방문해 서로의 전사자를 위한 위령을 계속하고 있다는 사실을.

전쟁의 고통을 그지없이 경험한 중국인 여러분과 일본군에 의해 극심한 고통을 받은 옛 포로 여러분이 그렇게 관대해지기 위해서는 어느 정도의 마음의 갈등이 있고 어느 정도의 노력이 필요했던가.

그것에 대해 우리들은 생각을 다해야 합니다.

관용의 마음에 의해 일본은 전후 국제사회에 복귀할 수 있었습니다. 전후 70년이라는 이 기회에 있어서 우리나라는 화해를 위해 힘써주신 모든 국가 모든 분들에게 진심으로 감사의 마음을 전하고 싶습니다.

일본에서는 전후 태어난 세대가 이제 인구의 8할을 넘고 있습니다. 그 전쟁에는 아무런 관계가 없는 우리의 자녀나 손자, 그리고 그 뒤 세대의 아이들에게 사과를 계속할 숙명을 지게 해서는 안 됩니다.

그렇지만 우리 일본인은 세대를 넘어 과거의 역사를 정면으로 마주하지 않으면 안 됩니다. 겸허한 마음으로 과거를 계승하고 미래에 전달할 책임이 있습니다.

우리의 부모, 또 그의 부모 세대가 전후 잿더미와 가난의 수렁 속에서 생명을 이어갔습니다. 그리고 현재 우리 세대 또한 다음 세대로 미래를 이어갈 수 있습니다. 선인들의 끊임없는 노력과 더불어 적으로 치열하게 싸운 미국, 호주, 유럽 국가를 비롯해 정말 많은 국가들이 은혜와 원한을 넘은 선의와 지원의 손길을 뻗어준 데 대해 감사합니다.

그것을 우리는 미래로 구전해가지 않으면 안 된다. 역사의 교훈을 깊이 가슴에 새기고 더 나은 미래를 개척하고, 아시아, 그리고 세계 평화와 번영에 힘을 다할 것이다. 그런 큰 책임이 있습니다.

우리는 스스로 교착상태를 힘으로 타개하려고 한 과거를 가슴에 계속 새기겠습니다. 그럴수록 일본은 어떤 분쟁도 법의 지배를 존중하고, 힘의 행사가 아니라 평화적·외교적으로 해결해야 한다는 원칙을 앞으로도 굳게 지키고 세계 각국에 촉구하겠습니다. 유일한 전쟁 피폭국으로서 핵무기의 비확산과 궁극적인 폐기를 목표로 국제사회에서의 책임을 이행하겠습니다.

우리는 20세기에 전시하에 많은 여성들의 존엄과 명예가 깊은 상처를 입은 과거를 가슴에 계속 새기겠습니다. 그럴수록 우리나라는 그런 여성들의 마음에 항상 다가가는 국가이고 싶습니다. 21세기야말로 여성의 인권이 손상되지 않는 세기가 되도록 하기 위해 세계를 선도하겠습니다.

우리는 경제의 블록화가 분쟁의 싹을 키운 과거를 가슴에 계속 새길 것입니다. 그래서 일본은 어떤 나라의 자의에 좌우되지 않는 자유롭고 공정하고 열린 국제경제체제를 발전시켜 개발도상국 지원을 강화하고 세계를 더욱 번영으로 견인해나갈 것입니다. 번영이야말로 평화의 기초입니다. 폭력의 온상이 되기도 하는 빈곤에 맞서 세계의 모든 사람들에게 의료와 교육, 자립의 기회를 제공하기 위해 더욱 힘을 다하겠습니다.

우리는 국제질서에 도전자가 되어버린 과거를 가슴에 계속 새기겠습니다. 우리나라는 자유, 민주주의, 인권 등 기본적 가치를 확고히 견지하고 그 가치를 공유하는 국가들과 손 잡고 '적극적 평화주의'의 기치를 높이 들고 세계 평화와 번영에 어느 때보다 기여하겠습니다.

종전 80년, 90년, 100년을 향해서, 그런 일본을 국민 여러분과 함께 만들어가겠다는 결의입니다.

2015년 8월 14일

내각 총리대신 아베 신조

(한국 『연합뉴스』 자료)

첨부 2-청구권 협정문 발췌 편집

대한민국과 일본국 간의 재산 및 청구권에 관한 문제의 해결과 경제협력에 관한 협정

1965년 6월 22일 동경에서 서명

1965년 12월 18일 발효

대한민국과 일본국은, 양국 및 양국 국민의 재산과 양국 및 양국 국민 간의 청구권에 관한 문제를 해결할 것을 희망하고, 양국 간의 경제협력을 증진할 것을 희망하여, 다음과 같이 합의하였다.

제1조

1. 일본국은 대한민국에 대하여

(a) 현재에 있어서 1천8십억 일본 원(108,000,000,000원)으로 환산되는 3억 아메리카합중국 불($ 300,000,000)과 동등한 일본 원의 가치를 가지는 일본국의 생산물 및 일본인의 용역을 본 협정의 효력 발생 일로부터 10년 기간에 걸쳐 무상으로 제공한다. 매년의 생산물 및 용역의 제공은 현재에 있어서 1백8억 일본 원(10,800,000,000원)으로 환산되는 3천만 아메리카합중국 불($ 30,000,000)과 동등한 일본 원의 액수를 한도로 하고 매년의 제공이 본 액수에 미달되었을 때에는 그 잔액은 차년 이후의 제공액에 가산된다. 단, 매년의 제공 한도액은 양 체약국 정부의 합의에 의하여 증액될 수 있다.

(b) 현재에 있어서 7백20억 일본 원(72,000,000,000원)으로 환산되는 2억 아메리카합중국 불($ 200,000,000)과 동등한 일본원의 액수에 달하기까지의 장기 저리의 차관으로서, 대한민국 정부가 요청하고 또한 3의 규정에 근거하여 체결될 약정에 의하여 결정되는 사업의 실시에 필요한 일본국의 생산물 및 일본인의 용역을 대한민국이 조달하는 데 있어 충당될 차관을 본 협정의 효력 발생 일로부터 10년 기간에 걸쳐 행한다. 본 차관은 일본국의 해외경제협력기금에 의하여 행하여지는 것으로 하고, 일본국 정부는 동 기금이 본 차관을 매년 균등하게 이행할 수 있는데 필요한 자금을 확보할 수 있도록 필요한 조치를 취한다. 전기 제공 및 차관은 대한민국의 경제발전에 유익한 것이 아니면 아니 된다.

2. 양 체약국 정부는 본조의 규정의 실시에 관한 사항에 대하여 권고를 행할 권한을 가지는 양 정부 간의 협의기관으로서 양 정부의 대표자로 구성될 합동위원회를 설치한다.

3. 양 체약국 정부는 본조의 규정의 실시를 위하여 필요한 약정을 체결한다.

제2조

1. 양 체약국은 양 체약국 및 그 국민(법인을 포함함)의 재산, 권리 및 이익과 양 체약국 및 그 국민 간의 청구권에 관한 문제가 1951년 9월 8일에 샌프런시스코우시에서 서명된 일본국과의 평화조약 제4조 (a)에 규정된 것을 포함하여 완전히 그리고 최종적으로 해결된 것이 된다는 것을 확인한다.

2. 본조의 규정은 다음의 것(본 협정의 서명일까지 각기 체약국이 취한 특

별조치의 대상이 된 것을 제외한다)에 영향을 미치는 것이 아니다.

(a) 일방체약국의 국민으로서 1947년 8월 15일부터 본 협정의 서명일까지 사이에 타방체약국에 거주한 일이 있는 사람의 재산, 권리 및 이익

(b) 일방체약국 및 그 국민의 재산, 권리 및 이익으로서 1945년 8월 15일 이후에 있어서의 통상의 접촉의 과정에 있어 취득되었고 또는 타방체약국의 관할하에 들어오게 된 것

3. 2의 규정에 따르는 것을 조건으로 하여 일방체약국 및 그 국민의 재산, 권리 및 이익으로서 본 협정의 서명일에 타방체약국의 관할하에 있는 것에 대한 조치와 일방체약국 및 그 국민의 타방체약국 및 그 국민에 대한 모든 청구권으로서 동일자 이전에 발생한 사유에 기인하는 것에 관하여는 어떠한 주장도 할 수 없는 것으로 한다.

제3조

1. 본 협정의 해석 및 실시에 관한 양 체약국 간의 분쟁은 우선 외교상의 경로를 통하여 해결한다.

2. 1의 규정에 의하여 해결할 수 없었던 분쟁은 어느 일방체약국의 정부가 타방체약국의 정부로부터 분쟁의 중재를 요청하는 공한을 접수한 날로부터 30일의 기간 내에 각 체약국 정부가 임명하는 1인의 중재위원과 이와 같이 선정된 2인의 중재위원이 당해 기간 후의 30일의 기간 내에 합의하는 제3의 중재위원 또는 당해 기간 내에 이들 2인의 중재위원이 합의하는 제3국의 정부가 지명하는 제3의 중재위원과의 3인의 중재위원으로 구성되는 중재위원회에 결정을 위하여 회부한다. 단, 제3의 중재위원은 양 체약국 중의 어느 편의 국민이어서는 아니 된다.

3. 어느 일방체약국의 정부가 당해 기간 내에 중재위원을 임명하지 아니 하였을 때, 또는 제3의 중재위원 또는 제3국에 대하여 당해 기간 내에 합의하지 못하였을 때에는 중재위원회는 양 체약국 정부가 각각 30일의 기간 내에 선정하는 국가의 정부가 지명하는 각 1인의 중재위원과 이들 정부가 협의에 의하여 결정하는 제3국의 정부가 지명하는 제3의 중재위원으로 구성한다.

4. 양 체약국 정부는 본조의 규정에 의거한 중재위원회의 결정에 복한다.

제4조

본 협정은 비준되어야 한다. 비준서는 가능한 한 조속히 서울에서 교환한다.

본 협정은 비준서가 교환된 날로부터 효력을 발생한다.

이상의 증거로서, 하기 대표는 각자의 정부로부터 정당한 위임을 받아 본 협정에 서명하였다.

1965년 6월 22일 도쿄에서 동등히 정본인 한국어 및 일본어로 본서 2통을 작성하였다.

참고문헌

한국어

공로명, 2014, 『나의 외교 노트』, 기파랑.

길윤형, 2017, 『아베는 누구인가』, 돌베개.

김용운, 2014, 『풍수화, 원형사관으로 본 한·중·일 갈등의 돌파구』, 맥스교육.

남기정, 2017, 『일본 정치의 구조 변동과 보수화』, 박문사.

NEAR 재단, 2015, 『한일관계, 이렇게 풀어라』, 김영사.

동북아역사재단, 2019, 『제4회 역사화해를 위한 한일 포럼』, 한일역사문제연구소.

서현섭, 2019, 『일본 극우의 탄생, 메이지유신 이야기』, 라의눈.

송민순, 2016, 『빙하는 움직인다』, 창비.

요시자와 후미토시, 이현주 역, 2019, 『현대 한일문제의 기원』, 일조각.

유의상, 2016, 『대일외교의 명분과 실리』, 역사공간.

정재정, 2015, 『한일회담·한일협정 그 후의 한일관계』, 동북아역사재단.

조성렬, 2019, 『한반도 비핵화 리포트』, 백산서당.

최희식, 2016, 『전후 한일관계 70년, 우리는 어떻게 갈등을 극복해 왔나?』, 도서출판 선인.

한국일본근대학회, 2019, 제40회 국제학술대회.

『외교』 제128~132호(2019. 1~2020. 1) 한국외교협회 자료집.

9장

'화해'의 관점에서 본 전후 중일(中日)·일대(日臺) 관계사 : 한일관계와의 비교 시점

가와시마 신(川島真)

이 글은 전후 중일관계사를 '화해'의 관점에서 고찰한다. 이 분야에는 이미 적지 않은 연구 업적이 있으나,[1] 대부분 '사죄'의 유무나 '사죄 방식'과 같은 점에 초점이 집중되어 있다. 국제관계사나 외교사적 관점은 취약하다. 전후 중일관계사 분야에서는 외교문서 등에 기초한 사실 규명이 중심 과제였는데, 그러한 작업에서는 대부분 국교정상화로 가는 과정이나 중일평화우호조약 등이 검토되었다.[2] 배상 포기나 공적개발원조(ODA, Offical Develpment Assistance) 그리고 역사 인식 문제를 둘러싼 외교적 협의에 관한 '사실'도 검증되고 있다. 그리고 현대 중국 연구 분야에서는 중국 정부에게 '역사'가 어떠한 의미를 가지며, 대일교섭에서 역사가 어떠한 역할을 담당했는지와 같은 관점의 연구도 있다(江藤奈保子, 2014). 이밖에 중일우호교섭사라는 연구 분야도 있으나, 이 분야는 어디까지나 '정치운동', '사회운동' 같은 담론과 밀접하게 연동되어 있었다고 말할 수 있다.[3]

'화해'는 전쟁이나 분쟁을 일으킨 당사자 간에 이루어지는 미래지향적 행위이다. 가해자가 피해자에게 자행한 행위에 대해 그 사실을 인식하

---

1 대표적 연구로는 Yinan He, 2009, *The Search for Reconciliation: Sino-Japanese and German-Polish Relations since World War II*, Cambridge University Press; Morris-Suzuki, et al., 2013, *East Asia Beyond the History Wars: Confronting the Ghosts of Violence*, Routledge 등이 있다. 덧붙여 필자도 Kawashima, 2015, "Postwar Japan-China Relations: A Consideration from the Perspective of Reconciliation," *AsiaPacific Review*, Volume 22, Issue 2; 川島真, 2015,「20世紀の, そして戦後70年の日中関係」, 21世紀構想懇談会 編,『戦後70年談話の論点』, 日本経済新聞出版社 등에서 이 문제를 논해왔다.

2 일본어로 된 전후 중일 관계사 저술은 많으나, 최근 출판된 텍스트로는 國分良成·添谷芳秀·高原明生·川島真, 2013,『日中関係史』, 有斐閣를 들 수 있다.

3 중국에서는 국민이원론에 근거해 비록 중일 양국 정부 사이에는 늘 긴장 관계가 이어져 왔으나, 민간 우호 교류는 비교적 순조롭게 계속되었다는 입장을 취한다. 이러한 경향은 2천 년간의 중일관계를 다룬 孫乃民編叢(2006) 등에도 뚜렷하게 나타난다.

고, 사죄하고, 반성하고, 그것을 지속적으로 실천할 것을 대전제로 피해자 측이 관용적인 태도로 받아들일 때 비로소 성립한다. 물론 이 과정에서는 가해자가 피해자에게 다가서는 것이 중요하다. 또 이 '화해'가 진행되려면 국내 정치·사회, 국제 정치·사회가 그러한 과정을 진행할 만한 환경을 갖추고 있어야 한다.

이 분야의 가장 큰 문제점은 화해(reconciliation)라는 개념이 알려지고, 자신들의 행위를 '화해'의 프로세스로서 의식화하기 이전과 이후를 어떻게 구분하고, 또 어떠한 분석 방법을 적용할 것인가라는 점에 있다. 중일의 경우에는 아마도 1990년대 후반 또는 현세기에 들어 특히 일본에서 그것이 의식화되기 시작했다고 말할 수 있다. 따라서 본고는 그것이 의식화되기 전은 동시대적 전쟁 책임 문제나 역사 인식 문제라는 문맥에 입각해, 이후는 '화해'가 어떻게 실현되었는가라는 관점에서 고찰한다.

일본이 전쟁에서 싸운 상대인 중화민국이 50년간 일본이 통치한 타이완으로 옮긴 만큼 일본-타이완 관계도 시야에 넣겠다. 그리고 중일, 일화(일본-타이완) 간에 전개된 화해 프로세스가 한일관계에 시사점을 줄 수 있다는 점도 적절히 언급하겠다.

I. 카이로선언·포츠담선언과 중일관계

일본은 1945년 8월 14일, 미국, 영국, 중국, 소련 4개국이 발표한 포츠담선언의 수락을 결정하며, 9월 2일 중국을 포함한 연합국이 제시한 항복 문서에 조인한다. 그리고 뒤이어 9월 9일에는 중국의 모든 전쟁지역에서 중국에 항복하며, 10월 25일에는 타이완 통치를 끝맺는다.

포츠담선언에는 다음과 같은 내용이 명기되어 있었다(外務省 편, 1966). 전후 중일관계를 고찰할 때 이것이 중요한 토대가 된다.

> 4. 무분별한 타산으로 인하여 일본제국을 멸망의 구렁텅이로 몰아넣은 방자한 군국주의적 조언자의 손에 일본국이 계속 통치될 것인가 아니면 이성의 길을 일본국이 걸을 것인가 그 결단의 시기는 도래하였다.
>
> 6. 우리는 무책임한 군국주의가 세계에서 구축될 때까지는 평화, 안전 및 정의의 신질서도 등장할 수 없는 까닭에 일본 국민을 기만하여 그들로 하여금 세계정복에 나서게 한 과오를 범한 자의 권력 및 세력은 영구히 제거되어야 한다.
>
> 8. '카이로'선언의 조항은 이행되어야 하며 또 일본국의 주권은 혼슈, 홋카이도, 규슈 및 시코쿠 그리고 우리가 결정하는 여러 도서에 국한될 것이다.
>
> 10. 우리는 일본인을 민족으로서 노예화하려거나 국민으로서 멸망시키려는 의도는 가지지 않으나, 우리 포로를 학대한 자를 포함하는 일체의 전쟁 범죄인에 대하여는 엄중한 처벌을 가할 것이다. 일본국 정부는 일본국 국민 간에 민주주의적 경향을 부활, 강화하는 데에 걸림돌이 되는 것은 전부 제거하여야 한다. 언론, 종교 및 사상의 자유 그리고 기본적 인권의 존중은 확립되어야 한다.
>
> 11. 일본국의 경제를 유지하거나 공정한 실물 배상의 의무를 이행하기 위한 산업은 이를 유지하도록 허용될 것이다. 다만, 일본국이 전쟁을 위한 재군비를 할 수 있는 산업은 그러하지 아니하다. 위 목적을 위한 원료의 입수(그 지배와는 구별된다)는 허용될 것이다. 일본국이

장차 세계 무역관계에 참가하는 것은 허용될 것이다.

12. 전기 제반 목적을 달성하면서 일본국 국민이 자유롭게 표명한 의사에 따라 평화지향적이고 책임 있는 정부가 수립된 때, 연합국 점령군은 즉시 일본국으로부터 철수할 것이다.

이 조문들은 중국을 포함한 연합국의 일본에 대한 요구를 명확히 제시하고 있다. 일본은 이를 수락하고 항복했다. 또 포츠담선언 제8항에 명시된 카이로선언의 내용은 샌프란시스코강화조약뿐만 아니라 1972년의 중일공동성명에서도 확인되었다. 그 내용에는 만주, 타이완·평후와 함께 한반도도 포함되어 있다.[4]

만주·타이완 및 평후 제도와 같이 일본국이 중국으로부터 훔친 일체의 지역을 중화민국에 반환함에 있고, 일본은 또 폭력과 탐욕에 의하여 약탈한 다른 일체의 지역으로부터 구축될 것이다. 앞의 3개국은 조선 인민의 노예상태에 유의하여 적당한 시기에 조선이 자유 독립할 것을 결의한다

(…and that all the territories Japan has stolen from the Chinese, such as Manchuria, Formosa, and The Pescadores, shall be restored to the Republic of China. Japan will also be expelled from all other territories which she has taken by violence and greed. The aforesaid three great powers, mindful of the enslavement of the people of Korea, are

---

4 「Cairo Communiqué」(1943년 12월 1일, 국립국회도서관 웹사이트, http://www.ndl.go.jp/constitution/shiryo/01/002_46/002_46tx.html).

determined that in due course Korea shall become free and independent.).

여기서 만주나 타이완·펑후는 일본이 중국으로부터 "훔친" 것으로 간주되고 있으며 또 이들 지역을 중화민국에 반환한다고 명시하고 있다. 한반도는 해방되고 독립의 길로 들어설 것이라고 명언하고 있다. 일본은 포츠담선언을 통해 조선의 독립을 명언한 카이로선언도 받아들인 셈이다. 샌프란시스코강화조약에서는 이들 영토를 일본이 "포기"한다고 명기되나, 애당초 카이로선언에서 처리 방법까지 결정되어 있었다는 점은 중요하다. 특히 샌프란시스코강화조약의 비조인국인 중화인민공화국이나 중화민국의 입장에서는 설사 샌프란시스코강화조약을 의식해서 양국이 강화했다고 해도 샌프란시스코강화조약보다 카이로선언이 중요해진다. 이것이 일본과 중국 사이에 의견이 엇갈리는 부분이다. 한국의 경우에는 카이로선언이 중국만큼 중요하지 않을 듯하다.

또 포츠담선언에 명기되어 있는 "일본 국민을 기만하여 그들로 하여금 세계정복에 나서게 한 과오를 저지른 자의 권력 및 세력은 영구히 제거"라는 대목에 대응해, 연합국은 일본군 전범재판을 열었다. A급 전범을 다룬 극동군사재판에서는 중국의 판사가 전범의 책임을 엄격히 추궁했으며, 중국 등 각 전쟁터에서는 B·C급 전범에 관한 재판이 열렸다. 그러나 장제스는 오카무라 야스지(岡村寧次) 등을 이용해 국공 내전을 대비하는 동시에, 중국에 남아 있던 일반 일본군 병사와 민중은 평화로운 분위기 속에서 일본으로 돌려보냈다. 중국 공산당도 마찬가지로 일본군을 이용했다. 장제스(蔣介石)도 훗날의 마오쩌둥(毛澤東)과 마찬가지로 전쟁 책임을 일부 군국주의자에게 돌리고, 민간인이나 일반 병사는 중국 인민과 똑같은 희생자로 대우했다('군민이원론')(家近亮子·松田康博·段瑞聡 편저, 2007). 다른 한편, 중국에서는 이전의 괴뢰정권/대일협력정권 관계자 등에 대한 '한간(매국노)' 재판이 열렸다. 이후 문화대혁명 때도 수많은 일본 관계자와 국민당 관계자가 중국에서 숙청당했다. 이 '한간'을 둘러싼 재판, 누구를 '한간'으로 인정할 것인가는 지극히 정치적인 문제였으나, 그럼에도 중국인 스스로가 중국인을 일본과의 관계성이나 거리에 따라 비난하고 심판하는 재판을 열었다. 중일 간의 역사 인식 문제는 중국 국내의 문제이기도 한 셈이 된다. 종종 중국에서 '역사'는 정당성의 기반이 된다. 비단 정부의 입장을 대변하는 데에 그치지 않고, 사회 구성원의 현재나 과거 또는 그 조상의 언행까지 평가하는 잣대가 된다.

그리고 "공정한 실물 배상의 의무를 이행하기 위한"이라는 배상 관련 대목은 반대로 말하면 일본으로부터 배상을 받는다는 것을 함의하고 있다고 말할 수 있다. 실제 일본은 중간 배상으로 군함과 공업 설비 등을 중국 측에 건넸다. 원래는 일본도 이러한 현물 배상에 더해 중국 등에 금전 등으로 배상할 예정이었다. 중국 측도 그럴 요량으로 배상위원회 등을 준비하고 있었다. 하지만 미국이 국제정세 속에서 1947년부터 1948년에 걸쳐 대일 점령 방침을 전환하면서 배상 포기로 선회한 탓에 샌프란시스코강화조약에서도 기본적으로 배상이 포기되었다. 1952년의 일화(日華)평화조약도, 1972년의 중일공동성명도 비록 표현은 다르나 대일 배상을 포기했다. 다만, 후에 이 포기된 배상이 국가 배상인지 아니면 민간 배상인지라는 문제가 발생한다.

이 밖에 중국은 대일 점령과 관련해 워싱턴의 극동위원회뿐만 아니라 도쿄의 연합군최고사령부(SCAP), 극동군사재판 등에 관여했으며, 일본의 신헌법 제정 등에도 관여했다. 헌법 66조의 문민 조항은 아시다(芦田) 수정안 심의 당시 중국이 소련 등과 함께 이의를 제기하면서 삽입된 조항이었다. 한편, 중국은 대일 군사 점령 시 원래는 주쿄(中京)지구에 군대를 파견할 예정이었으나, 결국에는 미국과 영국, 호주 군대로 구성된 연합군이 일본 전체를 점령했다.

다만, 중국이 설사 다양한 측면에서 대일 점령 정책에 관여하고 있었더라도 일본 사회에서는 대미(영) 패전이라는 인식이 강하지, 중국에 대한 패전 인식은 강하지 않았을 것이다. 물론 중국의 전쟁터에 있던 병사나 중국에 거주했던 국민들에게는 '화해'의 동기가 발생하기 쉬웠을 것이다. 비록 중국과의 관계성에서 최종적으로 중국(충칭 정권)까지 합류해서 만든 포츠담선언을 수락하고 중국에 항복했어도, 일본은 난징의 왕징웨이 정권을 승인한 적도 있어서 중국에 패배했다는 인식이 침투하지 않았을지도 모른다. 이는 가해자로서 중국과의 '화해'가 필요하다는 인식이 사회의 공통인식으로 이어질 수 있을지 여부의 문제와도 관련된다.

II. 샌프란시스코강화조약 체결과 일본·중화민국 간의 '화해'

전후 초기 일본 사회의 대중 인식, 전쟁 인식은 적지 않은 문제를 안고 있었다. 가령 진조은(陳祖恩)에 따르면 상하이로부터의 귀국자와 관련해 일본인들이 현지의 중국인보다 더 나은 생활을 하고 있다는 사실에 상하이의 중국 시민들 사이에 비판이 제기되었고, 일본 국내에서도 일본인이 7월 7일이나 9월 18일의 기념일을 전연 의식하지 않는 것에 재일 중국인 사회가 반발하고 있었다(劉傑 · 川島真 편저, 2009).

1949년 10월에 중화인민공화국이 성립하고, 중화민국이 타이완으로 이전하자, 세계에는 두 개의 중국 정부가 병존하게 된다. 이는 한반도, 베트남뿐만 아니라 중국 또한 분단국가가 되었음을 뜻한다. 본토가 완전히 점령되기 전에 항복을 결정한 일본은 독일과 달리 분단국가의 운명을 피할 수 있었다. 일본의 강화 또는 화해 프로세스는 '두 개의 중국'을 대상으로 이루어지게 되었다. 이 점은 한반도에 대해서도 마찬가지다. 일본과 북한(조선민주주의인민공화국) 사이에는 화해는커녕 아직도 국교정상화를 실현하지 못하고 있다. 이렇듯 동아시아에 분단국가가 탄생하고, 논리적으로는 각각의 상대방과 강화, 화해해야 했음에도 일본은 결과적으로 분단국가의 한쪽과밖에 강화하지 못한 것은 일본의 '화해'를 고찰할 때 중요한 요소이다. 또 분단국가의 존재가 전후 동아시아의 역사를 둘러싼 문제에 어떠한 영향을 미쳤는지도 논의해야 할 것이다.

주지하는 바와 같이, 1950년 6월 25일에 발발한 한국전쟁은 중일 관계에 결정적인 영향을 미쳤다. 같은 해 1월에 발표된 애치슨 라인에서 미국의 불후퇴 방위선은 쓰시마해협에서 동중국해 그리고 타이완 동쪽으로 뻗어 있었다. 그러나 한국전쟁이 발발하자, 미국은 타이완해협 방위를 결정한다. 1949년 12월에 중화민국정부가 타이완으로 이전했으니 미국이 중화민국을 자유주의진영의 일원으로 보호하겠다고 천명한 것이다(중화민국의 대륙 반격 지지가 아니었다). 후술하는 바와 같이, 덜레스(John Foster Dulles)의 요청까지 더해지면서 원래 '두 개의 중국'과 각각 관계를 맺기 위해 모색 중이던 요시다 시게루(吉田茂) 총리는 1952년 4월에 중화민국과 단독 강화를 체결하기에 이른다.[5] 샌프란시스코강화조약이 효력을 발생하기 직전이었다. 중화민국은 이것을 샌프란시스코강화조약에 준하는 조약이라고 평가하고 있었다.

한국전쟁의 발발 결과, 미국은 대일강화를 서둘렀고 1951년에 샌프란시스코강화조약이 체결되었다. 그에 앞서 미일안보조약(구 안보)도 체결되었다. 이는 한국전쟁 수행을 위해 계속해서 일본 국내의 미군 기지를 사용한다는 것을 뜻한다. 동시에 서태평양에서 전개될 미국의 안전보장조약망, 허브 앤드 스포크(Hub & Spoke) 체제를 형성하는 기점이 되기도 했다. 또 다음과 같은 내용을 전문에 규정해 일본에 집단안전보장, 집단적 자위권의 두 권리가 있다는 것을 확인하고, 그 권리의 행사로 미국이 일본 국내에서 군대를 유지할 것을 결정했다. 참고로 이 단계에서 일본은 무력을 보유하고 있지 않았다.

> 평화조약은 일본국이 주권국으로서 집단적 안전보장 협정을 체결할 권리를 향유함을 승인한다. 또한 국제연합헌장은 모든 국가가 개별적 및 집단적 자위의 고유한 권리를 가짐을 승인하고 있다.
> 이 제반 권리의 행사로서 일본국은 그 방위를 위한 잠정 조치로 일본국에 대한 무력 공격을 저지하기 위하여 일본 국내 및 그 부근에 미합중국이 그 군대를 유지함을 희망한다.

샌프란시스코강화회의는 중화인민공화국 정부, 중화민국 정부, 그리

5 영국과 네덜란드가 그러했듯이, 당시에는 중화인민공화국과 외교 관계를 맺고 있어도 중화민국과 영사 관계를 수립할 수 있었다. 중국이 보다 명확한 '하나의 중국' 정책을 채택한 것은 1960년대에 들어서부터이다.

고 남북한 정부 모두가 불참한 가운데 개최되었다. 종종 반쪽 강화로 불리듯이, 한국전쟁 중에 열린 회의였던 탓에 이 회의에는 주로 자유주의진영 국가들만 참석했다.

이 강화회의에서 요시다 시게루 총리는 '수락연설'을 하면서 '화해'라는 단어를 사용했다.

> 여기 제시된 평화조약은 징벌적 조항이나 보복적 조항을 포함하지 않으며, 우리 국민에게 영구적 제한을 가하지도 않고, 일본의 완전한 주권과 평등과 자유를 회복하고, 일본을 자유와 평등의 일원으로서 국제사회가 받아들이는 것입니다. 이 평화조약은 보복 조약이 아닌 '화해'와 '신뢰'의 문서입니다. 일본 전권은 이 공평 관대한 평화조약을 흔연히 수락합니다.

요시다는 'reconciliation(화해)'과 'trust(신뢰)'라는 표현을 사용하고 있는데, 요시다가 강화조약 당시 이 'reconciliation'이라는 표현을 쓴 것은 승전국과의 새로운 관계성을 구축해가겠다는, 미래로 향하는 시간축을 시야에 넣은 것이라는 점에서 흥미롭다. 또 중국의 불참에 대해서는 다음과 같이 말했다.

> 중국에 대해서는 중국이 통일되지 못해서 대표가 이곳에 참석하지 못한 점을 우리도 가장 유감스럽게 생각합니다. 중국과의 무역이 일본경제에서 차지하는 지위는 중요합니다만, 과거 6년간의 경험이 보여주듯이 그 중요성은 종종 사실보다 과장되어 있습니다.

과거 6년간이란 1945년부터 이 회의가 열린 1951년까지의 6년간으로, 그야말로 중국이 혼란을 겪고 있던 시기를 가리킨다. 그리고 요시다는 공산주의의 확대에 경계심을 피력하는 동시에 중국에 대한 과도한 기대를 억누르면서 미일안보조약의 필요성을 주장했다.[6]

샌프란시스코강화조약은 일본이 재독립한 출발점이다. 그러나 동시에 중일 역사 인식의 원점이기도 하다. 즉 일본이 이 조약을 기준으로 전전의 문제를 이해하는 데 반해, 중국은 샌프란시스코강화조약보다 도리어 카이로선언이나 포츠담선언을 중시한다. 가령 센카쿠열도를 둘러싼 문제에서도 일본은 샌프란시스코강화조약에 이르는 교섭 과정의 내용, 즉 그 과정에서 미국이 센카쿠열도가 난세이제도(南西諸島)에 포함된다고 합의한 점을 주된 근거로 들고 있다(독도/다케시마 문제도 동일)(Kawashima, 2013, pp. 122~145). 하지만 이에 대해 중국은 미일 간의 협의일 뿐이며, 카이로선언에 일본이 타이완·평후 등을 중화민국에 반환한다고 명기되어 있는 점을 강조한다. 더 나아가 타이완의 부속 도서에 센카쿠가 포함된다면서 일본의 센카쿠 영유에는 아무런 근거가 없다고 주장하고 있다.

그리고 샌프란시스코강화조약이 발효된 1952년 4월 28일, 미국의 요청을 반영해 일본은 타이완으로 이전한 중화민국과 강화조약을 체결하고 국교를 수립했다. 중화민국은 일본에 대한 배상 청구권을 포기했다. 이 배상 청구 포기에 대해서 장제스 총통은 '군민이원론'이라는 개념에

---

6 「サンフランシスコ平和会議における吉田茂総理大臣の受諾演説」(1951년 9월 7일, 外務省条約局法規課, 『平和条約の締結に関する調書VII』, 日本外務省デジタルアーカイブ, http://www.mofa.go.jp/mofaj/annai/honsho/shiryo/archives/sk-5.html).

근거해 일본에는 덕으로써 원수를 갚아야 한다고 역설했다.[7] '이덕보원(以德報怨)'이라는 말로 대표되는 이 장제스의 대일 태도는 당시 일본인들에게 큰 감동을 주었고, 그 후 일본과 중화민국 간의 역사 문제를 봉인하는 억제 장치 역할을 하게 된다.

타이완에서는 1987년까지 헌법을 정지하고 계엄령을 시행했으며, 1991년까지 동원감란시기 임시조관(動員戡亂時期臨時條款, 공산반란 진압을 위한 동원령)이 기능하고 있었다. 이 두 요소가 타이완의 계엄 상태를 지탱했다. 즉 1952년의 장제스에 의한 대일 강화는 민주주의적 절차에 따라 자국 국민 즉 타이완인들 간에 합의를 거친 뒤에 실현된 것이 아니었다. 또한 이 조약은 본래 일본과 중화민국 간의 전쟁을 종식시키는 동시에 50년에 걸친 일본의 타이완 통치에 대한 보상 등도 포함될 터였다. 그러나 이 부분도 결정 과정에 주민은 참여시키지 않은 채 '배상 포기'를 결정했다. 또 일본과 중화민국 간에는 이 조약이 중화민국의 실질적 통치 영역에 미친다고 명언하고 있어 타이완과 펑후가 여기에 포함되었다.

1952년부터 1972년까지 일본과 중화민국 간에 국교가 유지되던 시기에 양국 간의 인적 교류는 제한적이었다. 외교적으로는 일본과 중화민국이라는 국가 차원의 강화를 맺었음에도 양국 국민들 간의 화해(중일 간의 화해, 일본과 타이완 간의 화해)는 큰 진전이 없었다(川島真 외, 2009)는 점은 중요하다. 특히 1950~1970년대에 활약한 일본의 지식인은 공산주의사상에 공감하면서 반공진영의 일원인 중화민국을 보수반동이라며 비판하는 경향이 있었다. 그리고 중화민국과 장제스를 비판한

---

7 '이덕보원'은 본래 일본의 패전 직후에 중국에 있던 백만 명을 넘어서는 일본군 병사와 그 밖의 일반 재류자를 평화로운 분위기 속에서 일본으로 돌려보낼 때 사용된 말이었으나, 배상 포기로 새로운 뜻이 이 말에 추가된 것이다.

결과, 타이완의 식민지 지배 문제에 대해서는 충분히 논의하지 못했다. 일본 국내에서 타이완이 논의되기 시작한 시점은 1972년 전후 혹은 타이완이 민주화된 1980년대 이후였다(川島真, 2005).

전후 일본과 타이완의 관계는 일본과 중화민국의 관계와, 일본과 타이완의 관계라는 두 가지가 중첩된 관계였다. 이 양자 관계는 개별적으로 존재하지만, 타이완에서 중화민국과 타이완 사회가 대치 상태에 있었던 만큼, 무관하다고 말할 수는 없었다. 1950년대, 타이완 내부에서는 권위주의체제를 채용한 중화민국 정부가, 이를테면 타이완 사회와 합의를 형성하지도 않은 채 일본과 강화했고, 1980년대 후반에 타이완이 민주화되자 이번에는 타이완 사회 측에서 일본의 식민지 지배와 마주하면서 문제를 제기하고 화해하려는 움직임을 보였다. 이들 사례는 한국과 비교할 때 서로 닮은 면과 그렇지 않은 면이 있다. 그러나 권위주의체제에서 민주화로 이행하는 정치 과정과 일본과의 화해의 관계성이라는 점에서 한국과 타이완은 비교 대상이 될 수 있다.

한편 일본과 중화인민공화국의 관계로 눈을 돌리면, 1972년까지는 비록 외교 관계는 없었지만, 일본 사회에서는 중일우호운동이 전개되었고 민간 무역협정 등이 체결되어 일정한 관계가 유지되고 있었다. 당시 일본의 많은 지식인들은 중화민국보다 중화인민공화국에 압도적으로 더 많은 공감을 느끼고 있었다. 1950년대 중엽, 중국에서는 공산당이 일당독재체제를 확립했고, 이후 공산당은 일본에 관한 엄격한 역사 교육, 이른바 항일 교육을 실시했다. 당시 국민당도 타이완에서 항일 교육을 실시하고 있었으나, 공산당의 항일 교육은 항일에서 공산당이 수행한 역할을 강조하는 것이었다. 그러나 마오쩌둥 국가주석도 장제스와 마찬가지로 '군민이원론'을 제기했고, 일본의 전쟁 책임은 일부 군국주의자에 있으며 일본 국민은 피해자일 뿐이라는 입장을 명확히 했다(毛里和子, 2006). 일본이 중화민국과 외교관계를 맺었음에도 불구하고 마오쩌둥이 일본에 대해 '군민이원론'을 주창한 배경에는 대일공작이 있었다. 즉 마오쩌둥은 일본 국민, 특히 민간인을 중국 편으로 끌어들여 향후 중화인민공화국을 승인하는 운동을 일으킬 작정이었다. 동시에 일본 국내의 반미운동가나 혁신파와 연계해 미일안보에 반대하고 일본을 아시아에서 정치적으로 중립화할 생각이었다(王雪萍 편저, 2013). 이 방침은 '이민촉관(以民促官, 민으로써 관을 촉구한다)' 등으로도 일컬어지나, 이는 실로 일본 민간에 접근하는 최종 목표가 '관' 즉 정부임을 보여준다. 더욱이 중국 측이 일본과 전개한 '민간' 우호 교류도 중국 측은 '민간'이 아닌 어디까지나 공산당과 정부가 주도했다는 점이 중요하다. 일본 측은 민간이 주도하고 있었으나, 중국 측은 교류를 궤도에 올려 일본 측의 '관'을 끌어내는 것이 목적이었다. 결과적으로는 어느 정도 성공했다.

당시 일본에서는 지식인을 중심으로 전쟁 책임에 대한 논의가 활발하게 전개되고 있었다. 하지만 그러한 전쟁 책임을 둘러싼 논의가 일본에서 전개되었을 때,[8] 중국 측에서는 국외로 나가는 것을 규제하고, 외국인과의 교류도 관리하고 있었다. 그런 까닭에 일본의 전쟁 책임에 대한 논의나 반성은 기본적으로 일본에서 전개되었고, 중국이나 주변 국가와 함께 폭넓게 '화해'가 실현된 것은 아니었다. 이 시기 일본 국내에도 중국인 지식인이 없지는 않았다. 하지만 그들 중국인 지식인과 일본인 지

8 가령 쓰루미 순스케(鶴見俊輔)는 1956년에 「知識人の戦争責任」(『中央公論』 1956년 1월호)에서 15년 전쟁론을 제기했다. 전쟁 기간을 15년으로 설정함으로써 1941년부터의 미일전쟁에 중점을 둔 '태평양전쟁'이라는 호칭에 이의를 제기했다. 이것은 1931년부터의 대중 침략을 중시하는 사상으로 이어졌다.

식인이 토론하고 화해할 수 있는 공간은 마련되지 않았다. 다만, 타이완의 경우에는 전술한 바와 같이 다른 이유로 일본의 지식인들 사이에서는 "논외의 대상이었다." 왜냐하면 타이완이 반공국가였기 때문이었다. 이에 대해서 다이궈 후이(戴國煇)는 1970년 전후에 일본인이 타이완을 버리고, 무시하고 있다며 문제 제기를 했다(戴國煇, 1968 · 1969 ; Kawashima, 2017). 일본과 타이완 간에 지식인의 교류가 활발해지고 일본의 지식인들이 타이완을 논하기 시작한 때는 1990년대 이후였다. 그렇다면, 중일 간에는 과연 화해를 위해 대화에 나서야 한다는 문제 제기가 있었을까? 이는 현실적으로 어려웠던 만큼, 문제 제기도 거의 없었다. 덧붙여 한국에 대해서는 시기가 다소 뒤이기는 하나, 지명관(池明觀)이 'TK생'이라는 필명으로 민주화운동에 관한 메시지를 이와나미신서(岩波新書)로 알리는 등, 일정한 '교류'가 있었다고 할 수 있다(T · K生 저 · 『世界』編集部 편, 1974).

지식인이 비교적 국내라는 '갇힌' 환경 속에서 과거의 전쟁이나 식민지 지배를 논하고, 왜 그러한 '과오'를 저지르고 말았는가를 자신의 문제로 '반성'하고 있던 때, 구 일본군 군인 또한 전쟁 당시의 자신의 행동을 반성하는 움직임을 보이고 있었다(楊大慶, 2013). 일본에서는 전쟁 책임에 대해서 '나치'와 같은 책임의 핵심 존재가 없었고, 또 천황의 전쟁 책임도 명확히 규명되지 않은 탓에 지식인이나 구 일본군 군인이나 비록 개인 차는 있어도 '당사자성'에 의해 그것을 수용했다. 물론 전쟁을 경험하지 않은 세대는 그 '당사자성'에서 (형태는 다양하나) 전쟁을 체험한 사람들과는 다른 태도로 전쟁과 대치하게 되었다.

전쟁을 몸소 겪은 구 일본군 군인 중에는 자신이 참전한 중국의 옛 전투지를 방문해 현지인들과 교류하고 '일중부재전(日中不再戰)' 기념비

(항저우시)를 건립한 이도 있었다. 이는 국교가 없던 시기에 과거 제2차 상하이사변에 참전한 보병 제68연대(기후현) 군인들이 항저우를 찾아 세운 기념비였다. 이러한 중일우호교류의 현장에서 중국 측은 그야말로 마오쩌둥 등이 주창한 군민이원론을 가슴에 품고, 일본 측은 '반성'을 표명하는 큰 틀에서 교류가 이루어졌는데, 그것은 '중일우호' 운동의 기틀이 되었다. 다른 한편, 중화민국과의 관계에서는 장제스 총통의 '이덕보원'과 그 관대한 정책에 대해 감사하는 것이 '일화친선'의 기조를 형성했다. 군민이원론과 반성/감사에 근거한 중일 우호와 일화 친선이 일본과 중화인민공화국, 일본과 중화민국과의 사이에 벌어졌던 전쟁을 둘러싼 문제의 확대를 막는 장치 또는 '틀'이 되었다.

그러나 이 시기의 중국이 분단국가였다는 점은 중요하다. 일본은 중화민국과 외교관계를 수립하고 있었음에도 중화인민공화국과의 관계도 강화하고 싶어했다. 그리고 베이징도 그런 움직임을 환영하는 분위기였다. 그렇기에 일본과의 전쟁을 둘러싼 '화해'는 중국 입장에서도 외교적 전략성을 수반했다.

그리고 또 하나 고려해야 할 중요한 요소는 중국 국내에서 역사 문제를 어떻게 다루었는가라고 하는 점이다. 전쟁 직후, 중국에서는 한간재판이 열렸다. 이는 중화인민공화국도 중화민국도 마찬가지였다. 특히 중화인민공화국에서는 국내 정치 상황이 '왼쪽'으로 기울 때, 일본이나 국민당 관계자가 적발되어 처벌받았다. 그런 만큼, '일본'과의 관계성은 외교적인 측면만으로는 정리할 수 없었다. 그것은 국내 문제이기도 했기 때문이다. 앞서 중국대륙과 타이완에서 항일 교육이 시행되었다고 언급했는데, 국내 정치의 맥락과 일본과의 관계성은 밀접하게 연관되어 있었다. 일본과의 전쟁 문제는 국내 정치와 사회에서 극도로 민감한 문제였다. 일본과의 관계가 너무 쉽게 개선될 경우에는 국내에서 한간 등으로 몰려 숙청당한 사람들이나 그 관계자가 받아들이기 어렵고, 반대로 악화하면 관계자가 또 숙청당하는 구조가 형성되어 있었다.

다른 한편, 중화민국에게 일본의 '진보파 지식인'의 전쟁책임론은 오히려 위험하게 여겨졌다. 일본은 당시 동아시아에서 몇 안 되는 민주주의국가로 지식인들 사이에는 좌파 사상이 퍼져 있었다. 그렇기에 일본의 언론, 출판물 등은 반공국가인 중화민국에게는 경계 대상이었다. 즉 일본에서 좌파 사상이 확산해 전쟁책임론이 활발하게 논의되던 시기에 주변의 같은 진영 국가들, 타이완이나 한국은 반공국가였다. 그런 점에서도 일본과 중화민국 간에는 지식인 교류 등은 생각하기 어려웠다. 그러나 이러한 반공국가들에서 1980년대 이후에 민주화가 진전되자, 사회 측에서 전쟁이나 식민지 통치와 관련된 요구가 분출되었다. 그러나 당시 일본에서는 '진보파 지식인'의 30년에 가까운 논의가 점차 수그러들었고 오히려 전쟁 문제와 결별하려는 풍조가 강해져 있었다.

이상에서 설명한 바와 같이, 중국의 입장에서 볼 때 역사를 둘러싼 문제는 단순한 대일 문제가 아닌 두 개의 중국 간의 정당성을 둘러싼 경쟁 관계, 그리고 국내 정치 문제와도 깊이 연관되어 있었다. 그럼 한국은 어떠했을까? 첫째, 일본과의 관계에서 '이덕보원'이나 '중일우호'에 비견되는 말이 있었을까. 둘째, 1950~1970년대 일본 국내에서 다양한 전쟁 책임이나 식민지 통치를 둘러싼 문제가 논의되던 때, 한일의 민간 차원에서는 어떠한 교류가 있었을까. 셋째, 한국이 타이완과 마찬가지로 반공국가였고, 또 분단국가였다는 사실이 일본과의 관계성에 어떠한 영향을 미쳤는가라는 점도 있다. 북한의 경우, 중화인민공화국과는 달리 일본과의 관계 개선에는 별다른 진전이 없었다.

주지하는 바와 같이, 일본과 두 개의 중국과의 관계는 1960년대 후반부터 1970년대 전반에 걸쳐 큰 변화를 겪는다(井上正也, 2010). 1969년, 전바오 섬(珍寶島)에서 중소 국경 분쟁이 발생하자, 소련과의 관계에 위기감을 느낀 중화인민공화국은 돌연 미국에 접근했다. 문화대혁명 시기이기는 했으나, 1967년부터 1968년에 걸쳐 극좌적 상황으로 바뀐 뒤에는 차츰 완화되고 있었다. 즉 국내적으로도 미국이나 일본에 접근할 여건이 일정 정도 마련되어 있었던 셈이다. 그리고 1972년 2월에 닉슨 미 대통령이 중국을 방문하고 7개월 뒤인 1972년 9월, 다나카 가쿠에이(田中角栄) 총리가 중국을 방문해 중화인민공화국과 국교를 정상화하는 데에 합의했다. 1972년 9월 29일에 체결된 중일공동성명에서는 역사 문제가 다음과 같이 기술되었다.

> 중일 양국은 일의대수의 이웃나라로, 오랜 전통적 우호의 역사를 갖고 있다. 양국 국민은 양국 간에 지금까지 존재했던 비정상적인 상태에 종지부를 찍기를 간절히 바라고 있다. 전쟁 상태의 종결과 중일 국교 정상화라는 양국 국민의 바람의 실현은 양국 관계의 역사에 새로운 한 '페이지'를 열 것이다.
>
> 일본 측은 과거에 일본국이 전쟁을 통하여 중국 국민에게 중대한 손해를 주었다는 것에 대한 책임을 통감하고 깊이 반성한다. 또 일본 측은 중화인민공화국 정부가 제기한 '복교(復交) 3원칙'을 충분히 이해하는 입장에 서서 국교정상화의 실현을 도모한다는 견해를 재확인한다. 중국 측은 이것을 환영하는 바이다.[9]

9 「일본국 정부와 중화인민공화국정부의 공동성명」(1972년 9월 29일, 일본 외무성 웹사이트, http://www.mofa.go.jp/mofaj/area/china/nc_seimei.html).

이로써 이후 "책임을 통감하고 깊이 반성한다"라는 대목이 중일 간의 역사 문제를 표현하는 기조가 되었다. 그리고 중국 측은 "중일 양국 국민의 우호를 위하여 일본국에 대한 전쟁 배상 청구를 포기할 것을 선언한다"고 했다.[10] 중화민국 정부가 배상 청구권을 포기한 것과 샌프란시스코 강화회의에서 전승국이 대일 배상권을 포기한 것에 준한 대응이었다.

그러나 이는 어디까지나 외교적 결착으로, 국민 간의 화해와는 동떨어진 것이었다. 또 일본 국내에는 여전히 중화민국을 지지하는 목소리도 있던 탓에 중일 국교정상화 당시, 국회의 비준이 필요한 조약 형식은 기피되었다. 그 후 일본 국내에서는 계속해서 중일우호론이 활발하게 논의되었고, 1978년에는 중일평화우호조약이 체결되기에 이르렀다.

그리고 중국과 일본의 국교가 정상화되면서 일본과 중화민국은 국교를 단절했다. 하지만 비록 국교를 단절했어도 군사안보상의 경계선으로서의 타이완 해협은 종전과 마찬가지로 유지되었고, 중화민국은 서방 진영의 일원이라는 지위를 유지했다. 그리고 일본과 타이완도 경제문화 관계를 꾸준히 이어간다. 동아시아 국제관계 전체를 조망할 때, 한국전쟁 이후의 크나큰 변동기 중 하나는 1960년대 후반부터 1970년대 전반에 도래했다. 일본은 1952년에 중화민국과 일화평화조약을, 1972년에 중화인민공화국과 사이에 국교정상화를 실현했다. 즉 '두 개의 중국' 모두와 관계를 정상화하고 외교적 의미에서 전쟁을 매듭지었다. 그러나 그럼에도 국민, 사회 간의 화해는 여전히 진전을 보지 못하고 있었다.

10 이러한 말의 응수를 한일 간과 비교해보는 것도 가능하다.

III. 중국의 변용과 중일 화해로의 노정

1970년대의 중국으로 눈을 돌려보면, 1977년에 문화대혁명의 종식이 선언되었고 덩샤오핑(鄧小平)이 실권을 장악하면서 1978년에 개혁개방 정책이 시작되었다. 그리고 1978년에는 중일평화우호조약이 체결되었다. 이 조약은 "모든 분쟁을 평화적 수단에 의하여 해결하며 무력 또는 무력에 의한 위협에 호소하지 않을 것을 확인"하고, 제2차 세계대전 당시 서로 총구를 겨누었던 양국이 진정한 평화적 관계를 구축하기로 한 획기적인 것이었다. 이 중일우호의 흐름에 편승해 1978년 10월에는 덩샤오핑이 일본을 방문해 천황과 회담했다. 이는 지도자에 의한 '화해'의 상징이기도 했다. 그러나 이는 어디까지나 지도자 차원일 뿐이었다.

1979년에는 오히라 마사요시(大平正芳) 총리가 중국을 방문했다. 그 후 총 3조 엔에 달하는 대중경제협력, 대중 ODA가 시작되었다. ODA는 배상이 아니다. 그러나 나카소네 야스히로(中曽根康弘) 총리 등이 언급했듯이 중국에 "폐를 끼쳤"으니 ODA 등을 당연시하는 즉, 기분상 ODA와 배상은 같은 뜻이라는 인식을 가지고 있었다. 이렇듯 ODA에는 배상적 요소가 포함되어 있다고 본 정치인이 적지 않았다.

일본의 경제협력은 1980년대 중국의 경제 발전에 없어서는 안 될 존재였다. 덩샤오핑은 일본을 경제의 스승으로 평가했으며, 중국 정부와 국민 모두에게 일본의 중요성이 급속히 커졌다. 중국은 일본에게 경제를 배우겠다는 자세를 명확히 표명한 셈이었다. 그러나 덩샤오핑은 경제관계에서 일본에 대한 의존도를 확대하면서도 청소년이 일본의 과거 소행을 모른 채 역사를 망각할 것을 우려해 역사를 강조했다. 난징대학살기념관, 루거우차오의 중국인민항일전쟁기념관이 건설된 것은 1985년이었다. 중국에서는 이미 항일 교육이 시행되고 있었으나, 덩샤오핑의 지도 아래 항일전쟁을 포함하는 역사가 더한층 강조되었다(江藤奈保子, 2014; 川島真, 2012). 항일교육에 의해 역사 인식이 제고되면서 중국 국민 사이에 서서히 반일 의식이 강화되었으나, 1980년대에는 경제분야의 우호관계가 역사 인식 문제를 상쇄했기에 중일 쌍방의 국민감정은 비교적 양호한 편이었다. 즉, 비록 교과서 문제나 야스쿠니신사 참배 문제가 있었지만 경제협력 측면의 조율을 통해 역사 문제의 확대를 막을 수 있었다. 다른 한편, 1980년대에는 일본 국민의 70% 이상이 중국에 "친근감을 느끼는" 상태였던 것도 중요하다. 그에 반해 타이완에 대한 감정은 여전히 부정적이었다. 일본에서는 판다 열풍, 실크로드 열풍이 불었고, 중국에서는 일본 영화 붐이 일어났다. 이러한 양호한 여론도 일본 정부의 대중 정책을 떠받쳤다.

중화인민공화국과 한국이 국교를 정상화한 것은 1992년이나, 1980년대 역사 문제로 한중이 공동 보조를 맞추기도 했다. 교과서 문제와 야스쿠니신사 참배 문제가 바로 그것이다. 1980년대 중국에서는 대일관계에서 역사와 경제가 두 축을 이루고 있었으며, 역사 인식 문제의 확대를 경제협력이 막는 구조가 구축되어 있었다. 그렇다면 한국에서는 어떠했을까? 한국에 대한 일본의 경제 지원은 시기상으로 다소 앞서는데, 그것은 한일 간의 역사 문제와 어떻게 관련되어 있었을까? 이도 검토 과제이다.

1989년의 톈안먼 사건은 일본 국민의 대중 인식을 크게 악화시켰다.[11]

11 "중국에 대한 친근감", 외교에 관한 여론조사, 내각부 웹사이트, http://survey.gov-online.go.jp/h26/h26-gaiko/zh/z08.html.

위에서 언급했듯이, 1980년대에는 70%의 국민이 중국에 친근감을 느끼고 있던 데에 반해, 톈안먼 사건 이후에는 친근감을 느낀다고 대답한 비율이 급감해 친근감을 느끼지 않는다고 대답한 비율과 비슷해졌다. 이후 현재까지, 일본 국민감정은 1980년대 상태를 회복하지 못하고 있다. 톈안먼 사건 이후 일본 정부는 1990년대 초에 빠르게 대중 경제 제재 해제에 나섰고, 1992년에는 천황이 중국을 방문하는 등, 톈안먼 사건 후에도 중국을 각별히 배려했다. 가이후 도시키(海部俊樹) 총리를 위시해 일본 정부는 당시 선진국들 중에서 가장 중국에 우호적인 태도를 보였다. 국민의 대중 감정 악화에도 불구하고 정부는 중국과 보조를 맞추는 태도를 견지했던 것이다. 이 시기 일본 정부는 1995년 즉 전후 50년이 되는 해까지 역사 문제를 마무리 짓겠다는 의도가 있었다고 보인다. 일본에서는 참전했던 1910년대생부터 1920년대생까지의 사람들이 70~80대가 되었으니 이쯤에서 매듭을 짓고 넘어가야 한다고 생각했을 터이다. 그러나 중국은 도저히 그것을 받아들일 만한 상태가 아니었다. 역사 문제를 매듭짓겠다는 태도는 1992년의 천황 방중도 실현시켰다.

1992년 중국을 방문한 천황은 10월 23일에 베이징의 인민대회당에서 다음과 같이 연설했다.

> 그러나 이 양국 관계의 오랜 역사에는 우리나라가 중국 국민에게 크나큰 고난을 안겨준 불행한 한 시기가 있었습니다. 이는 제가 깊은 슬픔을 느끼는 지점입니다. 전쟁이 끝났을 때, 우리 국민은 이러한 전쟁을 두 번 다시 되풀이하지 않겠다는 깊은 반성 위에 서서 평화 국가로의 길을 걷겠다고 굳게 결의하고, 국가 재건에 힘썼습니다.

여기서는 “깊은 슬픔”, “깊은 반성”이라는 표현으로 전쟁에 대한 인식을 표명하고 있으나, 이는 1972년의 국교정상화 당시 사용된 “책임을 통감하고 깊이 반성한다”는 표현보다 “슬픔”을 표명했다는 점에서 한층 진전된 표현이었다.[12] 하지만 당시 중국의 입장에서는 역사 문제보다 국제적 고립을 극복하는 쪽이 더 큰 과제였다. 이는 첸지첸(銭其琛, 2003)에 기술되어 있는 대로이다.

중국에서는 1993년에 장쩌민이 국가주석으로 취임하자, 본격적으로 중국 국내의 중국공산당 일당독재 노선의 유지를 꾀한다. 1980년대 말부터 1990년대 초엽에 걸쳐 냉전이 종언을 고하고, 사회주의 국가들이 도미노처럼 잇달아 사라지는 가운데, 중국공산당은 일당독재의 사회주의체제를 존속시키는 것이 절실한 과제였다. 이 과정에서 국내 통제 수단으로 애국주의 교육이 부상했다. 중국공산당은 덩샤오핑 시절보다 훨씬 강화된 형태로 애국주의 교육을 전개했다. 특히 일본과의 역사 문제는 애국주의 교육에서 중요한 위치를 차지하게 되었다. 또 동아시아의 안보 환경도 소련의 군사적 영향력이 줄어드는 등 변화를 맞이했으나, 한반도나 타이완해협 등의 군사 안보상의 경계선은 변화가 없었다.

냉전의 종식은 일본 국내에도 영향을 미쳤다. 이른바 55년 체제가 붕괴하고 자민당이 실각하면서 호소카와(細川) 정권이 탄생했다. 혁신정권으로서의 호소카와 정권은 역사 문제에 대해서 리버럴한 태도를 강하게 드러냈다. 혁신정권이 성립하기 직전인 1993년 자민당의 미야자와 정권이 일본군‘위안부’ 문제에 대해 사죄와 반성을 표명한 고노 담화를 발표

12 “천황황후 양 폐하 중화민국공화국 방문 인사말씀(天皇皇后両陛下 中華人民共和國ご訪問時のおことば)”, 1992년 10월 23일(궁내청 웹사이트, http://www.kunaicho.go.jp/okotoba/01/speech/speech-h04e-china.html#china).

한 것에 드러나 있듯이, 자민당 정권도 역사 인식 문제에 대해서는 리버럴한 태도를 보이고 있었다. 그러한 점에서 호소카와 정권이나 그 후의 자민당·사회당·신당 사키가케당 연립정권으로 1994년에 출범한 무라야마 도미이치(村山富市) 정권도 그 흐름을 계승했다고도 말할 수 있다. 무라야마 정권은 '무라야마 내각총리대신의 담화'를 발표하고,[13] 아시아 역사자료센터구상, 일본과 아시아 국가, 유럽 국가 등과의 역사 연구 추진, 사료의 공유 등, 역사 화해로 가는 길을 제시했다. 그리고 전후 50년인 1995년에는 무라야마 도미이치 내각총리대신 담화를 발표했다. 1992년의 천황 방중도 그렇지만, 일본 측으로서는 전후 50년을 계기로 역사 인식 문제를 마무리 짓고 싶었던 것이다.

무라야마 담화에서는 제2차 세계대전 중 일본은 "식민지 지배와 침략으로 많은 나라들 특히 아시아 여러 나라의 사람들에게 다대한 손해와 고통을 주었"음을 인정하고, "통절한 반성의 뜻을 표하며, 진심으로 사죄의 뜻을 표명"했다. 이들 표현, 특히 "사죄"는 1972년의 중일공동성명, 1978년의 중일평화우호조약, 그리고 1992년의 천황 방중 당시 만찬회의 '말씀(인사말)'에는 없던 것으로, 일본으로서는 한발 나아간 표현이다. 일본 측의 양보 자세를 보여준다.

이렇듯 1990년대 전반부터 중엽에 걸쳐 일본은 역사 문제의 결착을 꾀했고, 역사 문제에서 이전보다 한발 나아간 자세를 보였다고 말할 수 있다. 그러나 중국 측은 냉전체제의 붕괴 이후 정권의 정당성이 위기에 직면하자 애국주의 교육을 강화해나갔다. 따라서 이러한 일본의 자세에

13 "총리대신'의' 담화"와 "총리대신담화"는 각기 다르다. 전자가 각의결정 등이 불필요한 총리 개인의 담화인 데에 반해, 후자는 각의결정이 필요하다.

호의적으로 반응할 수 없었다. 중국은 1980년대 경제와 역사를 두 축으로 해서 일본과 관계를 맺고 있었는데, 1990년대에 경제가 더한층 발전하면서 일본에 대한 경제 의존도가 낮아졌다. 과거 중일관계를 규정하고 있던 경제와 역사라는 두 축의 균형이 점차 변화를 겪으면서 중일관계에서 '역사'라는 요소가 차지하는 비중이 커졌다. 역사 인식 문제를 둘러싼 중일의 움직임은 삐걱거렸다.

1990년대 일본의 역사 관련 정책, 즉 역사 인식 문제에 일정한 매듭을 지으려는 정책은 한국에 대해서도 마찬가지였다. 하지만 한국은 이를 비교적 호의적으로 받아들였고, 1998년의 김대중 대통령 방일로 '결실'을 맺었다. 이 점 또한 중일, 한일 관계를 비교할 때 중요한 요소가 될 것이다.

1990년에 나타난 지적할 만한 또 다른 변화는 중국 사회에 일정한 자유화가 진전되고 또 중일의 지식인 및 법률 관계자 등의 교류도 시작되면서, 일본의 법원에 민간 배상 소송을 제기하는 움직임이 시작되었다는 점이다. 이후 20년 이상에 걸쳐 일본의 사법 현장에서는 역사 관련 다양한 문제가 다뤄졌다. 당시 일본의 최고재판소(한국의 대법원에 해당함)는 중일공동성명에서 국가 배상의 포기가 약속되었지만, 민간 배상 청구의 가능성은 남아 있다고 판단했다. 그러한 연유로 중국의 민간에서 일본의 국가나 민간기업 등을 상대로 배상 청구를 제기한 경우, 제국 헌법의 국가무답책 때문에 국가에 대한 배상 청구는 불가능했지만 민간 기업에 대해서는 원고가 승소하는 사례도 등장했다. 그것은 제척 기간의 문제를 통과한 사례로 책임이 명확한 경우였다.

결착이 꾀해졌는지는 차치하고, 중국 사회 측이 일본에 문제를 제기하면서 1980년대 이전과는 다른 사태가 발생했다. 또 지식인 교류나 유학생의 상호 파견 등도 1980년대 말에 시작되었고 직접 대화도 갈수록 확대되었다. 그러나 중국에 대한 일본의 국민감정은 여전히 톈안먼 사건 이전으로 회복되지 않았다. 중국에서도 일본에 대한 비판적 감정을 흔하게 볼 수 있게 되었다. 1995년의 무라야마 담화에서 알 수 있듯이, 일본 정부는 역사 문제에 '매듭'을 짓고자 했으나, 중일관계 그리고 사회 차원에서는 보다 다양한 변화가 일어나고 있었다.

중국이 1995년 핵실험에 나서고, 1996년에 제3차 타이완해협 위기가 발생하자, 일본에서는 대중위협론이 확산되었다. 중국도 일본에서 1997년의 신가이드라인인 「미일방위협력을 위한 지침」이 개정되어 TMD(전역(戰域) 미사일 방위) 구상 등이 제기되자, 이에 대한 경계심이 높아졌다. 즉 1995년 무라야마 담화를 통해서 전쟁 문제를 매듭지으려고 했던 일본 측의 의도는 실현되지 않았다. 그렇기에 1998년 장쩌민(江澤民)의 방일은 그러한 분위기를 타개할 기회로 기대되기도 했다. 이때 채택된 중일공동선언에는 다음과 같은 내용이 담겼다.[14]

> 쌍방은 과거를 직시하고 역사를 바르게 인식하는 것이 중일관계를 발전시키는 중요한 기초라고 생각한다. 일본 측은 1972년의 중일공동성명 및 1995년 8월 15일의 내각총리대신 담화를 준수하고, 과거의 한 시기에 중국을 침략함으로써 중국 국민에게 다대한 재난과 손해를 준 책임을 통감하고 이에 대하여 깊은 반성을 표명했다. 중국 측은 일본 측이 역사의 교훈에서 배워 평화 발전의 길을 견지하기를 희망한

14 「평화와 발전을 위한 우호협력파트너십의 구축에 관한 중일공동선언」(1998년 11월, 일본외무성 웹사이트, http://www.mofa.go.jp/mofaj/area/china/nc_sengen.html).

다. 쌍방은 이 기초 위에 오랜 세월에 걸친 우호 관계를 발전시킨다.

여기서 일본 측은 무라야마 담화를 준수하겠다는 태도를 표명했다. 후술하는 2007년 4월의 원자바오(溫家寶)의 일본 국회 연설과는 달리, 중국은 무라야마 담화 등을 높이 평가하지 않았다. 다만, 중일공동선언의 이 부분에 '중국 측'이라는 표현이 담긴 것은 무라야마 담화에 직접적으로 반응하지 않았던 1995년과는 달리 중국이 일정 정도 무라야마 담화에 반응한 것으로 평가할 수 있을 듯하다. 하지만 이러한 외교상의 진전은 일본 사회에서는 그다지 알려지지 않았다. 궁중 만찬회에 참석한 장쩌민의 복장 문제 등, 장쩌민의 방일은 오히려 일본의 대중 감정을 악화시켰다. 다른 한편, 그에 앞서 실현된 한국의 김대중 대통령의 방일은 매우 높이 평가되었다. 당시 일본에서는 장쩌민 주석의 방일과 김대중 대통령의 방일을 대조적으로 보았다.

금세기 들어 일본에서는 2001년 고이즈미(小泉純一郎) 정권이 출범했고, 중국에서도 2002년부터 2003년에 걸쳐 장쩌민에서 후진타오로 정권교체가 이루어졌다. 이미 1990년대부터 역사 문제는 전 세계적인 과제로 부상해, 독일-프랑스의 화해 사례 등을 아시아에 적용하거나 일본군'위안부' 문제를 인권 문제로 소급 적용하려는 경향이 강해졌다. 일본 국내에서는 그러한 움직임에 동조하는 리버럴한 행동도 등장했으나, 다른 한편 그러한 움직임에 반발하는 목소리도 나왔다.

금세기 초엽, 중국에서는 '대일 신사고'라 일컬어지는 새로운 대일 정책 이념이 마리청(馬立誠), 스인훙(時殷弘), 펑자오쿠이(馮昭奎) 등에 의해 제기되었다. 그러나 대중위협론이 이미 대세를 점하고 있던 일본에서는 이에 만족할 만큼 대응해 새로운 중일관계를 논할 수 없었다. 또 고이즈미 준이치로 총리가 2001년 8월 13일에 야스쿠니신사를 참배한 이래 누차에 걸쳐 참배를 되풀이하자, 중국 측도 대일 신사고를 즉각적으로 정책에 반영하기 어려웠다. 중국 내부에서도 대일 신사고에 대항하며 일본군'위안부' 문제, 강제노동, 일본군이 남기고 간 유류 독가스 무기 등의 '전쟁(전후) 위류(慰留) 문제'가 제기되었다. 즉 전쟁과 관련해서는 여전히 남은 문제가 많은 만큼, 신사고는 받아들일 수 없다는 것이었다. 현재에 이르기까지 이 위류 문제에 관한 인식에는 변함이 없다. 그러나 이 대일 신사고는 후진타오 당시 정권에는 일정한 영향을 줬다고 보인다. 후술하는 2007년의 원자바오 연설은 신사고의 연장선에 있다고도 할 수 있다.

그렇다면 이러한 '신사고'와 유사한 사상의 계보를 과연 한국에서도 발견할 수 있을까? 이러한 대외 정책의 이념을 둘러싼 언론의 추이 또한 비교 가능할 것이다.

2005년 중일 간에 커다란 사건이 발생했다. 대규모 반일 집회가 중국에서 열리고 일본의 대중 감정도 이로 인해 크게 악화되었다.[15] 이러한 배경 중 하나에는 야스쿠니신사 참배 문제만이 아니라 일본 정부가 추진한 유엔 안전보장이사회 상임이사국 진출이라는 목표가 있었다. 중국 정부가 보기에 이는 도저히 용납할 수 없는 목표였다. 왜냐하면 제2차 세계대전의 전승국을 상징하는 것이 바로 안보리 상임이사국 자리였다. 따라서 같은 자리에 패전국인 일본이 앉는 것에 강한 거부감을 드러냈다. 이 또한 역사 인식 문제와 깊이 관련된 문제였다(川島真, 2006). 반면

15 "중국에 대한 친근감", 외교에 관한 여론조사, 내각부 웹사이트, http://survey.gov-online.go.jp/h26/h26-gaiko/zh/z08.html.

일본 측은 유엔 안보리 진출을 전후 일본의 국제 공헌의 성과로 보았을 뿐, 역사 인식 문제와 연관 지어 생각하지 않았다. 이러한 인식의 간극이야말로 큰 문제였다.

정부 차원에서는 2005년의 반일 집회를 계기로 악화한 양국 관계를 어떻게 해서든 풀어야 한다는 분위기가 양측에서 모두 무르익었다. 2006년에는 아베 신조(安倍晋三) 총리와 후진타오(胡錦濤) 국가주석이 양국 관계를 전략적 호혜관계로 정의하고 협력을 추진하기로 합의했다. 1990년대 초엽부터 이어진 중일 간의 역사 인식을 둘러싼 갈등은 이 전략적 호혜관계의 확인으로 일단락되었다고 할 수 있다.

역사 인식 문제와 관련해서는 이 시기에 새로운 움직임이 나타났다. 앞서 언급한 바와 같이, 과거 일본의 사법 현장에서는 중일공동성명에서 국가 배상은 포기했으나, 민간 배상은 포기하지 않았다고 이해되었다. 그러나 2006년부터 2007년에 걸쳐 도쿄고등재판소(한국의 고등법원에 해당)와 최고재판소는 이전 판결을 뒤집고 기본적으로 중일공동성명으로 민간 배상도 포기했다고 판단했다. 이를 계기로 역사 인식 문제의 해결에서 사법이 수행하던 기능은 크게 변화하게 된다. 그 전까지 일본의 사법 현장은 중일 간의 화해의 장 중 하나로 기능하고 있었다. 그러나 판결이 뒤집히면서 이 문제는 사법을 벗어나 정치의 장이나 사회, 학문의 장 또는 중국이나 한국의 사법 현장으로 논의의 장을 옮기게 되었다(川島真, 2007).

이러한 움직임을 반영한 것인지 2006년부터 중일 역사 공동연구가 시작되었다. 이 밖에도 수많은 민간 역사 공동연구가 실시되면서 중일 간의 역사 대화가 진전된다. 역사 공동연구는 고이즈미 정권 말기에 마치무라 노부타카(町村信孝) 외상이 중국을 방문해 조율한 것으로 아베 정권 출범 이후 실현되었다. 이는 정치 외교의 장에서 역사 인식 문제를 분리해 그것을 역사가, 전문가에게 맡기려는 시도였다. 실제 이 역사 공동연구가 진행되는 동안, 양국 정부 사이에는 역사를 둘러싼 큰 충돌이 발생하지 않았다. 이 점, 한일 간에는 어떠했을까. 한일 간에도 정부 주도의 공동연구가 진행되었는데, 그것은 어떠한 평가를 받았을까. 정부 간의 역사 공동연구를 둘러싼 한일, 중일 간의 비교 또한 중요할 듯하다.

2006년부터 2008년에 걸쳐 중국 외교는 대외 강경 노선을 채택해야 한다는 국내 의견에 눌려 점차 주권이나 안보를 중시하게 되었다. 경제를 중시하는 종래 정책인 도광양회(韜光養晦)를 버려야 한다는 목소리마저 등장했다. 이러한 상황에서 후진타오 정부는 경제 중시의 대외 협조 정책인 도광양회를 견지하고자 했다(Kawashima, 2011). 중국 내부의 정책이 엇갈리는 분기점에서 일본은 민감한 존재였다. 주권이나 안보를 중시하는 집단은 일본을 비판했고, 반대로 경제 발전을 중시하는 집단은 일본과의 관계를 중시했다. 이렇듯 일본과의 관계는 중국 국내의 노선이 대립하는 지점이 되었다.

이 미묘한 시기에 후진타오-원자바오 정권은 대일 관계를 중시하는 태도를 보였다. 2007년 4월에 일본을 찾은 원자바오 총리는 국회 연설에서 중국은 군민이원론을 계승하고 있음을 밝히는 동시에, 일본의 역사 문제에 대해서는 다음과 같이 언급했다.[16]

> 중일 국교정상화 이래, 일본 정부와 일본의 지도자는 수차례 역사 문

16 "우정과 협력을 위하여-원자바오 총리 일본국 국회 연설"(2007년 4월 12일, 중화인민공화국 주일 대사관 웹사이트, http://www.china-embassy.or.jp/jpn/zt/wenjiabaozonglifangri_jp/t311936.htm).

제에 대한 태도를 표명하고, 침략을 공개적으로 인정하고 피해국에 대하여 깊은 반성과 사죄를 표명했습니다. 이를 중국 정부와 인민은 적극적으로 평가하고 있습니다.

실제로 "깊은 반성과 사죄"를 표명한 것은 무라야마 담화와 고이즈미 담화였다. 그렇기에 이 원자바오의 연설은 두 담화를 높이 평가한 것으로 간주할 수 있다. 그 밖에 이 연설에서는 일본이 전후에 걸어온 평화발전의 길도 높이 평가했다. 이는 중국 측으로서는 지극히 획기적인 발언으로, 중국 측이 일본에 양보한 것으로 평가할 수 있을 터이다.

하지만 이러한 중국 측의 양보에 대해 일본은 충분히 응답할 수 없었다. 당시 자민당 정권은 매년 총리가 교체되는 상황이었고, 또 일본 국내의 대중 인식도 2005년 이후 최악으로, 중국에 친근감을 느끼지 않는다는 비율이 70%를 넘어서고 있었다. 그렇기에 일본 측은 이러한 중국 측의 양보에 부응할 수 없었다.

2008년은 중일정상회담이 가장 많이 열린 해였다. 화해의 가능성도 열린 듯 보였으나, 12월 8일에 중국의 순시선이 센카쿠열도의 영해에 침범하면서 센카쿠열도 문제가 악화되었고, 중일관계는 심각한 국면으로 치닫았다. 현재의 중일관계에서 역사 문제는 여전히 양국 간의 큰 현안으로 존재하나, 시진핑 국가주석은 중일 전략적 호혜관계의 계속을 분명히 밝혔다. 아베 총리도 2015년 8월 14일의 아베 담화에서 무라야마 담화의 계승을 명언했다.

Ⅳ. 타이완의 역사 인식 문제와 일본-타이완 관계

1. 타이완 내부의 역사 인식 문제

타이완 사회는 본성인(本省人)과 외성인(外省人) 간의 성적(省籍) 모순이 존재하며 또 4대 민족군(ethnic group)이 있다고 여겨져왔는데, 이는 역사 인식과도 깊은 연관이 있다. 특히 1945년 이후 중국대륙에서 타이완으로 건너온 외성인들의 역사관과, 일본 통치를 겪은 타이완인 즉 본성인들의 역사관에는 커다란 간극이 존재한다. 이러한 간극은 2015년의 전후 70주년 당시, 항일전쟁 승리에 주목하려는 국민당의 마잉주(馬英九) 정권과, 타이베이 공습을 거론하려는 본성인 사회 측의 간극으로도 드러났다. 또 정권 교체 때마다 되풀이되는 '과강(課綱, 교육과정) 문제' 등에서도 항일전쟁이나 일본의 식민지 통치를 어떻게 다룰 것인가가 문제로 부상하고 있다. 이로 인해 타이완의 젊은이들 사이에서는 세대별로 역사 지식이나 인식이 다른 현상이 발견된다. 가령 국민당 정권기에 중학교, 고등학교에 다녔던 세대는 1895년의 시모노세키조약 이후 일본이 타이완을 접수한 당시 타이완인들이 저항했고, 또 그것을 일본-타이완 전쟁이라 배워 역사의 지식으로 습득하고 있으나, 이것은 다른 세대도 마찬가지라고 할 수 없다.

2·28사건은 이 본성인과 외성인 간의 역사 인식의 간극을 상징한다. 2·28사건은 종종 한국 제주도의 4·3사건과 같은 선상에서 논해지는데, 이 사건으로 많은 본성인 엘리트가 중화민국 측에 의해 학살당했다. 그래서 이 사건은 국민당 정권의 잔학성을 보여주는 역사적 기억으로 본성인 사회에 새겨져 있다.

이 밖에 본성인 내부에서도 '분류계투(分類械鬪)'라는 용어에서 알 수 있듯이, 복건계와 객가계 간에는 수많은 집단난투극이 벌어졌다. 이렇듯 양자의 역사 인식은 서로 다르며, '원주민'에 이르러서는 전혀 상이한 역사 인식을 보인다.

이러한 역사 인식 문제가 표면화한 배경으로는 주로 1980년대 이후에 일어난 민주화의 진전을 들 수 있다. 1945년 이래 여러 중첩된 제도로 구축되어 있던 견고한 계엄령이 1987년부터 1991년에 걸쳐 무너지면서 민주화가 진전되었다. 이 민주화는 인구의 80% 이상을 차지하는 본성인이 정치, 경제, 사회 등의 다방면에서 주인공으로 전면에 등장하는 계기가 되었고, 과거의 '중화민국'이 타이완이 되어가는 타이완화 현상을 동반했다. 이는 역사 인식이나 학교의 역사 교육에도 큰 영향을 끼쳤다. 그 전까지 타이완에서는 결국 중화민국이 대륙 반격을 실현할 것이라는 전제하에서 중화민국사는 국가의 역사인 반면, 타이완사는 지방사에 불과한 것으로 취급했다. 실질적인 통치 지역인 타이완, 펑후, 진먼, 마주임에도 그와 같은 교육이 시행되었다. 따라서 타이완화의 진전과 더불어 타이완의 역사는 재조명되었고, 역사의 주선율은 타이완사라는 견해도 확산된다. 리덩후이(李登輝) 정권기에는 『인식 타이완(認識 臺灣)』이라는 교과서가 학교에서 사용되기 시작했다. 그러나 이것은 정규 사회과 수업이 아니라 특별히 개설된 과목이었다. 하지만 2000년에 민진당의 천수이볜(陳水扁) 정권이 출범하자, 타이완사는 본격적으로 정규 과목에 편입되기 시작했다. 다만, 이러한 움직임이 방해 없이 일방통행으로 진행된 것은 아니었다. 2008년에 국민당의 마잉주 정권이 탄생하자, 이번에는 반동이 발생하는 등, 역사를 둘러싼 문제가 정치 문제로 확산된다. 그리고 그 역사 평가를 둘러싼 문제 중 하나가 일본 통치를 둘러싼 평가 문제였다. 민진당 정권기에는 일본의 통치를 비교적 긍정적으로 평가한 반면, 국민당 정권기에는 부정적으로 바뀐다. 일본 통치기라는 용어도 긍정적으로 보는 경우에는 '일치(日治)'가 사용되었고, 부정적인 경우에는 '일거(日据)'가 사용되는 등, 역사 용어의 사용에서도 극명하게 갈릴 정도였다.

다른 한편, 타이완에는 중국공산당과의 역사 인식 문제도 존재한다. 국민당의 역사관은 공산당과는 당연히 다르다. 국공 모두 쑨원(孫文)을 존중하고 혁명사를 표명하나, 그 알맹이는 사뭇 다르다. 가령 1924년의 국민당 제1차 당대회를 두고 국민당은 공산당원도 국민당원이 되어 회의에 참석했다고 보는 반면, 공산당은 제1차 국공합작이라고 표현하듯이 어디까지나 국공이 대등했다고 주장한다. 또 공산당은 1931년의 만주사변 이후에 장제스가 안내양외(安內攘外) 정책을 고수하며 곧바로 일본군에 대응하지 않은 것을 비판하고 1936년의 시안사건을 자신의 공적으로 주장하나, 국민당은 사뭇 다른 주장을 펼친다. 이러한 역사인식의 간극은 매우 심각한데, 이것은 양자의 정당성을 둘러싼 다툼과도 결부되어 있다.

그러나 개혁개방기에 들어서면서 중국은 '민국사 연구'의 중요성을 주장하게 되며, 타이완의 역사학계와 대화를 시작했다. 이는 역사에 근거한 통일전선이라 표현해도 좋을 듯하다. 중일전쟁에 대해서도 1931년의 만주사변 이후의 장제스의 행동을 강도 높게 비판하지 않고 오히려 1937년 이후 항일전쟁에서 국민정부가 수행한 업적을 높게 평가하거나 근대국가 건설이나 경제 발전 면을 긍정적으로 평가하는 경향도 등장했다. 실제로 양안의 역사학계는 거리를 크게 좁혔고, 중화민국의 항일 영웅인 '노병(老兵)'이 2015년 베이징에 초대받기도 했다.

타이완 측의 문서가 공개되고 미국 측이 '장제스 일기' 등을 공개하면서 민국사 연구는 크게 진전되었다. 그로 인해 민국사 연구의 성과는 단순히 타이완과의 통일 전선이라는 의미에 그치지 않고, 공산당사라는 중화인민공화국의 근간을 떠받치는 역사관을 위협하게 되었다. 즉 공산당이 제시해온 '정사(正史)'와 새로운 사료에 근거한 민국사 연구 내용 사이의 모순, 더욱이 '정사'에 불리한 모순이 발생한 것이다. 그런 까닭에 시진핑 정권 출범 전후로 민국사 연구는 그 '정사'에 기여하지 못하는 '허무주의'로 비판받게 되며, 중국 근현대사에서는 재차 공산당사가 주축을 이루면서 민국사는 크게 후퇴했다.

타이완에서도 민진당의 차이잉원(蔡英文) 정권이 탄생하면서 타이완사의 중요성이 한층 더 높아졌고 민국사의 지위는 크게 후퇴했다. 양안의 역사 인식 문제는 중국사와 타이완사의 대치 단계로 이행하고 있다. 덧붙여 중국에서는 중일전쟁에 대해서 장제스나 국민당의 역할 등은 어느새 뒷전으로 밀리고, 만주사변부터 중일전쟁이 시작되었다는 14년 전쟁론이 교과서 등에 채택되기에 이르렀다(川島真, 2019).

2. 일본과의 역사 인식 문제

제2차 세계대전의 종식으로 일본은 중화민국에 항복했다. 1945년 9월 2일 미주리 함상에서 항복조인식을 치렀고, 9월 9일에는 중국 모든 전쟁지역에 항복 의식을 거행했다. 타이완에서는 10월 25일에 접수식이 거행되어 중화민국이 타이완과 펑후제도를 접수했다. 타이완에 거주 중이던 일본인은 기본적으로 일본으로 귀국하게 되었다. 일본의 국유재산은 중화민국에 의해 접수되었다. 민간재산도 사실상 중화민국 등에 의해 접수되었으나, 접수 당시 중화민국뿐만 아니라 국민당도 접수 주체였다는 점은 현재의 이행기 정의에서 문제시되고 있다.

일본 정부는 일본에 살고 있던 타이완인을 즉시 중화민국 국민으로 인정하지 않았다. 타이완은 소속 미확정이라는 것이 일본의 입장이었다. 그로 인해 그들은 전승국 국민이 될 수 없었다. 이에 중화민국 정부가 항의하자 중화민국의 주일대표처에서 등록하면 전승국 국민 대우를 얻게 되었고 법적 지위와 물자의 배급 면 등에서 우대되었으나, 등록하지 않을 경우 일본인과 동일하게 취급되었다. 전후 초기의 시부야 사건 등은 타이완인과 일본인 사이에 발생한 소요 사태였다.

1952년 4월 28일의 일화평화조약은 타이완인들의 귀속 문제를 일단락 짓는 것이었다. 그러나 계엄령하에서 타이완인들의 정치적 발언력은 없는 것과 다를 바 없어, 이 조약의 책정 과정에 관여할 수 없었다. 그러한 상황에서 조약에 의해 일본의 타이완 통치 50년이 총괄되었다. 중화민국은 일본에 대한 배상 청구를 포기했다. 그러나 이 조약 제3조는 재산에 관한 별도의 규정을 두고 있다.

> 일본국 및 그 국민의 재산으로 타이완 및 펑후제도에 있는 것과, 일본국 및 그 국민의 청구권(채권을 포함한다)으로 타이완 및 펑후제도에 있는 중화민국 당국 및 그 주민에 대한 것의 처리와 일본국에 있는 이들 당국 및 그 주민의 재산과 일본국 및 그 국민에 대한 이들 당국 및 주민의 청구권(채권을 포함한다)의 처리는 일본국 정부와 중화민국 정부 간의 특별 협정의 주제가 된다. 이 조약에 국민 및 주민이란 법인을 포함하는 것으로 해석한다.

재산을 "특별 협정의 주제"로 규정하고 있다. 그러나 현실에서는 이후에도 특별 협정 교섭이 진행된 것은 아니었다. 다른 한편, 일본 식민지 통치 시절의 타이완 주민에 대한 미지급 급여나 우편저금 등, 소위 확정 채무 문제는 최종적으로 1994년 8월 31일의 "'평화우호교류계획'에 관한 무라야마 내각총리대신 담화"에 아래와 같은 내용이 담기면서 부분적인 '해결'을 꾀했다.

> 타이완 주민에 대한 미지급 급여나 군사우편저금 등, 장기간 해결되지 않은 소위 확정 채무 문제입니다. 채권자의 고령화가 현저하게 진행되고 있는 점 등도 있는 만큼, 조속히 우리나라의 확정 채무 지급을 이행하기 위하여 정부가 해결을 꾀할 생각입니다.

앞서 언급한 바와 같이, 일화조약에서는 배상은 포기된 것으로 이해되고 있다. 조약에서는 '용역 배상'이 포기된다고 약정되었고, 사실상의 배상 청구권 포기로 이해되었다. 이는 샌프란시스코강화조약에 준한 내용이라고도 할 수 있다. 주지하는 바와 같이, 전쟁이 채 끝나기 전부터 중화민국은 대일 배상 요구를 준비하고 있었다. 거기에는 타이완인의 피해도 포함되어 있었다. 그러나 연합국의 방침 변경에 따라 배상 청구를 포기했다. 일본에서는 그 정책을 '관대 정책' 혹은 '이덕보원(정책)' 등으로 부르며 장제스에 감사해야 한다는 여론이 특히 보수 세력 사이에 확산되었다. 일본 각지에는 장제스 송덕비나 이덕보원을 새긴 비문의 비가 건립되었다.

일본-타이완 관계에서도 장제스를 '알현'할 때에 일본은 관대 정책에 대한 감사를 표명하는 등, 이 '이덕보원'은 하나의 중요한 키워드로 기능했다. 그러나 일본 정부 내에서 점차 이 키워드를 기피하는 분위기가 확산되었다. 가령 1964년 2월에 요시다 시게루가 타이완을 방문했을 때 요시다는 이 말을 입 밖으로 꺼내지 않았다(중화민국 측의 기록에는 언급한 것으로 되어 있다). 하지만 보수파 정치인은 이후에도 장제스의 관대 정책을 감사하게 여기는 담론을 고수하고 있다.

제2차 세계대전이 종식되고, 1945년 9월 2일에 일본이 정식으로 항복한 뒤, 10월 25일에야 일본의 타이완 통치는 끝났다. 그 이전부터 즉 8월 15일 이후 이미 일본 국민의 경제 활동이나 부동산 매매 등은 제한되었다. 일본의 통치가 끝나고 중화민국이 접수하여 일본 국민에게 귀국을 촉구하자, 일본 국민은 일부 유용자(留用者)를 제외하고 귀국길에 올랐다. 이 무리에는 타이베이제국대학의 연구자나 총독부 산하 연구소의 연구자 등도 포함되어 있었다. 그러나 그들은 귀국 후 계속해서 타이완의 역사를 정력적으로 집필하지도, 일본의 통치를 정당화하기 위한 글을 많이 내놓지도 않았다. 전후 일본에서는 마르크스주의 경향이 강했기 때문에 주류는 타이완을 논하지 않았다. 이 문제는 전술한 바와 같이 1970년 전후가 되어서야 자각되기 시작했다(川島真, 2005).

또 제국의 다양한 제도는 비록 식민지와 본국 사이에 많은 제도적 차이점이 존재했으나, 많은 사람들이 일본 본토로 귀국하는 가운데 새삼 일원적 제도에 반영되었다. 다른 한편, 일본 본토에 있던 타이완인들은 외국인으로 지위가 바뀌면서 일본 국내에서 활동하기 힘들어졌고 활동도 제한되었다. 특히 군인은급(연금)이나 상이군인에 대한 보상 등은 국적 조항으로 인해 그 대상에서 제외되었다. 피폭자에 대한 보상 등과 같이 국적 조항이 없는 것도 일본 국내에 없으면 수령할 수 없기도 했다. 이와 같이 전후 일본의 '보상' 방식은 어디까지나 국내용, 국민용이었기 때문에 타이완인들은 불만을 품을 수밖에 없었다. 그러나 1980년대에 이르기까지 장기간에 걸쳐 타이완은 계엄령하에 있었기 때문에 타이완인들이 목소리를 내기 어려웠다(川島真, 2009).

다른 한편, 타이완에서는 중화민국이 새로운 제도를 이용해 통치를 시작하면서 '탈일본화(去日本化)' 정책을 전개했다. 일본 통치 시절에 얻은 자원과 특허 등이 전부 그대로 인정되지 않아 새로운 제도에 적응해야만 했다. 그러나 일본어 사용자도 많은 상황에서 중화민국 정부는 일본의 영화나 잡지 등을 일정 정도 이용할 수밖에 없었다. 다른 한편에서는 학교에서 일본어 사용을 금지하고 신'중국인'으로서 국민을 양성했다.

하지만 반드시 짚고 넘어가야 할 중요한 요소는 타이완에 대한 중화민국의 통치가 계엄령하에서 이루어졌으며, 중국이 분단국가였다는 점이다. 일본과의 역사 인식 문제나 전후 보상 문제에서 중화민국이 중화인민공화국보다 높게 평가되는 존재이며, 또 화교를 포함한 전 세계 '중국인'으로부터 높이 평가되기를 원했다. 관대정책 역시 중화인민공화국과 경쟁하는 속에서 나온 것임을 지적하지 않을 수 없다.

1960년대 후반, 대륙붕조약이 발효되고 또 동중국해에서 아시아태평양 경제사회 위원회(ECAFE)나 각국이 해저자원을 조사하면서 센카쿠열도 주변 해역 등의 해저 자원 존재가 부각되었다. 그리고 이 시기를 전후하여 타이완 어선이 센카쿠열도에 상륙해 새알을 포획하는 등 왕성한 활동을 전개했다. 오키나와 주둔 미군은 타이완 어민의 활동을 단속했다. 1968년에 들어와 오키나와에 잠재주권을 가지고 있던 일본은 반환을 눈앞에 두고 타이완 측에 항의했으나, 잠재주권을 인정하지 않는 타이완 측은 일본 측의 항의를 받아들이려 하지 않았다.

또 자원 문제와 관련해 중화민국 정부는 센카쿠를 중화민국령으로 인식하고, 자원에 대해서도 개발 의욕을 드러냈다. 그런 까닭에 일본과 영토 문제가 발생했다. 중화민국 정부 측은 영토보다는 자원에 관심이 있었다. 그러나 미국에 있던 학생들을 중심으로 센카쿠열도 운동이 일어났고(조어도보호운동(保釣運動)), '일본군국주의 타도' 등의 슬로건이 내걸렸다. 또 타이완 내부에서도 입법원이나 감찰원에서 센카쿠열도를 일본이 빼앗았다며 끝까지 항의해야 한다는 논조도 등장했고, 타이완 내부에서도 학생운동이 일부 일어났다. 타이완에서는 점차 센카쿠열도는 애초에 타이완에 부속된 도서였으나 타이완 포기와 동시에 포기된 도서라는 인식이 확산되었다. 그것은 일본이 '빼앗았다'라는 논리였다. 이것은 일본과 중화민국 간에 발생한 역사 인식 문제이다. 그리고 이때 제기된 센카쿠열도는 본래 타이완의 일부라는 논리는 베이징의 중화인민공화국도 이용하는 논리로 발전했다. 다른 한편, 타이완 내부에서 발생한 조어도보호운동은 사회 전체로 퍼진 현상이었다기보다 일부 활동가들의 운동으로 전개되었다. 그렇다고는 하나 이것이 현재까지 이어져 일본과 중국 사회 전체의 문제가 되었다.

1972년 9월 29일 일본과 중화민국 사이의 국교가 단절되었다. 비록 정치외교 관계는 끊겼으나 경제문화 관계는 계속되었다. 그리고 일본의 대중 투자가 증가하면서 일본-중화민국/일본-타이완 관계는 새로운 국면을 맞았다. 이러한 경제 관계는 1964년에 미국이 중화민국에 대한 원조를 중단하자 일본이 중화민국에 차관을 제공하기 시작하면서 더한층 긴밀해졌다.

1972년의 국교단절 후, 1980년대에 들어 일본과 중화인민공화국 간에 우호교류가 진전되는 가운데 산케이신문에서 『장제스 비기록(將介石秘記錄)』이 출간되자 '이덕보원'이 다시 홍보되었다. 그러나 일본-타이완

사이에 역사가 문제로 부상하는 것은 타이완에서 민주화가 진전되고 또 타이완화해가는 프로세스에서였다고 할 수 있다. 타이완인들이 자신들의 역사를 회복해가는 과정에서 국민당의 계엄령하의 통치와 대비해 또, 국민당이 '항일교육'을 실시한 점까지 맞물려 언론 자유의 상징으로서 의도적으로 일본 통치를 긍정적으로 평가하는 목소리도 있었다. 그러나 동시에 일본 통치 상황에 대해서도 구체적으로 검토되기 시작했다. 그러한 상황에서 고자군(高座郡)의 소년공처럼, 과거 본토에서 일했던 노동 종사자와 일본 측 관계자 사이에 새로운 대화가 시작되는 사례도 등장했다. 다른 한편, 앞서 소개한 무라야마 담화에서 알 수 있듯이 채무 확정 문제가 제기되거나 일본군'위안부' 문제 등이 재검토되기도 했다. 그럼에도 여전히 많은 문제들이 남아 있다.

3. 이행기 정의를 둘러싼 문제

2016년에 차이잉원(蔡英文) 정권이 탄생하자, 지금까지 동유럽이나 아프리카 등에서 채용되던 이행기 정의(transitional justice)가 역사 문제를 처리하는 새로운 개념으로 중시되기 시작했다. 이는 정권 교체나 민주화가 실현되었을 때, 전 정권의 행위를 재검증하고, 보상을 시행함으로써 사회의 균열이나 부조리를 없애나가는 작업이다.

민진당 정권은 이 이행기 정의를 법제화해 '이행'을 국민당의 일당독재정권에서 민주화 정권으로 넘어가는 과정으로 규정하고, 이행기 정의의 대상을 주로 국민당으로 좁혔다. 그래서 주요 목표로 1945년 8월 15일 이후에 국민당이 일본으로부터 접수한 재산(정부의 접수는 정당하다고 판단)의 접수, 2·28사건과 백색테러 등의 사실 확인 및 보상, 국민당으로부터의 관련 자료 접수 등을 정했다. 업무는 '촉진전형정의위원회(이행기 정의 촉진위원회)'가 맡았는데, 진실 규명과 함께 보상이 진행되고 있다. 피해자 유족은 위원회에 조사를 의뢰할 수 있다.

그러나 국민당 문서의 접수나, 책임 추궁 등은 충분한 성과를 올리지 못하고 있다. 그것은 이러한 행위가 한편으로는 사회의 분열을 봉합하면서도 동시에 새로운 분열을 초래하는 측면이 있기 때문이다. 2020년 초반에 치러진 선거에서 차이잉원이 다시 승리하면서 정권도 2기로 넘어갔다. 이행기 정의에 관한 작업은 제1기를 일단락했다. 제2기도 다른 형태로 계속될 것이다. 덧붙여 이 이행기 정의는 다른 문제도 안고 있다. 가령 원주민을 둘러싼 문제이다. 원주민의 이행기 정의라는 관점에서 볼 때, 일본이나 국민당 정권만이 아니라 이른바 '본성인'도 '가해자'가 될 수 있다.

다른 한편, 이 이행기 정의와 관련해 국민당은 '남색전형정의(藍色轉型正義)'라는 것을 주장하고 있다. 이는 일본 통치기부터 중화민국 통치기까지를 전환기에 포함하는 개념이다. 민진당 측은 일본이 대상임을 부정하고 있다. 그것은 이 이행기 정의가 어디까지나 이전 정권과의 관계성에서 수행되고 있기 때문일 것이다. 하지만 국민당 정권이 들어선다면, 전 정권은 일본이 될 수 있으며, 장차 선거 결과에 따라서는 일본-타이완 간에 새로운 문제가 불거질 수도 있다. 또한 민진당과 국민당 간의 골이 더한층 깊어질 가능성도 있다.

이상의 타이완 사례를 한국과 비교하면 어떠한 결과를 얻을 수 있을까? 분단국가에 대해서는 이미 지적했는데, 일본-중화민국 간에 존재했던 '이덕보원'이라는 표현과 같이 기능한 개념이 한일 간에도 과연 존재했을까. 또 센카쿠열도 문제와 독도(다케시마) 문제를 비교할 때 이것이 양국의 역사 문제에 미친 영향은 크게 다른 듯하다. 그리고 이행기 정의의 관점에서 비교할 경우, 한국의 사례는 국민당의 주장에 가깝고 민진당과는 다른 듯 보인다. 그러나 이행기 정의라는 개념에 의거하고 있는 점은 공통된다.

V. 맺음말

중일 간의 화해는 극히 도전적이다. 그것은 일본의 전쟁 행위나 식민지 지배 규모, 내용이 잔혹하고 가혹했기 때문이기도 하나, 정치 체제가 크게 다르다는 점도 간과할 수 없는 요인이다. 냉전기 동안에는 속한 진영이 다르기도 했으나, 냉전 종식 후에는 민주주의 국가와 권위주의체제 국가가 화해한 사례 중 하나가 되고 있다. 민주주의체제 국가 중에도 역사 인식 문제는 존재하나, 권위주의체제 국가의 경우, '역사'는 여전히 정권의 정통성과 국민의 통합을 꾀하기 위한 중요한 수단이다. 그만큼 역사 문제는 민감하다.

이어서 일본의 경우에는 미국과의 전쟁에서 패배했다는 의식이 강했던 탓에, 가해자로서 중국에게 반성, 사죄, 화해를 하기 위한 동기부여가 높지 않았다. 또 중국이 분단국가로 양분되면서, 군민이원론 등 일본 사회의 지지를 얻기 위한 '장치'가 존재했다. 그리고 일본의 대중 또는 대타이완 경제협력은 중일우호나 이덕보원 등의 표현과 함께 역사 인식 문제를 조율하는 밸브 역할을 해왔다. 한편 일부 구 일본군 병사와 같이 직접 중국을 방문해 가해자와 대화하고 '화해'를 추진한 사람도 있었으며, 전후 지식인들은 피해자 측이 부재함에도 전쟁 책임을 추궁했다. 다만, 타이완의 중화민국이 반공국가라는 점이 작용해 타이완 식민지 지배는 기본적으로 시야에 넣지 않았다.

그리고 타이완을 시야에 넣으면, 타이완으로 옮긴 중화민국은 샌프란시스코강화조약에 준한 대일강화조약을 체결하면서 타이완까지 대표해 일본과 강화조약을 체결했다. 중국이나 타이완이나 민주주의가 채용되지 않았기에 국민들이 대일강화 프로세스에 참여하지 못한 점도 특징 중 하나이다. 그 때문에 중국에서 1990년대에 일정 정도 사회가 자유화되고 또 타이완에서도 민주화가 진전되자 역사 문제를 둘러싸고 새로운 사태가 발생했다. 민간 배상 관련 소송을 일본의 재판소에 제기하게 된 것이다. 그리고 일본의 사법 현장은 2000년대 중반까지 역사 문제에서 대화를 진전시키는 장으로 기능했다. 그러나 그 후 최고재판소가 판결을 뒤집으면서 사법이 아닌 정치 또는 역사학자 그리고 사회 등이 역사 대화의 주체로 부상했다.

최근 중국이 세계적 대국으로 발전하는 가운데, 역사는 꾸준히 그 정통성이나 통일, 통합을 지탱하는 요소로 작용하고 있다. 따라서 일본과 사이에 역사 문제가 계속해서 제기될 가능성도 있다. 다른 한편, 타이완에서는 이행기 정의라는 새로운 개념이 사용되는 등, 세계 표준에 맞추어 역사 문제의 해결을 꾀하고 있다. 하지만 일본은 그러한 논의에 대응하고 있다고 말할 수 없는 상황이다.

이상의 여러 상황을 한일의 사례와 비교할 때, 각기 시사하는 바가 있을지 모르겠다. 여기서는 반복하지는 않겠으나, 본문에서 한국과 관련이 있거나 비교 가능하다고 생각되는 논점을 언급했다. 역사 문제도 양국 간의 문제로만 파악하지 말고 타국과의 비교나 관계성 속에서 파악해야 할 것이다.

참고문헌

중국어

戴國煇, 1968,「日本人による台湾研究」,『季刊 東亜』4集.

______, 1969,「台湾」,『アジア研究』100號.

孫乃民編叢, 2016,『日中関係史』, 社会科学文献出版社.

銭其琛, 2003,『外交十記』, 世界知識出版社.

일본어

家近亮子・松田康博・段瑞聡 編著, 2007,『岐路に立つ日中関係-過去との対話・未来への模索』, 晃洋書房.

井上正也, 2010,『日中國交正常化の政治史』, 名古屋大学出版会.

江藤奈保子, 2014,『中國ナショナリズムのなかの日本-「愛國主義」, の変容と歴史認識問題』, 勁草書房.

王雪萍 編著, 2013,『戦後日中関係と廖承志-中國の知日派と対日政策』, 慶應義塾大学出版会.

外務省 編, 1966,『日本外交年表並主要文書』下巻, 原書房.

川島真, 2005,「戦後日本の台湾史研究—政治史・経済史を中心に」, 亜東関係協会 編,『「日本之台湾研究」, 國際学術研討会論文集』, 中華民國外交部.

______, 2006,「中國外交における象徴としての國際的地位」,『國際政治』〈特集・天安門事件後の中國〉145號, 2006年夏.

______, 2007,「戦後補償問題と歴史学の役割について」,『歴史評論』689號.

______, 2009,「戦後初期日本の制度的『脱植民地化』と歴史認識問題-台湾を中心に」, 永原陽子 編著,『「植民地責任」論-脱植民地化の比較史-』, 青木書店.

______, 2012,「進出か, 侵略か(一九八二年)-日中歴史認識問題の変遷と課題」, 園田茂人 編,『日中関係史 1982-2012 Ⅲ社会・文化』, 東京大学出版会.

______, 2015,「20世紀の, そして戦後70年の日中関係」, 21世紀構想懇談会 編,『戦後70年談話の論点』, 日本経済新聞出版社.

______, 2019,「中國の中華民國史研究-『中華民國専題史』, の位置付けについて考える」, 川島真・中村元哉 編著,『中華民國研究の動向-中國と日本の中國近代史理解』, 晃洋書房.
川島真 · 清水麗 · 松田康博 · 楊永明, 2009, 『日台関係史 1945-2008』, 東京大学出版会.
國分良成 · 添谷芳秀 · 高原明生 · 川島真, 2013, 『日中関係史』, 有斐閣.
鶴見俊輔, 1956, 「知識人の戦争責任」, 『中央公論』 1月號.
T · K生, 『世界』編集部 編, 1974, 『韓國からの通信-1972.11~1974.6』, 岩波書店.
毛里和子, 2006, 『日中関係-戦後から新世代へ』, 岩波書店.
楊大慶, 2013, 「1950年代における戦争記憶と浅い和解-元日本軍人訪中団を中心に」, 劉傑 · 川島真 編著, 『対立と共存の歴史認識 日中関係150年』, 東京大学出版会.
劉傑 · 川島真 編著, 2009, 『1945年の歴史認識-をめぐる日中対話の試み-』, 東京大学出版会.

영어

He, Yinan, 2009, *The Search for Reconciliation: Sino-Japanese and German-Polish Relations since World War II*, Cambridge University Press.
Kawashima, Shin, 2011, "The Development of the Debate Over "Hiding One's Talents and Biding One's Time" (taoguan yanghui): China's foreign-policy doctrine", *Asia-Pacific Review* (IIPS, Tokyo), Volume 18, Issue 2.
__________, 2013, "The Origins of the Senkaku/Diaoyu Islands Issue: The period before normalization of diplomatic relations between Japan and China in 1972," *Asia-Pacific Review*, Volume 20, Issue 2.
__________, 2015, "Postwar Japan-China Relations: A Consideration from the Perspective of Reconciliation," *AsiaPacific Review*, Volume 22, Issue 2.
__________, 2017, ""Deimperialization" in early postwar Japan: adjusting and transforming the institutions of empire", in Barak Kushner and Sherzod Muminov eds., *The Dismantling of Japan's Empire in East Asia: Deimperialization, postwar legitimation and imperial afterlife*, Routledge.
Morris-Suzuki, Tessa, Low Morris, Petrov, Leonid, Timothy Tsu, Y. Tsu, 2013, *East Asia Beyond the History Wars: Confronting the Ghosts of Violence*, Routledge.

찾아보기

역사 화해를 위한 한일 대화－정치 편

초판 1쇄 인쇄 2020년 12월 21일
초판 1쇄 발행 2020년 12월 30일

엮은이 양기호, 기미야 다다시
펴낸이 이영호
펴낸곳 동북아역사재단

등 록 제312-2004-050호(2004년 10월 18일)
주 소 서울시 서대문구 통일로 81 NH농협생명빌딩
전 화 02-2012-6065
팩 스 02-2012-6189
홈페이지 www.nahf.or.kr
제작·인쇄 (주)동국문화

ISBN 978-89-6187-588-2 94910
978-89-6187-586-8 (세트)